市场营销核心技能训练

主　编　张永红
副主编　曹永平　顾　青
参　编　白　洁　于　川　刘晶晶
　　　　曾　亮　张　力
主　审　张先云

北京理工大学出版社
BEIJING INSTITUTE OF TECHNOLOGY PRESS

版权专有　侵权必究

图书在版编目（CIP）数据

市场营销核心技能训练/张永红主编．—北京：北京理工大学出版社，2019.1 重印

ISBN 978-7-5640-5437-3

Ⅰ.①市…　Ⅱ.①张…　Ⅲ.①市场营销学–高等学校–教学参考资料　Ⅳ.①F713.50

中国版本图书馆 CIP 数据核字（2011）第 275423 号

出版发行	/ 北京理工大学出版社
社　　址	/ 北京市海淀区中关村南大街 5 号
邮　　编	/ 100081
电　　话	/ (010) 68914775（办公室）　68944990（批销中心）　68911084（读者服务部）
网　　址	/ http://www.bitpress.com.cn
经　　销	/ 全国各地新华书店
印　　刷	/ 北京虎彩文化传播有限公司
开　　本	/ 710 毫米 × 1000 毫米　1/16
印　　张	/ 15
字　　数	/ 268 千字
版　　次	/ 2019 年 1 月第 1 版第 8 次印刷
定　　价	/ 38.00 元

责任编辑 / 葛仕钧
申玉琴
责任校对 / 周瑞红
责任印制 / 吴皓云

图书出现印装质量问题，本社负责调换

前　　言

　　本书的整体构思，是以培养学生的高技能、高素质为目标。编者在撰写此书过程中，始终与企业密切合作，并曾多次到企业进行实地调研。本书共分为七个训练项目、十六个任务，以训练学生的营销实战技能为主要目标，按照教、学、做一体化的教学模式设计并完成整个教学过程。

　　本书在编写过程中，参考了国内大量的文献材料，由于篇幅所限，有些文献和资料的作者和单位未能一一列出，在此一并表示衷心感谢。由于作者的水平和经验有限，加上时间仓促，书中错误和遗漏之处在所难免，恳请老师和同学们指正，以便我们今后不断补充和完善。

编　者

目　　录

项目一　市场分析 ……………………………………………… (001)

任务一：环境分析 ……………………………………………… (001)
  1.1.1　市场营销环境 …………………………………… (003)
  1.1.2　市场营销环境分析意义 ………………………… (012)
  1.1.3　企业对营销环境的对策 ………………………… (013)
  1.1.4　市场营销环境评估考虑因素小结 ……………… (018)

任务二：购买行为分析 ………………………………………… (020)
  1.2.1　暗箱理论 ………………………………………… (023)
  1.2.2　购买者行为反应 ………………………………… (025)
  1.2.3　消费者行为的一般模式 ………………………… (026)
  1.2.4　影响消费者行为的因素 ………………………… (027)
  1.2.5　消费者购买行为类型及决策过程 ……………… (039)
  1.2.6　有组织的市场购买行为分析 …………………… (045)

任务三：竞争者分析 …………………………………………… (047)
  1.3.1　市场竞争的主要形式 …………………………… (049)
  1.3.2　发现竞争者 ……………………………………… (050)
  1.3.3　市场竞争者策略分析 …………………………… (051)
  1.3.4　竞争者的市场反应行为 ………………………… (053)
  1.3.5　市场竞争策略 …………………………………… (054)

任务四：市场调研技术任务 …………………………………… (056)
  1.4.1　市场营销调研 …………………………………… (059)
  1.4.2　市场调查的具体步骤 …………………………… (060)
  1.4.3　市场调查的重要工具——问卷 ………………… (061)
  1.4.4　制订"调查计划"操作步骤 …………………… (065)
  1.4.5　"第二手资料"收集 …………………………… (066)
  1.4.6　实地问卷调查 …………………………………… (068)
  1.4.7　"调查问卷"统计 ……………………………… (070)
  1.4.8　《营销调研报告》撰写步骤 …………………… (071)

项目二　目标市场定位 ………………………………………… (078)

任务一：市场细分 ……………………………………………… (078)

2.1.1　市场细分的含义及依据 …………………………………………… (079)
　　2.1.2　市场细分的依据 ……………………………………………………… (081)
　　2.1.3　市场细分的标准、原则和步骤 …………………………………… (081)
任务二：确定目标市场 ………………………………………………………………… (088)
　　2.2.1　目标市场的选择 ……………………………………………………… (089)
　　2.2.2　目标市场进入策略 …………………………………………………… (092)
　　2.2.3　目标市场进入策略的选择 …………………………………………… (094)
任务三：市场定位 ……………………………………………………………………… (095)
　　2.3.1　市场定位的概念及步骤 ……………………………………………… (097)
　　2.3.2　市场定位的原则 ……………………………………………………… (099)
　　2.3.3　市场定位方法 ………………………………………………………… (101)
　　2.3.4　市场定位策略 ………………………………………………………… (102)

项目三　制定产品策略 ………………………………………………………… (103)

任务一：新产品设计 …………………………………………………………………… (103)
　　3.1.1　市场分析 ……………………………………………………………… (104)
　　3.1.2　产品与产品组合 ……………………………………………………… (109)
　　3.1.3　新产品开发策略 ……………………………………………………… (111)
　　3.1.4　包装与包装策略 ……………………………………………………… (115)
任务二：分析产品的市场生命周期 …………………………………………………… (118)
　　　　　产品生命周期 …………………………………………………………… (120)

项目四　制定价格策略 ………………………………………………………… (123)

任务：制定价格策略 …………………………………………………………………… (123)
　　4.1.1　影响定价的主要因素 ………………………………………………… (126)
　　4.1.2　消费者的价格心理 …………………………………………………… (131)
　　4.1.3　定价方法 ……………………………………………………………… (133)
　　4.1.4　定价的基本策略 ……………………………………………………… (137)
　　4.1.5　价格调整策略 ………………………………………………………… (143)
　　4.1.6　产品价格调整流程 …………………………………………………… (146)

项目五　制定渠道策略 ………………………………………………………… (148)

任务一：分销渠道的设计 ……………………………………………………………… (148)
　　5.1.1　分销渠道的职能与类型 ……………………………………………… (151)
　　5.1.2　分销渠道策略 ………………………………………………………… (156)

任务二：分销渠道的管理 ………………………………………… (167)
　　5.2.1　分销渠道的建设 ………………………………………… (170)
　　5.2.2　分销渠道的评估 ………………………………………… (173)
　　5.2.3　分销渠道冲突及其解决方案 …………………………… (177)

项目六　品牌与广告 ……………………………………………… (184)

任务一：品牌策略 ………………………………………………… (184)
　　6.1.1　品牌和商标的定义 ……………………………………… (186)
　　6.1.2　品牌策略 ………………………………………………… (189)
任务二：广告策略 ………………………………………………… (194)
　　6.2.1　广告的含义 ……………………………………………… (198)
　　6.2.2　广告预算 ………………………………………………… (199)
　　6.2.3　广告媒体 ………………………………………………… (201)
　　6.2.4　产品生命周期与广告设计技巧 ………………………… (202)
　　6.2.5　广告效果评估 …………………………………………… (206)

项目七　产品销售实施 …………………………………………… (208)

任务一：访问顾客 ………………………………………………… (208)
　　　　　访问顾客工作过程 …………………………………… (213)
任务二：商务洽谈 ………………………………………………… (221)
　　7.2.1　商务洽谈时的叙述与倾听 ……………………………… (224)
　　7.2.2　商务洽谈时的提问与答复 ……………………………… (227)

项目一

市场分析

任务一：环境分析

任务布置

在我国方便面市场上，方便面的品牌繁多，广告不绝于耳。作为日清方便面的生产商坚持"只要口味好，众口也能调"的独特经营宗旨，计划进军美国市场成为美国人的首选快餐食品。

作为日清方便面的生产商要进行哪些市场营销工作？

如何进行产品进军美国市场营销环境分析？

市场营销环境分析的内容及环境分析方法是什么？

技能目标及素质目标

技能目标：

（1）了解企业市场营销环境的特点，能够结合企业实际情况进行市场营销环境分析；

（2）掌握营销环境的研究方法，能够提出不同营销环境下的企业营销对策。

素质目标：

（1）快速发现问题、分析并解决问题的能力；

（2）具有良好的团队合作意识。

教学实施建议

要求学生以小组的形式（学生站在日清方便面厂家的角度上）进行讨论，通过讨论，拟定日清方便面厂家进军美国市场的环境分析计划。讨论内容包括市场营销环境分析是否重要，如果不进行市场环境分析可不可以？进行市场环境分析包括什么内容？如何结合日清方便面厂家进军美国市场这一工作任务进行环境分析？

通过本工作任务的训练使学生掌握市场环境分析的基本技能。掌握这一技能对学生独立进行市场环境分析活动奠定基础，对胜任将来的营销工作或自己创业提供了保障。

根据有关任务要求，寻找环境分析要解决的问题。

（1）要求教师对"市场环境分析"的实践应用价值给予说明，调动学生实践操作的积极性。

（2）要求教师对"市场环境分析"的分析内容、分析方法进行具体指导。

（3）要求教师提供日清方便面厂家进军美国市场的环境分析营销工作方案，供学生操作参考。

（4）要求学生根据实际情况，自拟企业项目进行相关环境分析。

解决方案

日清方便面进军美国市场，从人们的口感差异性出发，不惜人力、物力、财力在食品的口味上下功夫，终于改变了美国人"不吃汤面"的饮食习惯，使日清品牌的方便面成为美国人的首选快餐食品。

第一步，求人不如求己——市场调研获取美国市场数据。

日清方便面在准备将营销触角伸向美国食品市场之前，为了能够确定海外扩张的回报率，曾不惜高薪聘请美国食品行业的市场调查权威机构，对方便面的市场前景和发展趋势进行全面细致的调查和预测。可是美国食品行业的市场调查机构所得出的结论，却令日清品牌方便面生产商大失所望——"由于美国人没有吃热汤面的饮食习惯，而是喜好干吃面条，单喝热汤，绝不会把面条和热汤混在一起食用，由此可以断定，汤面合一的方便面很难进入美国食品市场，更不会成为美国人一日三餐必不可少的快餐食品。"日清方便面并没有盲目相信这一结论，而是抱着"求人不如求己"的自强自立信念，派出自己的专家考察组前往美国进行实地调查。经过千辛万苦的商场问卷和家庭访问，专家考察组最后得出了与美国食品行业的市场调查机构截然相反的调查结论，即美国人的饮食习惯虽呈现出"汤面分食，决不混用"的特点，但是随着世界各地不同种族移民的大量增加，这种饮食习惯正在悄悄地发生着变化。再者，美国人在饮食中越来越注重口感和营养，只要在口味和营养上投其所好，方便面就有可能迅速占领美国食品市场，成为美国人的饮食"新宠"。

第二步，"入乡随俗"——"四拳"营销挺进美国。

日清方便面基于自己的调查结论，从美国食品市场动态和消费者饮食需求出发，确定了"系列组合拳"的营销策略，全力以赴向美国食品市场大举挺进。

"第一拳"——他们针对美国人热衷于减肥运动的生理需求和心理需求，巧妙地把自己生产的方便面定位于"最佳减肥食品"。在声势浩大的公关广告宣传中，渲染方便面"高蛋白、低热量、去脂肪、剔肥胖、价格廉、易食用"等食疗功效；针对美国人好面子、重仪表的特点，精心制作出"每天一包方便面，轻轻松松把肥减"、"瘦身最佳绿色天然食品，非方便面莫属"等具有煽情色彩的广告语，以挑起美国人的购买欲望，获得了"四两拨千斤"的营销奇效。

"第二拳"——他们为了适应美国人以叉子用餐的习惯，果断地将适合筷子夹食的长面条加工成短面条，为美国人提供饮食之便；并从美国人爱吃硬面条的饮食习惯出发，一改方便面适合东方人口味的柔软特性，精心加工出稍硬又劲道的美式方便面，以便吃起来更有嚼头。

"第三拳"——由于美国人"爱用杯不爱用碗"，日清方便面别出心裁地把方便面命名为"杯面"，并给它起了一个地地道道的美国式副名——"装在杯子里的热牛奶"，期望"方便面"能像"牛奶"一样，成为美国人难以割舍的快餐食品；他们根据美国人"爱喝口味很重的浓汤"的独特口感，不仅在面条制作上精益求精，而且在汤味作料上力调众口，使方便面成为"既能吃又能喝"的二合一方便食品。

"第四拳"——他们从美国人食用方便面时总是"把汤喝光而将面条剩下"的偏好中，灵敏地捕捉到方便面制作工艺求变求新的着力点，一改方便面"面多汤少"的传统制作工艺。研制生产了"汤多面少"的美式方便面，从而使"杯面"迅速成为美国消费者人见人爱的"快餐汤"。

以此"系列组合拳"的营销策略，日清品牌方便面生产商果敢地挑战美国人的饮食习惯和就餐需求。他们以"投其所好"为一切业务工作的出发点，不仅出奇制胜地突破了"众口难调"的产销瓶颈，而且轻而易举地打入了美国快餐食品市场，开拓出了一片新天地。

相关知识点

1.1.1 市场营销环境

市场营销环境是指存在于企业营销系统外部的不可控制或难以控制的因素和力量，这些因素和力量是影响企业营销活动及其目标实现的外部条件。市场营销环境可分为宏观营销环境和微观营销环境。

一、市场营销宏观环境

市场营销宏观环境是指一个国家或地区的自然、政治、人口、经济、社会、文化、科学技术等影响企业营销活动的宏观因素。

二、市场营销微观环境

市场营销微观环境是指企业内部条件、企业顾客、竞争者、营销渠道和有关公众等对企业营销活动有直接影响的诸多因素。

宏观与微观环境属于市场环境系统中的不同层次，所有微观环境都受宏观环境的制约，而微观环境也对宏观环境产生影响。企业的营销活动就是在这种外界环境相互联系和作用的基础上进行的，如图1-1-1所示。

三、宏观环境分析

宏观市场环境是企业外在的不可控因素，是对企业营销活动造成市场机会和环境威胁的主要社会力量。企业一般只能通过调整企业内部人、财物及产品定价、促销渠道等可以控制的因素来适应其变化和发展。

图1-1-1 市场营销环境

宏观市场环境主要包括：自然环境、政治法律环境、人口环境、经济环境、社会文化环境、科学技术环境等环境因素。

（一）自然环境

自然环境主要指营销者所需要或受营销活动所影响的自然资源因素。

在生态环境不断遭到破坏，自然资源日益枯竭，环境污染问题日趋严重的今天，自然环境已成为涉及各个国家、各个领域的重大问题，环保呼声越来越高。

从营销学的角度看，自然环境的发展变化，给企业带来了一定的威胁，同时也给企业创造了机会。

从目前看，自然环境有以下四个方面的发展趋势：

1. 原料的短缺或即将短缺

各种资源特别是不可再生类资源已经出现供不应求的状况（如石油、矿藏等）对许多企业形成了较大威胁，但对致力于开发和勘探新资源、研究新材料及如何节约资源的企业又带来了巨大的市场机会。

2. 能源短缺导致的成本增加

能源的短缺给汽车及其他许多行业的发展造成了巨大困难，但无疑为开发研究如何利用风能、太阳能、原子能等新能源及研究如何节能的企业提供了有利的营销机会。

3. 污染日益严重

空气、海河水源污染、土壤及植物中有害物质的增加，随处可见的塑料等包装废物以及污染层面日益升级的趋势，使那些污染严重的行业、企业成为众矢之的，面临着环境威胁，而那些致力于控制污染，研究开发环保产品，最大限度降低环境污染程度的行业及企业,则有着大好的市场机会。

4. 政府对自然资源加大管理及干预力度

各国政府从长远利益及整体利益出发,对自然资源的管理逐步加强。许多限制性的法律法规的出台,对企业造成了巨大的威胁及压力,同时也给许多企业创造了发展良机。

作为营销者的营销活动,既受自然环境的制约与影响,也要对自然环境的变化负起责任。既要保证企业可获利发展,又要保护环境与资源,企业只有实施可持续发展战略,才能立足市场并做大、做强。当前社会上流行的绿色产业,绿色消费乃至绿色营销以及生态营销的蓬勃发展,应当说就是顺应了时代要求而产生的。

(二) 政治法律环境

从国内来说,政治法律环境主要指国家的方针、政策、法令、法规及其调整变化对企业营销活动的影响。企业的营销活动作为社会生活组成部分,总是要受到政治法律环境的影响和制约的。国家的方针政策,不仅规定了国民经济的发展方向和速度,也直接关系到社会购买力的提高与市场消费需求的增长状况。国家的法令法规,特别是与经济相关的立法,不仅规范着企业的行为,也会使消费需求的数量、质量和结构发生变化,将直接鼓励或限制某些产品的生产与销售。

从国际上说,政治法律环境主要涉及政治权利和政治冲突问题。特别是在经济全球化的趋势下,认真了解、追踪这两者对企业营销活动的影响,随时准备应对相关国际政治法律环境的变化,及时调整自己的营销策略显得更为重要。

(三) 人口环境

1. 人口是构成市场的基本要素

人口环境及其变化对市场需求有着长久、整体的影响,是决策营销活动的基本依据。

2. 人口环境分析的主要内容

(1) 人口总数。在收入水平一定的条件下,总人口数量决定市场需求总量,特别是基本生活资料的需求。在统计一个地区的人口总量时,不仅要统计居住人口的数量,而且还要考虑到流动人口的数量。

(2) 人口结构。人口结构决定市场需求的结构,人口结构主要分析的是人口的性别结构和年龄结构。

(3) 家庭状况。家庭是生活用品消费的主要购买单位。应对家庭数目和家庭类型进行分析。未来家庭将日趋小型化、核心化。

(四) 经济环境

经济环境包括的因素很多,一般指的是影响企业市场营销方式及规模的经济因素，主要有经济发展状况、经济收入水平、储蓄与信贷状况、支出方式等。

1. 经济发展状况

企业的市场营销活动受到一个国家或地区的整体经济发展状况的制约。经济发展阶段的高低将会直接或间接影响企业的市场营销。

对于消费品市场而言，经济发展阶段较高的国家，在商品推销方面，重视产品基本功能的同时，更强调产品款式、性能及特色，并进行大量的广告宣传和销售推广活动，非价格竞争比价格竞争更占优势；而在经济发展阶段低的国家，则比较侧重产品的基本功能及实用性，价格竞争占一定优势。

在生产资料市场方面，经济发展阶段较高的国家重视投资大而能节约劳动力的生产设备，对劳动力的教育及技术水平要求也较高；而在经济发展阶段低的国家，生产设备多偏重于使用劳动力而节约资金，以符合国家劳动力与资金的合理比例。

美国学者罗斯顿（W. W. Rostow）的经济成长阶段理论把世界各国的经济发展阶段归纳为五种类型：①传统经济社会；②经济起飞前的准备阶段；③经济起飞阶段；④迈向经济成熟阶段；⑤大量消费阶段。处于前三个阶段的国家是发展中国家；而处于后两个阶段的国家是发达国家。

罗斯顿的理论最主要的是关于经济起飞的理论，所谓经济起飞指的是一国经济已克服了种种经济发展的障碍，创造了使经济得以持续发展的力量。按其理论，经济起飞的条件有三：投资率或资本形成率（净国民生产总值中的投资百分率）在10%以上；某些工业部门呈快速发展；有良好的政治社会结构来配合经济发展。

不同发展阶段上的国家在市场营销上采取的策略也不一样。

以分销渠道为例，国外学者曾就对不同经济发展阶段与分销渠道间的关系进行过研究，得出以下结论：随着经济发展阶段的提高分销途径越复杂和广泛；制造商、批发商与零售商的职能逐渐独立；连锁网点数目及平均规模增加等；并指出，随经济发展阶段的上升，分销路线的控制权是逐渐传统权势人物转移至中间商手中，再至制造商，最后大型零售商崛起，控制分销路线。

用罗斯顿的理论来衡量，我国现在尚处于经济起飞前的准备。在这个阶段上，国家经济肩负着既要推进传统产业的变革，又要迎头赶上世界新技术革命的双重任务，营销者应当从我国国情出发，制定与之相适应的市场营销目标及策略。

2. 经济收入

经济收入在市场上表现为实际购买力。

同人口因素一样，经济收入也是构成市场的基本因素。因为市场容量的大小，不仅取决于人口的多少，而且取决于购买力的大小。而消费者的需求能否得到满足及怎样满足，也取决于其经济收入的多少。

经济收入的含义，从不同角度有不同理解。

首先，经济收入可分为国民收入与消费者个人收入。国民收入——指一个国家物质生产部门的劳动者在一定时期内所创造的价值的总和。人均国民收入则大体上反映了一个国家的经济发展水平。消费者个人收入——指城乡居民来源于各种形式的收入，包括工资、退休金、红利、租金、赠与等各种收入。由于消费者购买力来自消费者收入，因此，消费者收入是影响社会购买力、市场规模大小、消费者支出能力和支出方式的重要因素。

其次，从市场营销学角度考察消费者收入，还必须区分名义收入和实际收入。名义收入指消费者各种形式的收入总和。实际收入指名义收入扣除失业、通胀、税收、社会福利等影响实际购买力因素后的收入。

名义收入的增减并不一定意味着实际收入的增加，但通常企业能够获得的收入统计资料，都是按名义收入表示的。在现代经济生活中，名义收入会因社会政治法律及道德舆论力量的制约而保持不变或上升，但实际收入却有可能受国家或地区经济状况及其他因素的影响而减少。经济学上，往往会按名义收入的增减幅度是否高于通胀率或物价指数的上升率来判断实际收入是否增加。

最后，还需要注意的是，消费者的实际收入，也无法全部用于消费，还可以进一步分为个人可支配收入和个人可任意支配收入。个人可支配收入指从个人收入中支付税款及非税性负担后剩下的收入，即个人可以用于消费及储蓄的部分。个人可任意支配收入指个人可支配收入中再减去维持生活所必需的支出（如：食物、房租、水电费等固定费用）后的余额。个人可任意支配收入才是影响消费者需求变化的最活跃的因素，也是消费者市场所要重点研究的收入。

3. 储蓄与信贷状况

消费者的储蓄与信贷规模大小，直接影响着消费者不同时期的货币持有量，也就直接影响了消费者某个时期内的现实购买力的大小。

（1）储蓄。

储蓄指人们将一部分可任意支配收入存储待用。消费者的储蓄形式一般有银行存款、债券、股票、保险、不动产等。

较高的储蓄率会推迟现实的消费支出。在其他条件不变的情况下，储蓄增加，当期支出减少，未来支出则有可能增加。对于日常用品及服务，购买力会因此下降，但对耐用品及高档昂贵商品来说，却能够形成有现实意义的购买能力。尤其在我国消费信贷不发达的情况下，高档耐用品的购买力仍然主要源于储蓄，企业应当对此给予充分的关注。

影响储蓄的原因多种多样，主要有消费者收入水平、储蓄利率、消费者对物价的预期（物价信心指数）及消费心理和观念等。

（2）信贷。

这里主要指消费信贷，通常理解为金融或其他商业机构向有一定支付能力的消费者通融资金的行为。消费信贷使消费者可以先凭信用取得商品使用权，然后再按约定期限分期归还贷款。

消费信贷可以增加当期购买力，在西方国家被广泛应用。最常用的是三种形式：（日常用品）短期赊销、（住宅、汽车及其他昂贵耐用品）分期付款、消费贷款（信用卡）。

消费信贷受借贷利率、预期收入、信贷方便性、对物价上涨的估计以及生活消费观念、社会文化风俗习惯等的影响。

4. 支出方式

消费者支出方式又称为消费者支出模式与消费结构，指的是消费者收入变化与需求结构间的对应关系。随着消费者收入的变化，其支出模式及消费结构也会随之发生相应变化。

研究消费者支出方式的一个重要理论是由著名的德国统计学家恩斯特·恩格尔（Ernst Engel，1821—1896）提出的"恩格尔法则"。

恩格尔定律指出，随着家庭收入的增加，用于购买食品的支出占家庭收入的比重越来越小；用于住房及家庭日常支出的比重保持不变；而用于服装、娱乐、保健、教育、储蓄等方面的支出将会上升。其中，食物费用占总支出的比例称为恩格尔系数。一般地，恩格尔系数越大，生活水平越低；反之，生活水平越高。

还有研究表明，影响消费者支出方式的因素，除了消费者收入水平外，主要还有：

（1）家庭所处的生命周期阶段，比如，家庭中有无孩子或孩子处在不同的年龄段上，就会带来家庭支出结构上的差异。

（2）家庭所在地及消费品生产供应状况。居住在农村与城市或居住在城市的不同地段内，在住宅、交通及食品上的支出情况也会有较大差异。

另外，城市化水平、商品化水平、劳务社会化水平、食物价格指数与消费品价格指数变动是否一致等，也都是影响消费者支出模式和消费结构的重要因素。

（五）社会文化环境

市场营销学中所说的生活和文化因素，一般泛指在一种社会形态下已经形成的信念、价值观念、宗教信仰、道德规范、审美观念以及世代相传的风俗习惯等被社会所公认的各种行为规范。

社会文化作为人们一种适合本民族、本地区、本阶层的是非观念，会强烈影响消费者的购买行为，使生活在同一社会文化范围的成员的个性具有相同的方面，它是购买行为的习惯性、相对稳定性的重要成因。所以，营销人员应当注意分析、研究和了解社会文化环境。

社会文化环境具体包括：

1. 教育水平

教育程度不仅影响消费者收入水平，还直接影响消费者对商品的鉴赏能力、购买的理性程度和其他方面。

2. 宗教信仰

纵观历史上各民族的消费习惯的产生和发展，可以发现宗教是影响人们消费行为的重要因素。人们最早源于对幸福、安全的追求与向往而又受低下的生产力限制所形成的盲目崇拜的宗教行为，被后人沿袭下来，就逐渐形成了一种影响人们消费行为的模式。

据有关资料介绍，我国阿佤族人，每年用于宗教信仰方面的费用，约占其年收入的1/3以上，其中，用于这方面的劳动力消耗也十分惊人，平均每人每年超过60天。由此可见，宗教活动对人们消费行为具有重要影响。

3. 价值观念

在不同社会文化环境下生活的人们，有不同的价值观念，极大地影响着消费需求及购买行为。比如，崇尚节俭是我国传统民风及民族意识的一个方面，人们一向以节俭为荣，以挥霍奢华为耻。这种朴素的民风和节俭心理，表现在消费行为就是精打细算，在购买商品时就是谨慎花钱，注重产品质量，讲究经久耐用。即便是收入水平较高的家庭，也会将其收入的相当部分用于储蓄，以备不时之需。这也是近年来我国银行储蓄存款余额一直不断攀升的一个重要原因。

4. 消费习俗

消费习俗是人们世代相袭固化而成的消费风尚，是风俗习惯的重要内容。往往在饮食、服饰、居住、婚丧、节日及人情往来等方面表现出独特的心理特征和行为方式。

此外，道德规范、审美观念、流行风尚等也都是影响支配消费者购买行为的重要社会文化因素。

（六）科学技术环境

科学技术是企业将自然资源转化为符合人们需要的产品的基本手段，是第一生产力，是极其重要并具有长远影响的环境因素。

人类社会的文明与进步是科学技术发展的历史，是科技革命的直接结果。科学技术对企业市场营销的影响是多方面的。从人类历史来看，每一种新技术的出现，都会直接或间接地带来国民经济各部门的变化与发展，带来产业部门间的演变与交替，随之而来的是新产业的出现，传统产业的改造，落后产业的淘汰，并使消费对象的品种不断增加，范围不断扩大，最终必然使消费结构发生变化。比如：在电子工业出现之前，消费结构中就没有收音机、电视机、录音机之类的产品；正是由于合成化学技术的出现，合成纤维、合成橡胶、合成染料、合成药物工业形成，才使新产品源源不断地涌现，推动了消费结构的变化；而新技术革命

（第四次产业革命），则出现了以电子、生物工程等新兴科学为代表的工业技术的迅速发展，同样带来了社会生产方式、人们思维方式及消费习惯、生活方式的历史性变化，最终必将对市场带来极其深刻的影响。

从目前来看，IT技术的介入，已经使零售业商业结构及消费者购物习惯发生了改变。比如网络营销及网上购物的出现，将从根本上改变市场营销的方式、方法，同时也对经营管理者提出了新的要求。

因此，企业在研究科学技术环境时，要特别注意新技术革命对市场营销的影响，密切关注新技术革命的发展变化，并及时跟进，以谋求生存及发展。

宏观环境分析图见图1-1-2。

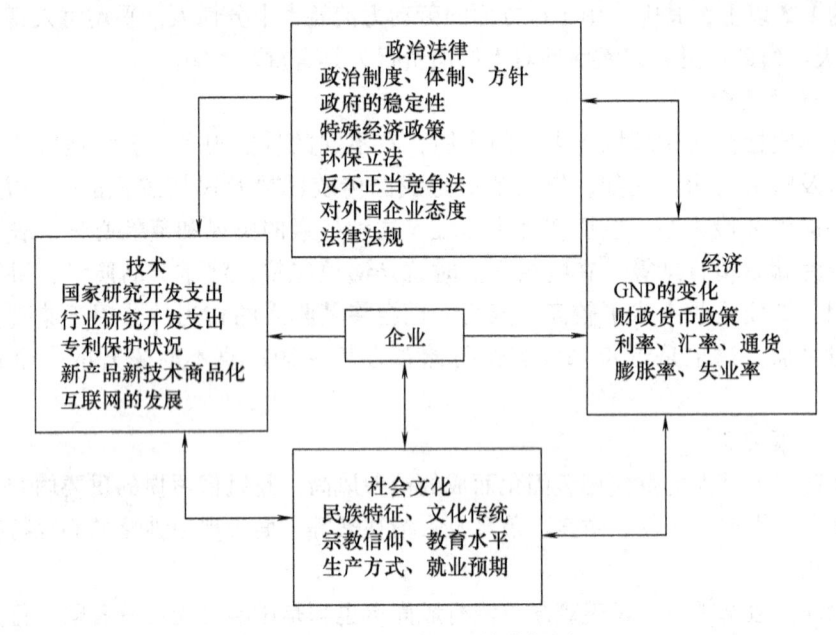

图1-1-2 宏观环境分析图

四、微观环境分析

（一）企业内部环境

企业的经营观念、管理体制与方法、企业的目标宗旨、企业精神与文化等因素都会影响企业的营销活动。市场环境的分析应重点考虑营销部门与企业其他各个部门间的协调及相互关系问题。

企业开展营销活动，必须设立一定形式的营销部门，而营销部门不是孤立存在的，它还面对着各种不同的职能部门以及高层管理部门。营销部门与其他职能部门间既有相当程度的合作，但又在争取资源方面存在着不可或缺的矛盾。因此，与其他职能部门的相互关系是否协调，对营销决策的制定与实施影响极大。

可以说，所有的部门共同构成实现企业营销职能的企业内部微观环境，而这些企业与营销部门在实际工作中，产生的或大或小的矛盾与冲突，需要企业内部各部门在决策层的统一领导与指挥下，进行必要的协调，才能使各职能部门相互配合，使企业的营销活动高效运行。

(二) 市场营销渠道

一个企业的市场营销渠道是指处于该企业的市场营销系统中，与该企业的供、产、销等经济活动存在着业务往来或为其提供某种形式服务的其他企业、组织或个人，主要包括各类资源供应者、营销中间人以及承担实体分配、便利交换之类社会市场营销职能者。

1. 资源供应者

资源供应者，涉及诸多类型的市场主体，他们向企业提供其为目标市场服务时所必要的资金、能源、原材料、零部件和劳动力等生产要素。

2. 营销中间人

营销中间人，包括中间商（如独立批发商、零售商）、代理中间商（如经纪人、制造商代理商、销售代理商）等，他们或通过购销活动为企业转卖产品，或通过寻找买主帮助企业推销产品。

3. 实体分配以及便利交换与实体分配者（统称为辅助商）

实体分配以及便利交换与实体分配者，如储运企业、金融机构、广告公司、市场营销研究企业、市场营销咨询企业等，他们为企业提高商品储运、融资、保险、广告、咨询等多方面的服务。

一个企业能否在营销活动中与自己的营销渠道企业建立起稳定、有效的协作关系，对其服务于目标市场的最终形成及能力有着直接的影响作用。

(三) 顾客

按照购买主体的性质与购买的目的来划分，通常可以将市场分为消费者市场、生产者市场、转卖者市场、事业团体市场、政策市场和国际市场这样一些基本类型。一家企业往往将自己的产品销往几种类型的主体市场，这些市场有着不同的需求和购买行为，因此要求企业以不同的服务方式提供不同的产品，制定相应的营销对策，进行产品营销活动。企业必须深刻地了解其所服务的目标市场的特点、需求与购买行为，并设法满足市场的需要。能否紧紧地抓住市场是企业营销成败的关键。

(四) 竞争者

所谓竞争者，从广义来说指的是向一企业所服务的目标市场提供产品的其他企业或个人。竞争者的范围是非常广泛的，包括现实竞争者与潜在竞争者、直接竞争者与间接竞争者、国内竞争者与国际竞争者等。

(五) 社会公众

这里所说的社会公众，指的是所有实际或潜在地关注企业的生产经营活动，并对其实现目标的能力具有一定影响的组织或个人。

企业面临的公众主要有以下 7 种：

1. 金融公众（融资公众）（Financial Publics）

指所有影响企业融资能力的组织及机构。如银行、投资公司、保险公司等。

2. 政府公众（Government Publics）

与企业业务经营活动有关的各类政府机构。如行业主管部门、财政、工商管理部门、税务等。

3. 媒介公众（Media Publics）

指报纸、杂志、电视、广播等大众传播媒体。

4. 社区公众——地方利益公众（Local Publics）

指企业所在地附近的居民及社区组织。

5. 社团公众——市民行动公众（Citizen Action Publics）

包括所有保护消费者权益的组织、环保组织及其他群众团体。

6. 一般公众

指上述公众之外的社会公众。此类公众虽然不会有组织地对企业采取行动，但企业形象会影响他们对企业产品的购买选用。

7. 内部公众

指企业内部的全体员工。员工的责任感及满意度必然会传播并影响外部公众，从而对企业的整体形象产生直接影响。

企业的营销活动不仅要针对目标市场的顾客，还应当考虑到有关各类公众，采取适当的措施，与周围的各类公众保持良好的公众关系，争取社会公众对企业的信赖和支持。

由于企业的生产经营活动影响着公众的利益，因此政府机构、金融组织、媒介组织、群众团体、地方居民乃至国际上的各种公众必然会关注、监督、影响和制约企业的生产经营活动。这些制约力量的存在，决定了企业必须遵纪守法，善于预见并采取有效措施满足各方面公众的合理要求，处理好与周围各种公众的关系，以便在公众中树立起良好的企业形象，这是企业适应和改善微观环境的一个重要方面的工作。

1.1.2　市场营销环境分析意义

一、市场营销环境对企业营销带来双重影响

（一）环境给企业营销带来的威胁

营销环境中会出现许多不利于企业营销活动的因素，如果企业不采取相应的规避风险的措施，这些因素会导致企业营销的困难，带来威胁。为保证企业营销

活动的正常运行，企业应注重对营销环境的分析，及时预见环境威胁，将危机减少到最低程度。

（二）环境给企业营销带来的机会

营销环境也会滋生出对企业具有吸引力的领域，带来营销机会。对企业来讲，环境机会是开拓经营新局面的重要基础。为此，企业应加强对环境的分析，当环境机会出现的时候善于捕捉和把握，以求得企业的发展。

二、市场营销环境是企业营销活动的资源基础

市场营销环境是企业营销活动的资源基础。企业营销活动所需的各种资源，如资金、信息、人才等都是由环境来提供的。企业生产经营的产品或服务需要哪些资源，多少资源，从哪里获取资源，解决这些问题都必须分析、研究营销环境因素，从而获取最优的营销资源来满足企业经营的需要，实现营销目标。

三、市场营销环境是企业制定营销策略的依据

企业营销活动受制于客观环境因素，必须与所处的营销环境相适应。但企业在环境面前绝不是无能为力、束手无策的，能够发挥主观能动性，制定有效的营销策略去影响环境，在市场竞争中处于主动，占领更大的市场。

1.1.3 企业对营销环境的对策

企业的生存与发展既与其生存的市场环境密切相关，又取决于企业对环境因素及其影响所持的对策。

企业应该运用科学的分析方法，加强对营销环境的分析，掌握其发展趋势，从中发现市场机会和威胁，有针对性地制定和调整自己的战略与策略，不失时机地利用营销机会，尽可能减少环境威胁带来的损失。

一、"SWOT"分析法

SWOT 分析法又称为态势分析法，它是由旧金山大学的管理学教授于 20 世纪 80 年代初提出来的，SWOT 四个英文字母分别代表：优势（Strength）、劣势（Weakness）、机会（Opportunity）、威胁（Threat）。S、W 是内部因素，O、T 是外部因素。SWOT 分析是将宏观环境、市场需求、竞争状况、企业营销条件进行综合分析，分析出与企业营销活动相关的优势、劣势、机会和威胁分析模型见图 1-1-3。优势（Strengths）是指企业较之竞争对手在哪些方面具有不可匹敌、不可模仿的独特能力。劣势是企业较之竞争

优势	机会
劣势	威胁

图 1-1-3 SWOT 分析模型

对手在哪些方面具有缺点与不足。机会是外部环境变化趋势中对本企业营销有吸引力的、积极的、正向的方面。威胁是外部环境变化趋势中对本企业营销不利的、负面的方面。

(一) SWOT分析法是市场调研分析常用的方法

SWOT分析方法是市场调研分析的常用的一种方法，从某种意义上来说其隶属于企业内部分析方法，即根据企业自身的既定内在条件进行分析。SWOT方法自形成以来，广泛应用于战略研究与竞争分析，成为战略管理和竞争情报的重要分析工具。按照企业竞争战略的完整概念，战略应是一个企业"能够做的"（即组织的强项和弱项）和"可能做的"（即环境的机会和威胁）之间的有机组合。著名的竞争战略专家迈克尔·波特提出的竞争理论从产业结构入手对一个企业"可能做的"方面进行了透彻的分析和说明，而能力学派管理学家则运用价值链结构企业的价值创造过程，注重对公司的资源和能力的分析。SWOT分析，就是在综合了前面两者的基础上，以资源学派学者为代表，将公司的内部分析（即20世纪80年代中期管理学界权威们所关注的研究取向，以能力学派为代表）与产业竞争环境的外部分析（即更早期战略研究所关注的中心主题，以安德鲁斯与迈克尔·波特为代表）结合起来，形成了自己结构化的平衡系统分析体系。

(二) SWOT分析法的优缺点

与其他的分析方法相比较，SWOT分析从一开始就具有显著的结构化和系统性的特征。就结构化而言，首先在形式上，SWOT分析法表现为构造SWOT结构矩阵，并对矩阵的不同区域赋予了不同分析意义；其次在内容上，SWOT分析法的主要理论基础也强调从结构分析入手对企业的外部环境和内部资源进行分析。另外，早在SWOT诞生之前的20世纪60年代，就已经有人提出过SWOT分析中涉及的内部优势、弱点，外部机会、威胁这些变化因素，但只是孤立地对它们加以分析。SWOT方法的重要贡献就在于用系统的思想将这些似乎独立的因素相互匹配起来进行综合分析，使得企业战略计划的制订更加科学、全面。

SWOT方法分析直观、使用简单，即使没有精确的数据支持和更专业化的分析工具，也可以得出有说服力的结论。但是，正是这种直观和简单，使得SWOT不可避免地带有精度不够的缺陷。例如SWOT分析采用定性方法，通过罗列S、W、O、T的各种表现，形成一种模糊的企业竞争地位描述。以此为依据作出的判断，不免带有一定程度的主观臆断。所以，在使用SWOT方法时要注意方法的局限性，在罗列作为判断依据的事实时，要尽量真实、客观、精确，并提供一定的定量数据弥补SWOT定性分析的不足，构造高层定性分析的基础。

(三) SWOT分析的目的

在复杂、多变、严峻的营销环境中，正确地寻找出企业营销的机会点和问题点，制定相应的对策，是企业成败的关键。营销对策是营销调研报告所作的结论部分，是整个营销调研的核心部分。

一般说来，运用"SWOT"分析法研究企业营销决策时，强调寻找四个方面中与企业营销决策密切相关的主要因素，而不是把所有关于企业优势、薄弱点、外部机会与威胁逐项列出和汇集。

表1-1-1提出了一个运用"SWOT"方法的参考，表中列出的与某药品的开发与营销环境相关的主要因素。

表1-1-1 某药品的SWOT分析

优势 1. 同剂型品种零售价最便宜 2. 有一定操作空间，可制定灵活销售政策 3. 现有的商业网络齐全，信誉好 4. GMP认证企业产品品质好	机会 1. 同剂型的竞争小 2. 市场潜力大
劣势 1. 未列入医保目录 2. 新品种，无知名度 3. 局限于外用药，市场范围比口服的缩小 4. 价格比常用药甲硝唑贵	威胁 1. 未列入医保目录，可导致某些地区药品不能进入医院，用量受限 2. 临床用药习惯仍以甲硝唑为主

（四）SWOT分析法的具体运用

营销环境分析的重点是市场机会和威胁的分析。明确主要的机会和威胁是什么？来自何方？对企业营销的影响程度有多大？并提出相应的对策。市场机会和威胁的分析方法主要有以下三种：

1. 分析企业能够获取的市场机会和面临的威胁

（1）营销环境威胁的分析。

所谓营销环境威胁，是指由于环境的变化形成的对企业营销的冲击和挑战。其中，有些冲击和影响是共性的，有些则对不同的产业冲击和影响程度不同。即使是同处一个行业、同一环境中，由于企业不同的抗风险能力，所受的影响不尽一致。研究市场营销环境对企业的威胁，一般分析两方面的内容，一方面分析威胁对企业影响的严重性，另一方面是分析威胁出现的可能性。可用矩阵方法进行分析（图1-1-4）。

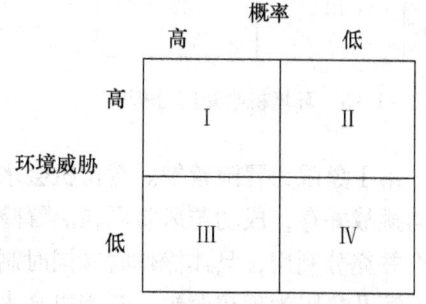

图1-1-4 环境威胁矩阵法分析图

第Ⅰ象限区内，环境威胁严重性高，出现的概率也高，表明企业面临着严重的环境危机。企业应处于高度戒备状态，积极采取相应的对策，避免或降低威胁造成的损失。

第Ⅱ象限区内，环境威胁严重性高，但出现的概率低，企业不可忽视，必须密切注意其发展方向，也应制定相应的措施准备面对，力争避免威胁造成的危害。

第Ⅲ象限区内，环境威胁严重性低，但出现的概率高，虽然企业面临的威胁不大，但是，由于出现的可能性大，企业也必须充分重视。

第Ⅳ象限区内，环境威胁严重性低，出现的概率也低，在这种情况下，企业不必担心，但应该注意其发展动向。

（2）营销环境机会的分析。

所谓营销环境机会，是指由于环境变化形成的对企业营销管理富有吸引力的领域。在该市场领域里，企业将拥有竞争优势，可以将市场机会转变为营销机会，利用营销机会获得营销成功。营销环境机会应从潜在的吸引力和成功的可能性两方面进行分析。分析的矩阵如图1-1-5所示。

（3）威胁—机会综合分析。

营销环境带来的对企业的威胁和机会是并存的，威胁中有机会，机会中也有挑战。在一定条件下，两者可相互转化，从而增加了环境分析的复杂性。企业可以运用威胁—机会矩阵图加以综合分析和评价，如图1-1-6所示。

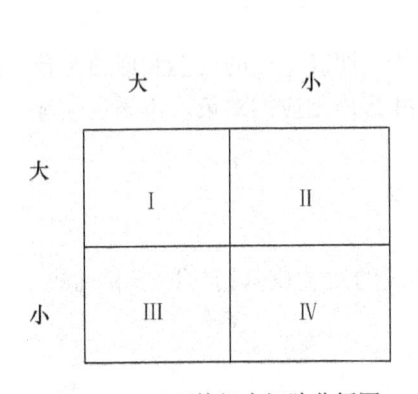

	大	小
大	Ⅰ	Ⅱ
小	Ⅲ	Ⅳ

图1-1-5　环境机会矩阵分析图

威胁水平 机会水平	高	低
高	Ⅰ	Ⅱ
低	Ⅲ	Ⅳ

图1-1-6　威胁—机会综合分析图

第Ⅰ象限为冒险营销。营销机会水平和威胁水平均高，也就是说在环境中机会与挑战并存，成功与风险同在。冒险营销对企业有较大的吸引力，企业应抓住机会并充分利用，具体操作时应同时制定避免风险的对策。

第Ⅱ象限为理想营销。营销机会水平高，威胁水平低，说明企业有非常好的发展前景，理想营销对企业最为有利，但这样的情况是很少的。

第Ⅲ象限为艰难营销。营销面临较大的环境威胁，而营销机会却很少，这种营销如果不能减少环境威胁，企业将陷入经营困难的境地。

第Ⅳ象限为保险营销。营销的机会和威胁水平均低，说明企业发展的机会已很少，自身发展潜力也很低，保险营销能够维持企业的运营。此时，企业应研究环境，营造出新的机会，进行开拓，否则将影响企业的生存。

2. 分析企业的比较优势和劣势

（1）市场机会并不等于企业营销机会，要看企业是否具备获得这个市场机会的资源实力。

（2）通过对企业自身的分析，比较市场竞争状况，尤其是与主要竞争对手情况进行比较，来判断企业存在的营销资源的优、劣势。

（3）企业优劣势分析的主要内容有：企业资产分析；企业产品的销售量、销售额、销售增长率，市场占有率分析；产品所处生命周期阶段分析；企业的产品质量分析；产品的价格分析；产品成本分析；产品的品牌形象分析。

3. 寻找企业的营销机会点和问题点

（1）确定企业的营销的机会点。

营销的机会点是从企业优势和有利的市场环境中获得的。在市场环境中往往存在许多潜在的市场机会，并显示出企业的优势所在。这就要求企业积极行动起来，寻求企业的营销机会点并制订方案，进而获得较好的营销机会。

（2）确定企业的营销问题点。

营销的问题点通常也来自企业存在的弱点和不利的市场情况。企业应根据具体情况采取及时、有效的对策，克服自身的弱点，改善不利的市场环境，使企业的营销活动由被动变为主动。

二、企业应对营销环境影响的对策

（一）应对市场机会的营销对策

1. 及时利用策略

当市场机会与企业的营销目标一致，企业又具备利用市场机会的资源条件，并享有竞争中的差别利益时，企业应抓着时机，及时调整自己的营销策略，充分利用市场机会，求得更大的发展。

2. 待机利用策略

有些市场机会相对稳定，在短时间内不会发生变化，而企业暂时又不具备利用市场机会的必要条件，此时企业可以积极准备，不断创造条件，等待时机成熟时，再加以利用。

3. 果断放弃策略

营销市场机会十分具有吸引力，但企业缺乏必要的条件，无法加以利用，此时企业应做出决策果断放弃。因为任何犹豫和拖延都可能导致错过利用其他有利机会的时机，从而一事无成。

（二）应对环境威胁的营销对策

1. 转移策略

转移策略指当企业面临环境威胁时，通过改变自己受到威胁的产品现有市场，或者将投资方向转移来避免环境变化对企业的威胁。该策略包括三种转移方式：①产品转移，即将受到威胁的产品转移到其他市场。②市场转移，即将企业的营销活动转移到新的细分市场上去。③行业转移，即将企业的资源转移到更有利的行业中去。

2. 减轻策略

减轻策略指当企业面临环境威胁时，力图通过调整、改变自己的营销组合，来尽量降低环境威胁对企业的负面影响程度的策略。

3. 对抗策略

对抗策略指当企业面临环境威胁时，试图通过自己的努力限制或扭转环境中不利因素的发展。对抗策略通常被称为积极主动策略。

1.1.4　市场营销环境评估考虑因素小结

一、宏观经济

在个人收入、物价水平、储蓄和信贷等方面有哪些发生变化将会影响公司的发展？对此，公司应采取哪些措施？

二、人口统计

人口环境的变化和发展趋势将会为公司带来什么样的机会和威胁？为适应这些变化和趋势，公司应采取哪些行动？

三、生态环境

公司所需的自然资源或能源的成本和前景如何？防止污染和环境保护方面的压力是否会对公司造成影响？怎样的影响？公司应如何应对这些问题？

四、技术

在产品技术方面存在哪些主要变化？在加工技术方面又如何？公司在这些领域里的地位如何？是否有新技术出现？

五、法律法规

有哪些法律或法规会对公司营销战略和营销策略的执行造成影响？公司应如何调整自身的战略和战术以适应这些法律或法规？

六、文化背景

公众对公司生产的产品持何态度？公众的生活方式和价值观念发生了哪些与公司产品有关的变化？

七、市场

公司在市场规模、成本率、区域分销和盈利方面有哪些变化？主要有哪些细分市场？

八、客户

当前客户和潜在客户是谁？他们购买的理由是什么？他们的购买方式和习惯是怎样的？他们是如何作出购买决定的？在公司声誉、产品质量、服务和价格等方面，当前客户和潜在客户是如何评价公司及其竞争者的？

九、行业

行业主要的经济特性包含哪些？行业中的变革驱动因素是什么？它们的影响如何？决定在行业环境中取得竞争成功的关键因素是什么？行业是否具有吸引力？取得超过年平均水平的盈利前景如何？行业中发挥作用的竞争力量有哪些？它们有多强大？

十、竞争者

有哪些主要的竞争者？他们的目标和战略是什么？他们的优势和劣势何在？他们的规模和市场份额是多少？

十一、分销渠道和经销商

公司的产品主要通过哪些渠道传送给客户？各种渠道的效率和成长潜力如何？

十二、供应商

生产所需的关键物料的前景怎样？各供应商的实力如何？公司与各供应商的关系如何？公司如何评价供应商的表现？供应商的行销策略有什么变化？

十三、市场后勤

运输服务、成本及前景如何？仓储设备的成本及前景如何？

十四、公众

对于公司来说，哪些公众代表了某种机会，哪些公众会带来问题？公司应采取什么样措施，以便有效应付？

技能训练

（1）环保问题已逐渐成为公众关注的焦点问题，自然环境对企业的影响不容忽视，请结合实际，对目前自然环境发展趋势下企业的市场机会进行分析。

（2）结合中国市场的实际情况，选择一个方面对其目前国内市场营销的环境特点进行分析。

（3）结合日清方便面进军美国市场的市场环境分析工作任务进行某品牌化妆品进军中国市场的市场环境分析。

任务二：购买行为分析

任务布置

在市场竞争激烈的今天，中国市场是众多国际药业巨头虎视眈眈的市场。葛兰素史公司的芬必得镇痛药是最早一批进入中国市场的，然而，其市场潜力并非轻易能得以开发，即使芬必得依靠其品牌效应，它在进入中国市场之初也面临着巨大的市场障碍：长久以来中国人对待疼痛和止痛的固有观念，以及本土市场上早已存在的各种各样的中药贴膏。在这种严峻而复杂的市场环境下，作为西药止痛药的芬必得该如何抓住中国消费者的"情感"，利用购买者行为分析进行企业营销突破？

购买者行为分析的内容包括什么？

影响消费者购买行为的因素有哪些？

消费者购买决策的过程是什么？

技能目标及素质目标

技能目标：

（1）掌握影响消费者购买行为的因素；

（2）掌握消费者的购买决策过程；

（3）掌握暗箱理论。

素质目标：

（1）培养学生细心观察，认真思考的职业素质；

（2）挖掘商机，灵活运用理论知识进行实践的职业素质；

（3）良好的团队合作精神。

教学实施建议

要求学生以小组的形式（学生从芬必得厂家角度出发）进行讨论，分析消费者购买行为分析模式，以及影响消费者购买行为的因素，完成对中国消费者购买者行为的分析，并撰写分析报告。

通过本工作任务的训练使学生掌握购买者行为分析的基本技能。掌握这一技能为学生独立进行市场分析活动奠定基础，对学生能胜任将来的营销工作或自主创业提供保障。

根据有关任务要求，寻找环境分析要解决的问题。

（1）要求教师对"消费者购买行为"的实践应用价值给予说明，调动学生实践操作的积极性。

（2）要求教师对"消费者购买行为"的分析内容、分析方法进行具体指导。

（3）要求教师提供芬必得针对中国消费者购买行为分析的营销工作方案，供学生操作参考。

（4）要求学生根据实际情况，自拟企业项目进行相关购买者行为分析。

解决方案

芬必得的情感化过程

众多国际药业巨头纷纷抢滩中国市场的今天，泰诺、百服宁、扶他林、拜尔等合资品牌不仅需要在专业渠道大量投资，还要在电视媒体上不断轰炸，这使得药品行业媒体环境日趋复杂。芬必得作为最早进军中国市场的药物之一，其需做的还远不止如此。

芬必得在进入中国市场的过去几年中，在消费者教育领域亦投注了很大精力，之前的广告战役主要以唤起消费者对疼痛的关注，而实际上消费者仍然对使用止痛药有很大的抗拒心理，传统意义上止痛药通常会和强的副作用联系在一起，从安全角度出发，消费者普遍对疼痛存在的观点是忍痛，这与对止痛及止痛药知识的匮乏，及中国传统的历史文化影响有关，也成为芬必得必须要解决的问题。

药品的特性决定了其品牌的高度理性化，造就了大量的冷冰冰生硬的品牌，消费者对它们没有情感付出，芬必得则率先进入了情感沟通领域。芬必得确定了新的发展路线，即同时在产品和情感层面上满足消费者的心理需求；在战略上，芬必得定位为"有效安全缓解日常生活中各种疼痛"；在执行上，则从消费者忍痛的事实出发，发展出一个强有力的消费者利益点，即"无须忍痛"，并以此为出发点，为芬必得定制了全新的主题广告——"庄泳篇"，并于1995年2月开始投放。

"庄泳篇"选用游泳世界冠军庄泳作为品牌的代言人。广告没有在庄泳的成功上着墨太多，反而是从她的平常生活入手，选取她与丈夫温馨生活的片段，以一个冠军和妻子的口吻带出"芬必得帮助我对付成功背后的疼痛，使我无须忍痛"的概念，并配合对产品药效的有力说明，通过一个公认的止痛专家——庄泳的信任，来树立芬必得"止痛专家"的形象，"庄泳篇"广告在社会上取得了极大的成功，品牌知名度迅速飙升。1996年3月调研结果显示，芬必得在电视媒体环境中的能见度高达47%，是位列第二位竞争产品的三倍左右。而无提示广告知名度和无提示品牌知名度分别达到了65%和85%之多，约为第二名竞争对手的两倍。甚至于在若干年后的调研中，仍然有消费者可以回忆起这一广告，并将芬必得广告和庄泳形成了自然的联系。"庄泳篇"的成功不仅仅表现在增强品牌知名度和树立品牌形象上，它也证明了好的广告可以带来最终销售的增长：1996年芬必得销售额增长达37%，市场份额为24%。

"庄泳篇"播放两年后，芬必得拥有了一个强有力的品牌核心"无须忍痛"，如何进一步加强品牌内涵则需要在新的战役中加以解决。综合调研发现，芬必得在关节炎和肌肉劳损患者中有很大市场潜力，所以在策略上考虑如何吸引这一消费群进行尝试。

这一阶段主要以新的主题广告"刘小光篇"为主，加强芬必得作为家庭用止痛药的定位，并在缓解肌肉骨骼疼痛和关节炎方面进行发展，吸引消费者试用，扩大市场潜力。创意上从情感入手，深入围棋国手的家庭故事，描述父子之间和夫妻之间相互关怀，并最后落到消费者"无须忍痛"的利益点。同时，发布了以平面广告为主，辅以广播广告专门针对痛经广告宣传。通过探索专门的市场领域，进一步扩大芬必得的使用人群和品牌知名度。

在经历了多年的发展，随着市场上的竞争品牌日趋成熟，芬必得的地位受到前所未有的威胁。同时，随着医疗体制改革的发展，消费者对于药品选择不再盲目，而是逐渐有了品牌意识，主动挑选适合自己的，而芬必得在医院渠道中优势地位也随着OTC药品分家和报销制度的解体遇到极大的挑战。如何才能延续芬必得品牌的优势，在变化的市场和消费者中间巩固其作为首选止痛药的位置，是公司面临的巨大挑战。

市场调研在芬必得每一次的战略中有不容忽视的重要性。经过调研发现，消费者变得越来越复杂，对待疼痛也已开始采取一种相对主动的态度，但对于究竟疼痛由何而来，人们并不是太关心。疼痛已超越了其简单的生理上的痛苦和不适，而会给心理上带来压力，影响到情绪这些感情层面的因素。

建立强有力的情感关系就成为芬必得此次新尝试的突破口。

在长达两年的"自我突破"的酝酿期，经历了三轮大规模的探索之后，2000年年初，芬必得最终找到一个将疼痛与止痛最好结合的切入点，将产品利益提升到精神层面：创造一个"无痛世界"的概念——当你没有疼痛困扰时，你存在于一个无痛世界，在这个世界上，你可以尽情享受自由自在的快乐。

"无痛世界"不仅是感性诉求的突破，也代表了品牌内涵的加强。品牌不仅是认知和形象，更代表了一种主张和态度。这绝对是一次大胆的突破：长时间以来，药品广告一直以产品功能为主要信息，虽然也开始慢慢建立与公众的情感联系，但后者仅仅是通过故事来表现，在整个概念中只是一个陪衬的作用——毕竟是一个需要理性判断的产品，脱离产品而专注在情感层面还不曾有人尝试过。芬必得存在这样一个机会去尝试：首先，它是一个非常成熟的品牌，多年来不断有大众媒介投入和专业渠道的投资，使广大消费者对产品的功能和定位有很清楚的了解，芬必得这个名字就代表了"持续、快速缓解疼痛"；其次，芬必得也是止痛药市场上的领先品牌，多年来的资产累积使芬必得有资格去发展并拥有一个更广义的品牌价值和品牌主张；最后，早在"庄泳篇"时，芬必得就已经开始建立与消费者的感性沟通，所以，今天它完全可以在此方向上加强并升华这种情感的联系。在将概念转化成创意执行时，以人与海豚的和谐共泳作为载体，通过与消费者在精神层面追求共鸣，充分表现出无痛世界中自由自在的意境。

相关知识点

1.2.1 暗箱理论

在当今市场上要从事有效的营销活动，搞清楚五个"W"和一个"H"是必要的，即"什么"（What）、"谁"（Who）、"哪里"（Where）、"何时"（When）、"为何"（Why）、"如何"（How），这六个方面是研究消费者行为的基本内容。

一、"什么"

即了解消费者知道什么、购买什么。如彩电有哪些牌子。通过调研结果使我们了解各企业产品的"知名度"。除此之外，还要了解"买什么"，搞清产品的被接受性，如调查顾客买了什么品牌及型号的电视机，买了什么香型的香皂等。这样既可以清楚市场占有率和销售情况，也可以搞清楚消费者的爱好，以提供适合需要的商品和服务。

二、"谁"

即了解消费者是哪些人，弄清购买行动中的"购买角色"的问题。消费者是谁，指的是企业的目标顾客是谁；购买角色，即研究不同的购买中不同人的位置和作用。严格地说，购买者有别于消费者，购买者，通常指的是实际完成购买行动的人，他可能是产品的消费者，也可能不是，这在不同的商品购买行动中有很大差异，有些较为容易分辨，如女青年到化妆品柜台前买面霜，售货员从她挑选的商品及神色上可大致由此推断出此人既是商品的购买者，又是消费者。但在很多情形下，不容易辨别。如一中年顾客到糕点柜台买了两千克普通蛋糕，单凭现场表现，很难断言这位"购买者"是不是同时也是消费者，她有可能是买给自己吃的，也很可能是为自己的父母或子女购买的。又如到仪表商店购置仪器的人，可能是奉企业领导的指示或技术专家的要求来买某些仪器的。从以上各例可以看出，在许多商品的购买活动中，购买者、决策者与消费者是分离的。因此在消费者的购买行动中，应弄清楚谁是决策者，谁是使用者，谁对决定购买有重大影响以及谁是采购者。只有这样，企业在确定自己的目标市场时，才能掌握消费者心理，更有针对性地实施产品、价格渠道以及促销措施。

三、"哪里"

即了解消费者在哪里购买，在哪里使用。在哪里购买，即了解消费者在购买某类商品时的习惯。如祛斑霜的营销应搞清楚购买此商品的顾客愿意在百货商店里购买还是更愿相信药店里出售的商品。

企业可以根据研究商品或服务的适当的销售渠道和地点，进行产品营销活动。在哪里使用，就是要了解消费者是在什么样的地理环境、气候条件，甚至于什么场所，什么场合使用商品。根据消费者使用的地点、场所的特征，使企业提供的产品和服务更具适应性。

四、"什么时候"

即了解消费者在一年中的哪个季节，一季中的哪个月，一月中的哪个星期以及一个星期中的哪一天，一天中的什么时间实施哪类购买行动和需要什么样的商品或服务。例如，春暖花开之时，周六的下午食品店的配餐面包销量很大，人们在准备星期天外出郊游时的午餐。食品经营者要根据这一情况，除了适时地提供顾客喜欢的面包外，还可搞些其他适合这个季节、时间的食品，如配置肉食、水果、蔬菜拼盘等。搞清楚消费者什么时候消费哪类商品的服务，对于开发新产品，拓宽服务领域，增加服务项目有重要的意义。

五、"如何"

既包括了解消费者怎样购买，喜欢什么样的促销方式，又包括消费者对所购商品如何使用。企业可以据此针对不同商品的用途，突出商品的差异，作出适当的促销决策。有的特定地区、特定阶层消费者更宜接受人员推销方式，企业便可适当减少对这个地区的广告攻势而组织人员进行销售，以适应这部分人对促销方式的要求。再如，经销调味品的企业就要搞清消费者买到酱油后怎样用，是做卤汁用于卤肉制品，还是用作凉拌蔬菜的调料。企业搞清楚以后，才能提供多品种适宜的产品。

六、"为什么"

即了解和探索消费者行为的动机或影响其行为的因素。消费者为什么喜欢这个牌号的商品而不喜欢另外一个；为什么单买这种包装、规格的商品而拒绝接受其他种类等。只有探明了原因与动机，企业才可以比较全面地了解消费者的需要。

以上六个方面，是企业时常遇到且需要解决的问题。但这六个问题的难易程度大不相同。企业的营销人员通常可以通过大量的观察和了解，搞清楚前五个方面的问题，即出现在市场上的消费者要购买什么，谁来购买，在什么时间购买，在什么地方使用和购买，经常采用什么样的方式购买。但至此，还不能算作彻底地了解了消费者的行为，原因在于没有解决第六个问题——为什么购买。前五个问题是消费者行为公开的一面，是消费者购买行为的外部显露部分（外显现象），可以借助于观察、询问获得较明确答案，而这最后一方面问题"为什么购买"，却是隐蔽的、错综复杂的和难以捉摸的。这种状况，对企业营销者来讲，就像面对着一种照相器材——暗箱一样，明明知道里面运转不停：购买的行为的发生或拒绝接受的行动都是这暗箱运转的结果，但从外面却看不到内部的活动。因此，对企业营销者来说是个谜，谜底就在这个神秘的暗箱之中。许多学者试图从不同的角度解开这个谜，企业营销人员更是跃跃欲试，设想在这个"暗箱"内建立一套机械性的理论模式，以解决企业最想知道的消费者"为什么购买"的问题，于是通过各种不同的解释，"暗箱"这个消费者心理活动的模式被设计出来。有关模式我们已经作了介绍并将在后两节有关内容中叙述，而这里需要明确的是，把消费者的购买心理视作一个充满问题的"暗箱"，在此基础上来研究种种已知的市场营销影响因素和消费者反应之间的关系，这本身便是建立在行为主义心理学研究成果的基础上。

1.2.2 购买者行为反应

随着对购买者行为研究的深入，企业营销人员开始认识到考察购买者对本企业所策划的市场营销策略、手段的反应，对于营销活动的成败至关重要。营销人员如果能比较清楚地了解各类购买者对不同形式的产品、服务、价格、促销方式的真实反应，就能够适当地诱发购买者的购买行为，使企业处于竞争中的优势。因此，作为营销人员需要在掌握有关购买者行为的基本理论的前提下，通过大量的调查研究，搞清楚企业各种营销活动与购买者反应之间的关系。

"暗箱"的提出，使我们有可能了解购买者行为心理过程的隐蔽性，这隐蔽的部分恰恰是市场研究人员最想知道、最应明了，也是最难观察的。

尽管如此，营销专家及具体工作人员并没有束手无策，他们试图利用行为心理学家沃森的"刺激—反应"理论，从各种各样的"市场营销刺激"对购买者行为所产生的反应中，推断出"暗箱"中的部分内容，也就是购买行为产生的影响。

行为心理学的创始人沃森建立的"刺激—反应"原理，指出人类的复杂行为可以被分解为两部分即刺激和反应。人的行为是受到刺激的反应。刺激来自两方面：身体内部的刺激和体外环境的刺激，而反应总是随着刺激而呈现的。按照这一原理分析，从营销者角度出发，各个企业的许多市场营销活动都可以被视作对购买者行为的刺激，如产品、价格、销售地点和场所、各种促销方式等。所有这些，我们称之为"市场营销刺激"，是企业有意安排的，对购买者的外部环境刺激。除此之外，购买者还时时受到其他方面的外部刺激，如经济的、技术的、政治的和文化的刺激等。所有这些刺激，进入了购买者的"暗箱"后，经过了一系列的心理活动，产生了人们看得到的购买者反应：购买是拒绝还是接受，或是表现出需要更多的信息。如购买者一旦已决定购买，其反应便通过其购买决策过程表现在购买者的购买选择上，包括产品的选择、厂牌选择、购物商店选择、购买时间选择和购买数量选择。

1.2.3 消费者行为的一般模式

消费者行为是指消费者为获取、使用、处置消费物品或服务所采取的各种行动，包括先于且决定这些行动的决策过程。消费者行为是与产品或服务的交换密切联系在一起的。在现代市场经济条件下，企业研究消费者行为是着眼于与消费者建立和发展长期的交换关系。为此，不仅需要了解消费者是如何获取产品与服务的，而且也需要了解消费者是如何消费产品，以及产品在用完之后是如何被处置的。

图1-2-1给出了本章的消费者行为分析的基本框架。这个模型是基于德尔·霍金斯等人合著的《消费者行为学》一书得出的。

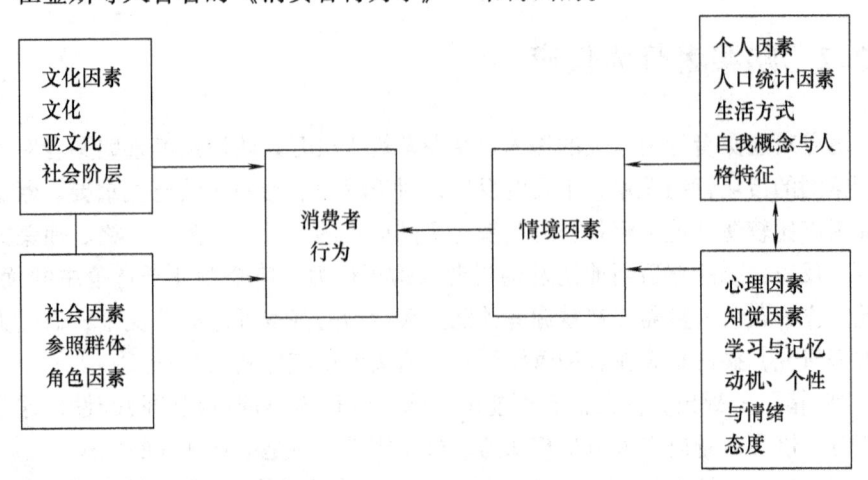

图1-2-1 消费者行为总体模型

该模型是一个概念性模型，它所包含的细节不足以预测某种特定的消费者行为。然而，它的确反映了我们对消费者行为性质的信念和认识。消费者行为同时受到文化、社会、个人和心理因素的影响，其中个人和心理因素又通过特定的情境因素表现出来。因此，消费者行为通常是复杂、无意识、杂乱无章、周而复始的。这也决定了研究消费者行为的复杂性。

1.2.4 影响消费者行为的因素

从上节的消费者行为总体模式图可知，影响消费者行为的文化和社会因素有：文化、亚文化、社会阶层、参照群体和角色因素。影响消费者行为的情境因素有：人口统计因素、生活方式、自我概念与人格特征、知觉因素、学习与记忆、动机、个性与情绪、态度。这些因素不仅在某种程度上决定消费者的决策行为，而且它们对外部环境与营销刺激的影响起放大或抑制作用。

一、文化因素

1. 文化

文化有广义与狭义之分。广义文化是指人类创造的一切物质财富和精神财富的总和；狭义文化是指人类精神活动所创造的成果，如哲学、宗教、科学、艺术、道德等。在消费者行为研究中，主要关心文化对消费者行为的影响，所以我们将文化定义为一定社会经过学习获得的、用以指导消费者行为的信念、价值观和习惯的总和。文化具有习得性、动态性、群体性、社会性和无形性的特点。

文化通过对个体行为进行规范和界定进而影响家庭等社会组织。文化本身也随着价值观、环境的变化或随着重大事件的发生而变化。价值观是关于理想的最终状态和行为方式的持久信念。它代表着一个社会或群体对理想的最终状态和行为方式的某种共同看法。文化价值观为社会成员提供了关于什么是重要的、什么是正确的，以及人们应追求一个什么最终状态的共同信念。它是人们用于指导其行为、态度和判断的标准，而人们对于特定事物的态度一般也是反映和支持他的价值观的。

文化价值观可分为三类：有关社会成员间关系的价值观，有关人类环境的价值观，以及有关自我的价值观。这些价值观对于消费者行为具有重要影响，并最终影响着企业营销策略的选择及其成败得失。有关社会成员之间关系的价值观反映的是一个社会关于该社会中个体与群体、个体之间以及群体之间适当关系的看法，其中包括个人与集体、成人与孩子、青年与老年、男人与妇女、竞争与协作等方面。有关环境的价值观反映的是一个社会关于该社会与其自然、经济以及技术等环境之间关系的看法，其中包括自然界、个人成就与出身、风险与安全、乐观与悲观等方面。有关自我的价值观反映的是社会各成员的理想生活目标及其实现途径，其中包括动与静、物质与非物质主义、工作与休闲、现在与未来、欲望与节制、幽默与严肃等方面。

不同国家、地区或不同群体之间，语言上的差异是比较容易察觉的。但是易于为人们所忽视的往往是那些影响非语言沟通的文化因素，包括时间、空间、礼仪、象征、契约和友谊等。这些因素上的差异往往也是难以察觉、理解和处理的。对一定社会各种文化因素的了解将有助于营销者提高消费者对其产品的接受程度。

例如：

> "名片是你的脸面。"
> "名片在这里是必需的，是绝对必不可少的。"
> "在日本一个没有名片的人是没有身份的。"
> 在一个社交礼节十分考究的国度里，名片的交换是一种最基本的社交礼节。它强化了人际之接触，而人际接触对一个人的成功至关重要。交换名片折射出很深的社会寓意。一旦完成这样一种看似细小的礼节，双方都能了解对方在公司或政府机关的位置，从而较准确地把握彼此之间的交往尺度。
> 两人彼此交换名片，这在美国是十分普遍、简单的活动，而在日本则是一种不可缺少的复杂社会交往。
> 资料来源：[美] 霍金斯等著，消费者行为学 [M]．北京：机械工业出版社，2000．

2. 亚文化

亚文化是一个不同于文化类型的概念。所谓亚文化，是指某一文化群体所属次级群体的成员共有的独特信念、价值观和生活习惯。每一亚文化都会坚持其所在的更大社会群体中大多数主要的文化信念、价值观和行为模式。同时，每一文化都包含着能为其成员提供更为具体的认同感和社会化的较小的亚文化。目前，国内、外营销学者普遍接受的是按民族、宗教、种族、地理划分亚文化的分类方法。

（1）民族亚文化。几乎每个国家都是由不同民族所构成的。不同的民族，都各有其独特的风俗习惯和文化传统。我国有56个民族，民族亚文化对亚文化消费群体的消费行为影响巨大。

（2）宗教亚文化。不同的宗教群体，具有不同的文化倾向、习俗和禁忌。如我国有佛教、道教、伊斯兰教、天主教、基督教等，这些宗教的信仰者都有各自的信仰、生活方式和消费习惯。宗教能影响人们行为，也能影响人们的价值观。

（3）种族亚文化。白种人、黄种人、黑种人都各有其独特的文化传统、文化风格和态度。他们即使生活在同一国家甚至同一城市，也会有自己特殊的需求、爱好和购买习惯。

（4）地理亚文化。地理环境上的差异也会导致人们在消费习俗和消费特点上的不同。长期形成的地域习惯，一般比较稳定。自然地理环境不仅决定着一个地区的产业和贸易发展格局，而且间接影响着一个地区消费者的生活方式、生活水平、购买力的大小和消费结构，从而在不同的地域可能形成不同的商业文化。

不同的亚文化会形成不同的消费亚文化。消费亚文化是一个独特的社会群体，这个群体以产品、品牌或消费方式为基础，形成独特的模式。这些亚文化具有一些共有的内容，比如：一种确定的社会等级结构；一套共有的信仰或价值观；独特的用语、仪式和有象征意义的表达方式等。消费亚文化对营销者比较重要，因为有时一种产品就是构成亚文化的基础，是亚文化成员身份的象征，如高级轿车，同时符合某种亚文化的产品会受到亚文化其他社会成员的喜爱。

3. 社会阶层

社会阶层是由具有相同或类似社会地位的社会成员组成的相对持久的群体。每一个社会成员都会在社会中占据一定的位置，并在社会中处于高低不同层次或阶层。社会阶层是一种普遍存在的社会现象。导致社会阶层的终极原因是社会分工和财产的个人所有。

消费者行为学中讨论社会阶层，可以了解不同阶层的消费者在购买、消费、沟通、个人偏好等方面具有哪些独特性，哪些行为是各社会阶层成员所共有的。吉尔伯特（Jilbert）和卡尔（Kahl）将决定社会阶层的因素分为三类：经济变量、社会互动变量和政治变量。经济变量包括职业、收入和教育；社会互动变量包括个人声望、社会联系和社会化；政治变量则包括权力、阶层意识和流动性。

个人声望表明群体其他成员对某人是否尊重，尊重程度如何。社会联系涉及个体与其他成员的日常交往，即他与哪些人在一起，与哪些人相处得好。社会化则是个体习得技能、态度和习惯的过程。家庭、学校、朋友对个体的社会化具有决定性影响。阶层意识是指某一社会阶层的人，意识到自己属于一个具有共同的政治和经济利益的独特群体的程度。人们越具有阶层或群体意识，就越可能组织政治团体、工会来推进和维护其利益。

不同社会阶层消费者的行为在很多方面存在差异，比如：支出模式上的差异；休闲活动上的差异；信息接收和处理上的差异；购物方式上的差异等。对于某些产品，社会阶层提供了一种合适的细分依据或细分基础，依据社会阶层可以制定相应的市场营销战略。具体步骤如下：首先，明确决定企业的产品及其消费过程在哪些方面受社会阶层的影响，然后将相关的阶层变量与产品消费联系起来。为此，除了运用相关变量对社会阶层分层以外，还要搜集产品消费中消费者在产品使用情况、购买动机、产品的社会含义等方面的数据。其次，确定应以哪一社会阶层的消费者为目标市场。这既要考虑不同社会阶层作为市场的吸引力，也要考虑企业自身的优势和特点。再次，根据目标消费者的需要与特点，为产品定位。最后是制定市场营销组合策略，以达到定位目的。

需要注意的是，不同社会阶层的消费者由于在职业、收入、教育等方面存在明显差异，因此即使购买同一产品，其趣味、偏好和动机也会不同。比如同样是买牛仔裤，劳动阶层的消费者可能看中的是它的耐用性和经济性，而上层社会的消费者可能注重的是它流行程度和自我表现力。事实上，对于市场上的现有产品和品牌，消费者会自觉或不自觉地将它们归入适合或不适合哪一阶层的人消费。例如，在中国汽车市场，消费者认为宝马和奔驰更适合上层社会消费，而捷达则更适合中下层社会的人消费。这些都表明了产品定位的重要性。

另外，处于某一社会阶层的消费者会试图模仿或追求更高层次的生活方式。因此，以中层消费者为目标市场的品牌，根据中上层生活方式定位可能更为合适。

二、社会因素

1. 参照群体

参照群体是与消费者密切相关的社会群体，它与隶属群体相对应。社会群体是指通过一定的社会关系结合起来进行共同活动而产生相互作用的集体。社会成员构成一个群体，应具备的基本特征有群体成员需以一定纽带联系起来；成员之间有共同目标和持续的相互交往；群体成员有共同的群体意识和规范。

与消费者密切相关的五种基本的参照群体分别是家庭、朋友、正式的社会群体、购物群体和工作群体。参照群体具有规范和比较两大功能。参照群体对其成员的影响程度取决于多方面的因素，主要因素有：产品使用时的可见性；产品的必需程度；产品与群体的相关性；产品的生命周期；个体对群体的忠诚程度；个体在购买中的自信程度。

参照群体概念在营销中的运用如下：

（1）名人效应。

对很多人来说，名人代表了一种理想化的生活模式。正因为如此，企业花巨额费用聘请名人来促销其产品。研究发现，用名人作支持的广告较不用名人的广告评价更正面和积极，这一点在青少年群体上体现得更为明显。运用名人效应的方式多种多样：如可以用名人作为产品或公司代言人；也可以用名人作证词广告，即在广告中引述广告产品或服务的优点和长处，或介绍其使用该产品或服务的体验；还可以采用将名人的名字使用于产品或包装上等做法。

（2）专家效应。

专家是指在某一专业领域受过专门训练，具有专业知识、经验和特长的人。医生、律师、营养学家等均是各自领域的专家。专家所具有的丰富知识和经验，使其在介绍、推荐产品与服务时较一般人更具权威性，从而产生专家所特有的公信力和影响力。当然，在运用专家效应时，一方面应注意法律的限制，如有的国家不允许医生为药品作证词广告；另一方面，应避免公众对专家的公正性、客观性产生质疑。

(3)"普通人"效应。

运用满意顾客的证词来宣传企业的产品，是广告中常用的方法之一。由于出现在荧屏上或画面上的代言人是和潜在顾客一样的普通消费者，使他们感到亲近，从而广告诉求更容易引起共鸣。比如北京大宝化妆品公司就曾运用过"普通人"证词广告。还有一些公司在电视广告中展示普通消费者或普通家庭如何用广告中的产品解决其遇到的问题，如何从产品的消费中获得乐趣等，也是对"普通人"效应的运用。

(4) 经理型代言人。

自20世纪70年代以来，越来越多的企业在广告中用公司总裁或总经理做代言人。例如，我国广西三金药业集团公司，在其生产的桂林西瓜霜上使用公司总经理和产品发明人邹节明的名字和图像，就是经理型代言人的运用。

2. 角色因素

(1) 角色概述。

角色是个体在特定社会或群体中占有的位置和被社会或群体所规定的行为模式。对于特定的角色，无论是由谁来承担，人们对其行为都有相同或类似的期待。

虽然承担某一具体角色的所有人都被期待展现某些行为，但每个人实现这些期待的方式却各不相同。期望角色与实践角色之间的差距被称为角色差距，适度的角色差距是允许的，但这种差距不能太大。否则意味着角色扮演的不称职，社会或群体的惩罚也就不可避免。因此，大多数人都力求使自己的行为与群体对特定角色的期待相一致。

(2) 角色相关的几个重要概念。

① 角色关联产品集。

角色关联产品集是承担某一角色所需要的一系列产品。这些产品或者有助于角色扮演，或者具有重要的象征意义。例如，靴子与牛仔角色相联系。角色关联产品集规定了哪些产品适合某一角色。营销者的主要任务，就是确保其产品能满足目标角色的实用或象征需要，从而使人们认为其产品适用于该角色。计算机制造商强调笔记本电脑为商人所必需，保险公司强调人寿保险对于扮演父母角色的重要性，这些公司实际上都是力图使自己的产品进入某类角色关联产品集。

② 角色超载和角色冲突。

角色超载是指个体超越了时间、金钱和精力所允许的限度而承担太多的角色或承担对个体具有太多要求的角色。比如，一位教师既面临教学、科研、家务的多重压力，同时又担任很多的社会职务或在外兼职。此时，由于其角色集过于庞大，他会感到顾此失彼和出现角色超载。角色超载的直接后果是个体的紧张、压力和角色扮演的不称职。

角色冲突是指不同的角色由于在某些方面不相容，或人们对同一角色的期待和理解的不同而导致的矛盾和抵触。角色冲突有两种基本类型，一种是角色间的冲突，一种是角色内的冲突。很多现代女性所体验到的那种既要成为事业上的强者又要当贤妻良母的冲突，就是角色间的冲突。

③ 角色演化。

角色演化是指人们对某种角色行为的期待随着时代和社会的发展而发生变化。角色演化既给营销者带来了机会也提出了挑战。例如，妇女在职业领域的广泛参与，改变了她们的购物方式，许多零售商也因此调整其地理位置和营业时间，以适应这种变化。研究发现，全职家庭主妇视购物为主妇角色的重要组成部分，而承担大部分家庭购物活动的职业女性对此并不认同。显然，在宣传产品和对产品定位的过程中，零售商需要认识到基于角色认同而产生的购物动机上的差别。

④ 角色获取与转化。

在人的一生中，个人所承担的角色并不是固定不变的。随着生活的变迁和环境的变化，个体会放弃原有的一些角色，获得新的角色和学会从一种角色转换成另外一种角色。在此过程中，个体的角色集相应地发生了改变，由此也会引起他对与角色相关的行为和产品需求的变化。

三、个人因素

1. 人口统计因素

人口统计是根据人口规模、分布和结构对人口环境进行的描述。人口规模指的是人口的数量。人口分布说明人口的地理分布，即多少人生活在农村、城市和郊区。而人口结构反映人口在年龄、收入、教育和职业方面的状况。上述每个因素都影响消费者的行为并对不同产品和服务的总需求产生影响。

（1）人口规模和分布。

人口增长是许多行业是否赢利甚至能否生存的关键性决定因素。例如，有些快速消费品可能人均消费量随着时间的变化而呈递减趋势，但由于人口规模的增加则可以使这种消费品的总销售额保持不变。我国是人口大国，从某种程度上也促进了我国消费者市场的繁荣。

除了人口增长率，了解这些人口增长发生的地方也是很重要的。因为一个国家的不同地区代表了不同的亚文化，每一亚文化下的人有着独特的生活情趣、态度和偏好。了解人口快速增长出现在哪些地区以及这些地区的消费者有何种需要可以使企业更好地开拓市场。

（2）年龄。

年龄对于我们购物的地点、使用产品的方式和我们对营销活动的态度有重要影响。目前包括我国在内的世界上大多数国家都面临着人口老龄化的问题，这必然会导致更多新的针对老年人的细分市场的出现。

（3）职业。

由于所从事的职业不同，人们的价值观念、消费习惯和行为方式存在着较大的差异。职业的差别使人们在衣食住行等方面有着显著的不同。譬如，通常不同职业的消费者在衣着的款式、档次上会作出不同的选择，以符合自己的职业特点和社会身份。

（4）教育。

受教育的程度越来越成为影响家庭收入高低的重要因素。传统上，制造业中的一些高薪职位并不要求很高的受教育程度，但现在不同了。制造业和服务业的许多高薪工作对专业技能、抽象思维能力以及快速阅读和掌握新技巧的能力具有较高的要求。这些能力往往通过受教育才能获得。受教育的程度部分地决定了人们的收入和职业，进而影响着人们的购买行为。同时它也影响着人们的思维方式、决策方式以及与他人交往的方式，从而极大地影响着人们的消费品位和消费偏好。

（5）收入。

家庭收入水平和家庭财产共同决定了家庭的购买力。很多购买行为是以分期付款的方式进行的，而人们分期付款的能力最终是由人们目前的收入和过去的收入决定的。

由以上五个方面的因素可以看到，人口统计因素既能直接地影响消费行为，同时又能通过影响人们的其他特征如个人价值观、决策方式等间接地影响消费者的行为。综合运用人口统计资料可以帮助企业界定其主要的目标市场，并规划相应的营销策略。

2. 生活方式

生活方式是个体在成长过程中，在与社会因素相互作用下表现出来的活动、兴趣和态度模式。生活方式包括个人和家庭两个方面，两者相互影响。

生活方式与个性既有联系又有区别。一方面，生活方式很大程度上受个性的影响。一个具有保守、拘谨性格的消费者，其生活方式不大可能太多地包容诸如攀岩、跳伞、蹦极之类的活动。另一方面，生活方式关心的是人们如何生活，如何花费，如何消磨时间等外在行为，而个性则侧重从内部来描述个体，它更多地反映个体思维、情感和知觉特征。可以说，两者是从不同的层面来刻画个体。区分个性和生活方式在营销上具有重要的意义。一些研究人员认为，在市场细分过程中过早以个性区分市场，会使目标市场过于狭窄。因此，建议营销者应先根据生活方式细分市场，然后再分析每一细分市场内消费者在个性上的差异。这可使营销者识别出具有相似生活方式的大量消费者。

研究消费者生活方式通常有两种途径。一种途径是直接研究人们的生活方式，另一种途径是通过具体的消费活动进行研究。生活方式对消费者购买决策的影响往往是隐性的。例如，在购买登山鞋、野营帐篷等产品时，很少有消费者想到这是为了保持其生活方式。然而，对于那些喜欢户外活动的人来说这种影响是客观存在的。

3. 自我概念与人格特征

（1）自我概念的含义与类型。

自我概念是个体对自身一切的知觉、了解和感受的总和。自我概念回答的是"我是谁？"和"我是什么样的人？"诸如此类的问题，它是个体自身体验和外部环境综合作用的结果。一般来说，消费者将选择那些与其自我概念相一致的产品与服务，避免选择与其自我概念相抵触的产品和服务。所以，研究消费者的自我概念对企业营销定位显得特别重要。

消费者不只有一种自我概念，而是拥有多种类型的自我概念：①实际的自我概念；②理想的自我概念；③社会的自我概念；④期待的自我。期待的自我即消费者期待在将来如何看待自己，它是介于实际的自我与理想的自我之间的一种形式。由于期待的自我折射出个体改变"自我"的现实机会，对营销者来说它也许较理想的自我和现实的自我更有价值。

（2）自我概念与产品的象征性。

在很多情况下，消费者购买产品不仅仅是为了获得产品所提供的功能效用，而是要获得产品所代表的象征价值。对于购买"劳斯莱斯""宝马"的消费者来说，显然不单是购买一种单纯的交通工具。一些学者认为，某些产品对拥有者而言具有特别具体的含义，它们能够向别人传递关于自我很重要的信息。从某种意义上说，消费者是什么样的人是由其使用的产品来界定的。如果丧失了某些关键拥有物，那么，他或她就成为了不同于现在的个体。

一般来说，能够成为表现自我概念的象征品应具有3个方面的特征。首先，应具有使用时的易见性，即这些产品的购买、使用和处置能够很容易被人看到。其次，应具有差异性，即某些消费者有能力购买，而另一些消费者无力购买。如果每人都可拥有一辆"奔驰"车，那么这一产品的象征价值就所剩无几了。最后，应具有拟人化性质，即能在某种程度上体现使用者的特别形象。比如汽车、珠宝等产品均具有上述特征，因此，它们很自然地被人们作为传递自我概念的象征品。

四、心理因素

1. 知觉因素

所谓知觉，是人脑对刺激物各种属性和各个部分的整体反映，它是对感觉信息加工和解释的过程。产品、广告等营销刺激只有被消费者知觉才会对其行为产生影响。消费者形成何种知觉，既取决于知觉对象，又与知觉时的情境和消费者先前的知识与经验密切相关。

消费者的知觉过程包括三个相互联系的阶段，即展露、注意和理解。这三个阶段也是消费者处理信息的过程。在信息处理过程中，如果一则信息不能依次在这几个阶段生存下来，它就很难储存到消费者的记忆中，从而也无法有效地对消费者行为产生影响。

(1) 刺激物的展露。

展露或刺激物的展露是指将刺激物展现在消费者的感觉神经范围内，使其感官有机会被激活的过程。展露只需把刺激对象置于个人相关环境之内，并不一定要求个人接收到刺激信息。比如，电视里正在播放一则广告，而你正在和家人或朋友聊天而没有注意到，但广告展露在你面前则是事实。

对于消费者来说，展露并不完全是一种被动的行为，很多情况下是主动选择的结果。很多情况下，消费者往往根据刺激物所展露出来的各种物理因素而进行挑选商品，这些因素有强度、对比度、大小、颜色、运动状态、位置、隔离、格式及信息数量等。

(2) 注意。

注意是指个体对展露于其感觉神经系统面前的刺激物进行进一步加工和处理的行为，它实际上是对刺激物分配的某种处理能力。注意具有选择性的特点，这要求企业认真分析影响注意的各种因素，并在此基础上设计出能引起消费者注意的广告、包装、品牌等营销刺激物。需要注意的是，消费者对某一节目或某一版面内容的关心程度或介入程度，会影响他对插入其中的广告的注意程度。

(3) 理解。

知觉的最后一个阶段，是个体对刺激物的理解，它是个体赋予刺激物以某种含义或意义的过程。理解涉及个体依据现有知识对刺激物进行组织、分类和描述，它受到个体因素、刺激物因素和情境因素的制约和影响。

(4) 知觉因素的营销启示。

通过对消费者知觉过程的认识，企业应针对自己的产品或服务展开调查，以了解消费者主要依据哪些线索作出质量判断，并据此制定营销策略。如果某些产品特征被消费者作为质量认知线索，那么，它就具有双重的重要性：一方面作为产品的一个部分具有相应的功能和效用；另一方面对消费者具有信息传递作用。后一作用在企业制定广告等促销策略时具有重要的参照作用。把不构成认知线索的产品特征或特性大加宣传，将很难收到预期的营销效果。

企业还应充分重视形成质量认知的外在因素，这些因素有价格、商标知名度、出售场所等。企业应了解这些因素对消费者的相对重要程度，以及不同消费者在这些因素评价上存在的差异，并据此采取措施。比如，高品质的产品应有与之相符合的价格、包装，分销渠道的选择上则应避免过于大众化，短期促销活动也应格外慎重。

2. 学习与记忆

(1) 学习的含义。

所谓学习，是指人在生活过程中，因经验而产生的行为或能力的比较持久的变化。学习是因经验而生的，同时伴有行为或能力的改变。此外，学习所引起的行为或能力的变化是相对持久的。

(2) 学习的分类。

根据学习材料与学习者原有知识结构的关系，学习可分为机械学习和意义学习。机械学习是指将符号所代表的新知识与消费者认知结构中已有的知识建立人为的联系。消费者对一些拗口的外国品牌的记忆，很多就属于这种类型。意义学习是将符号所代表的知识与消费者认知结构中已经存在的某些观念建立自然的和合乎逻辑的联系。比如，用"健力宝"作为饮料商标，消费者自然会产生强身健体之类的联想，这就属于意义学习的范畴。

机械学习通过两种作用表现出来：①经典性条件反射，即借助于某种刺激与某一反应之间的已有联系，经过练习建立起另一种刺激与这种反应之间的联系。经典性条件反射理论已经被广泛地运用到市场营销实践中。比如，在一则沙发广告中，一只可爱的波斯猫坐在柔软的沙发上，悠闲自得地欣赏着美妙的音乐，似乎在诉说着沙发的舒适和生活的美好。很显然，该广告试图通过营造一种美好的氛围，激发受众的遐想，使之与画面中的沙发相联系，从而增加人们对该沙发的兴趣与好感。②操作性条件反射，即通过强化作用来增强刺激与反应之间的联结。所以，企业要想与顾客保持长期的交换关系，还需采取一些经常性的强化手段。这也说明了为什么产品或品牌形象难以改变，因为品牌形象是消费者在长期的消费体验中，经过点滴的积累逐步形成的。

(3) 记忆的含义。

消费者的学习与记忆是紧密联系在一起的，没有记忆，学习是无法进行的。记忆是以前的经验在人脑中的反映。记忆是一个复杂的心理过程，它包括识记、保持和回忆三个基本环节。从信息加工的观点看，记忆就是对输入信息的编码、储存和提取的过程。虽然从理论上讲，消费者的记忆容量很大，对信息保持的时间也可以很长，但在现代市场条件下，消费者接触的信息实在太多，能够进入其记忆并被长期保持的实际上只有很小的一部分。正因为如此，企业才需要对消费者的记忆予以特别的重视。一方面，企业应了解消费者的记忆机制，即信息是如何进入消费者的长期记忆的，有哪些因素影响消费者的记忆，进入消费者记忆中的信息是如何被存储和被提取的；另一方面，企业应了解已经进入消费者长期记忆的信息为什么被遗忘和在什么条件下被遗忘，企业在防止或阻止消费者遗忘方面能否有所作为。

(4) 遗忘及其影响因素。

遗忘与记忆相对应，是对识记过的内容不能正确地回忆和再认识。从信息加工的角度看，遗忘就是信息提取不出来，或提取出现错误。除了时间以外，识记材料的意义、性质、数量、顺序位置、学习程度、学习情绪等均会对遗忘的程度产生影响。

3. 动机、个性与情绪

(1) 消费者的购买动机。

动机指引起、维持或促使某种活动向某一目标进行的内在作用。消费者具体的购买动机有：求值动机、求新动机、求美动机、求名动机、求廉动机、从众动机、喜好动机等。以上购买动机是相互交错、相互制约的。

> 海尔以消费者为目的、以消费者需要为导向进行技术革新，不断研制、生产出技术上领先，功能上令消费者满意的新型洗衣机。
> 在市场调查中，海尔发现许多消费者想购买滚筒式洗衣机，又苦于住房空间小。海尔运用世界上最先进的技术，在容量不减的情况下进行超薄设计，并按照"人体工程学原理"设计衣物的投放方式，研究开发出顶开盖式"小丽人"滚筒式洗衣机。
> 针对困扰人们的传统洗衣机洗涤时间长、费水费电的问题，海尔又开发出了中国第一台螺旋飓风速洗王洗衣机。这种洗衣机以其特有的十段水位、十分钟速洗功能、内外筒之间无水中空洗涤、瀑布漂洗功能赢得了众多消费者的青睐。
> 资料来源：李晴主编. 消费者行为学［M］. 重庆：重庆大学出版社，2003.8.

关于动机的理论很多，其中精神分析说认为，人的行为与动机主要由潜意识所支配，研究人的动机，必须深入到人类的内心深处。并认为仅仅通过观察消费者行为和询问消费者都不可能获得消费者的真正购买意图。美国人本主义心理学家马斯洛提出了著名的需要层次理论。马斯洛认为，人的需要可分为五个层次，即生理需要、安全需要、爱与归属需要、自尊需要、自我实现的需要。上述五种需要是按从低级到高级的层次组织起来的，只有当较低层次的需要得到了满足，较高层次的需要才会出现并要求得到满足。

（2）消费者的个性。

个性是在个体生理素质的基础上，经过外界环境的作用逐步形成的行为特点。个性的形成既受遗传和生理因素的影响，又与后天的社会环境尤其是童年时的经验具有直接关系。

消费者的个性对品牌的选择和新产品的接受程度有很大影响。由于个性的不同，消费者对某一品牌会自然地作出是否适合自己的判断。个性不仅使某一品牌与其他品牌相区别，而且使这种品牌具有激发情绪作用，为消费者提供潜在的满足感。另外，有些人对几乎所有新生事物持开放和乐于接受的态度，有些人则相反；有些人是新产品的率先采用者，有些人则是落后采用者。了解率先采用者和落后采用者有哪些区别，有助于消费者市场的细分。

（3）消费者的情绪。

情绪是一种相对来说难以控制且影响消费者行为的强烈情感。每个人都有一系列的情绪，所以每个人对情绪的描述和分类也千差万别。普拉契克（Plutchik）认为情绪有8种基本类型：恐惧、愤怒、喜悦、悲哀、接受、厌恶、期待和惊奇。其他任何情绪都是这些类型的组合。例如，欣喜是惊奇和喜悦的组合，轻蔑是厌恶和愤怒的组合。

很多产品把激发消费者的某种情绪作为重要的产品价值。比较常见的有电影、书籍和音乐，其他如长途电话、软饮料、汽车等也是经常被定位于"激发情绪"的产品。此外，许多商品被定位于防止或缓解不愉快的情绪。例如，鲜花被宣传为能够消除悲哀；减肥产品和其他有助自我完善的产品也常以缓解忧虑和消除厌恶感等来定位。

4. 态度

（1）消费者态度的含义。

态度是由情感、认知和行为构成的综合体。态度有助于消费者更加有效地适应动态的购买环境，使之不必对每一新事物或新的产品、新的营销手段都以新的方式作出解释和反应。

（2）消费者态度与行为。

消费者态度对购买行为有重要影响。态度影响消费者的学习兴趣与学习效果，并将影响消费者对产品、商标的判断与评价，进而影响购买行为。

态度一般通过购买意向来影响消费者购买行为。但是态度与行为之间在很多情况下并不一致。造成不一致的原因，除了主观规范、意外事件以外，还有很多其他的因素，如购买动机、购买能力、情境因素等。

（3）消费者态度的改变。

消费者态度的改变包括两层含义：一方面是指态度强度的改变，另一方面是指态度方向的改变。消费者态度的改变，一般是在某一信息或意见的影响下发生的。在某种程度上，态度改变的过程也就是劝说或说服的过程。

消费者态度改变主要受到三个因素的影响，即信息源、传播方式与情境。信息源是指持有某种见解并力图使别人也接受这种见解的个人或组织。传播方式是指以何种方式把一种观点或见解传递给信息的接收者。情境是指对传播活动和信息接收者有相应影响的周围环境。

一般来说，影响说服效果的信息源特征主要有四个，即信息传递者的权威性、可靠性、外表的吸引力和受众对传递者的喜爱程度。

传播方式主要包括：信息传递者发出的态度信息与消费者原有态度的差异；恐惧的唤起；一面与两面表述。多项研究发现，中等态度差异引起的态度变化量大，当差异度超过中等差异之后再进一步增大，态度改变则会越来越困难。恐惧唤起是广告宣传中常常运用的一种说服手段，如诉说头皮屑带来的烦恼，就是用恐惧诉求来劝说消费者。双面表述即同时陈述正、反两方面意见与论据。情境因素对于双面表述能否达到效果有着重要的影响。

出于趋利避害的考虑，消费者更倾向于接纳那些与其态度相一致的信息。当消费者对某种产品有好感时，与此相关的信息更容易被注意，反之则会出现相反的结果。因此，态度是进行市场细分和制定新产品开发策略的基础。

五、情境因素

情境因素既包括环境中独立于中心刺激物的那些成分，又包括暂时的个人特征如个体当时的身体状况等。一个十分忙碌的人较一个空闲的人可能更少注意到呈现在其面前的刺激物。处于不安或不愉快情境中的消费者，会注意不到很多展露在他面前的信息，因为他可能想尽快地从目前的情境中逃脱。

一些情境因素，如饥饿、孤独、匆忙等暂时的个人特征，以及气温、在场人数、外界干扰等外部环境特征，均会影响个体如何理解信息。可口可乐公司和通用食品公司均不在新闻节目中播放其食品广告，他们认为新闻中的"坏消息"可能会影响受众对其广告与食品的反应。可口可乐公司负责广告的副总经理夏普（Sharp）指出："不在新闻节目中作广告是可口可乐公司的一贯政策，因为新闻中有时会有不好的消息，而可口可乐是一种助兴和娱乐饮料。"夏普所说的这段话，实际上反映了企业对"背景引发效果"的关切。背景引发效果是指与广告相伴随的物质环境对消费者理解广告内容所产生的影响。广告的前后背景通常是穿插该广告的电视节目、广播节目或报纸杂志。虽然目前有关背景引发效果的实证资料十分有限，但初步研究表明，出现在正面节目中的广告获得的评价更加正面和积极。

1.2.5 消费者购买行为类型及决策过程

一、消费者购买行为的类型

在购买活动中，可以说没有在任何两个消费者之间的购买行为是不存在某些差异的。研究消费者的购买行为，不可能逐个分析，只能大致进行归类研究。

按消费者购买目标的选定程度区分可分为：

（1）全确定型。此类消费者在进入商店前，已有明确的购买目标，包括产品的名称、商标、型号、规格、样式、颜色，以至价格的幅度都有明确的要求。他们进入商店后，可以毫不迟疑地买下商品。

（2）半确定型。此类消费者进入商店前，已有大致的购买目标，但具体要求还不甚明确。这类消费者进入商店后，一般不能向营业员明确清晰地提出对所需产品的各项要求。实现购买目的，需要经过较长时间的比较和评定阶段。

（3）不确定型。此类消费者在进商店前没有明确的或坚定的购买目标，进入商店一般是漫无目的地看商品，或随便了解一些商品销售情况，碰到感兴趣的商品也会购买。

按消费者购买态度与要求区分可分为：

（1）习惯型。消费者对某种产品的态度，常取决于对产品的信念。信念可以建立在知识的基础上，也可以建立在见解或信任的基础上。属于此类型的消费者，往往根据过去的购买经验和使用习惯采取购买行为，或长期惠顾某商店，或长期使用某个厂牌、商标的产品。

（2）慎重型。此类型消费者购买行为以理智为主，感情为辅。他们喜欢收集产品的有关信息，了解市场行情，在经过周密的分析和思考后，做到对产品特性心中有数。在购买过程中，他们的主观性较强，不愿别人介入，受广告宣传及售货员的介绍影响甚少，往往要经过对商品细致的检查、比较，反复衡量各种利弊因素，才作购买决定。

（3）价格型（即经济型）。此类消费者选购产品多从经济角度考虑，对商品的价格非常敏感。如，有的从价格的昂贵确认产品的质优，从而选购高价商品；有的从价格的低廉评定产品的便宜，而选购廉价品。

（4）冲动型。此类消费者的心理反应敏捷，易受产品外部质量和广告宣传的影响，以直观感觉为主，新产品、时尚产品对其吸引力较大，一般能快速作出购买的决定。

（5）感情型。此类消费者兴奋性较强，情感体验深刻，想象力和联想力丰富，审美感觉也比较灵敏。因而在购买行为上容易受感情的影响，也容易受销售宣传的诱引，往往以产品的品质是否符合其感情的需要来确定购买决策。

（6）疑虑型。此类型消费者具有内向性，善于观察细小事物，行动谨慎、迟缓，体验深而疑心大。他们选购产品从不冒失仓促地作出决定，在听取营业员介绍和检查产品时，也往往小心谨慎和疑虑重重；他们挑选产品动作缓慢，费时较多，还可以因犹豫不决而中断；购买商品需经"三思而后行"，购买后仍放心不下。

（7）不定型。此类消费者多属于新购买者。由于缺乏经验，购买心理不稳定，往往是随意购买或奉命购买商品。他们在选购商品时大多没有主见，一般都渴望得到营业员的帮助，乐于听取营业员的介绍，并很少亲自再去检验和查证产品的质量。

二、购买决策类型

消费者购买决策是指消费者谨慎地评价某一产品、品牌或服务的属性，并进行理性选择的过程。它具有理性化、功能化的双重内涵。但也有许多消费者在做购买决策时更多地关注购买或使用时的感受、情绪和环境。尽管如此，消费者决策过程仍对各种类型的购买行为产生了关键作用。

首先介绍两个概念：购买介入程度和购买介入。购买介入程度是指消费者由某一特定购买需要而产生的对决策过程关心或感兴趣的程度。类似地，购买介入是消费者的一种暂时状态，它受个人、产品、情境特征的相互作用的影响。根据消费者在购买决策过程中介入程度的不同可以把消费者购买决策划分为以下类型：

1. 名义型决策

当一个消费问题被意识到以后，经内部信息搜集，消费者脑海里马上浮现出某个偏爱的产品或品牌，该产品或品牌随即被选择和购买。此时消费者的购买介入程度最低。名义型决策通常分为两种：品牌忠诚型决策和习惯型购买决策。

2. 有限型决策

当消费者对某一产品领域或该领域的各种品牌有了一定程度的了解，或者对产品和品牌的选择建立起了一些基本的评价标准，但还没有形成对某些特定品牌的偏好时，消费者面临的就是有限型决策。它一般是在消费者认为备选品之间的差异不是很大，介入程度不是很高，解决需求问题的时间比较短的情况下所做的购买决策。

3. 扩展型决策

当消费者对某类产品或对这类产品的具体品牌不熟悉，也未建立起相应的产品与品牌评价标准，更没有将选择范围限定在少数几个品牌上时，消费者面临的就是扩展型决策。它一般是在消费者介入程度较高，品牌间差异程度比较大，而且消费者有较多时间进行斟酌的情况下所做的购买决策。

需要指出的是，这三种类型的决策并非截然分明，而是有重叠的部分。但同时也表明，消费过程的每一阶段都受到购买介入程度的影响，企业应对不同的消费者决策类型制定不同的营销策略。

不同的消费者决策类型图如1-2-2所示。

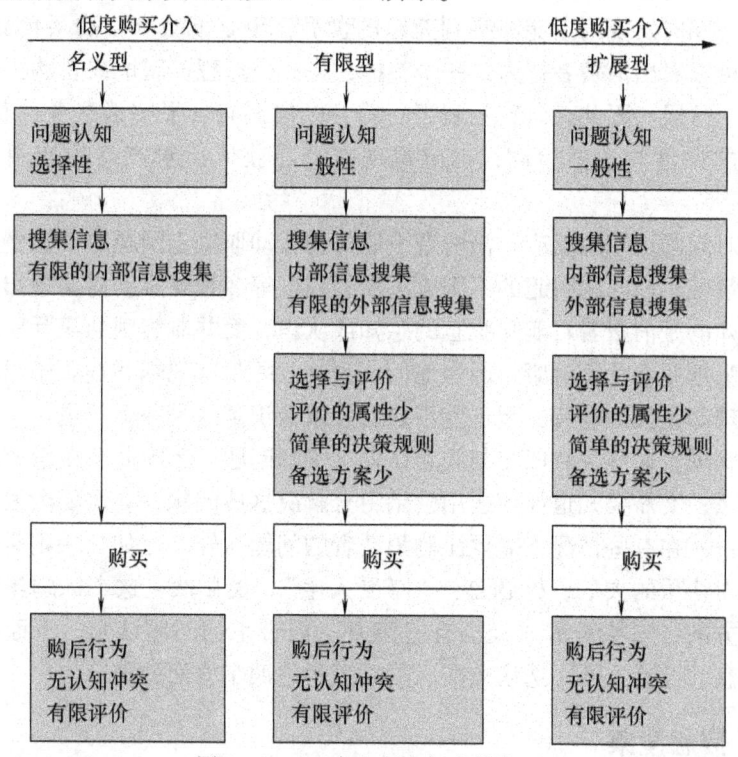

图1-2-2 介入程度与决策类型

资料来源：[美]霍金斯等著：消费者行为学[M].北京：机械工业出版社，2000.

三、消费者购买决策过程一般模型

消费者决策过程是介于营销战略和营销结果之间的中间变量。也就是说，营销战略所产生的营销结果是由战略与消费者决策过程的相互影响所决定的。只有消费者感到产品能满足某种需要，并觉得物有所值才会去购买，公司才能达到营销效果。图1-2-3表示消费者决策过程的一般模型。

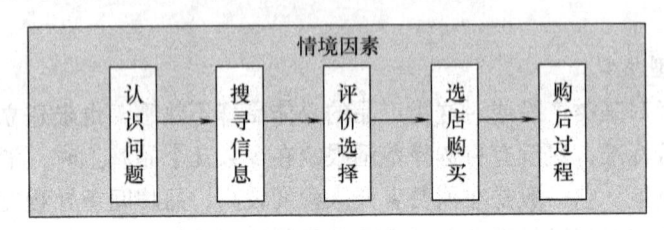

```
                    情境因素
  ┌────┐   ┌────┐   ┌────┐   ┌────┐   ┌────┐
  │认识│ → │搜寻│ → │评价│ → │选店│ → │购后│
  │问题│   │信息│   │选择│   │购买│   │过程│
  └────┘   └────┘   └────┘   └────┘   └────┘
```

图1-2-3　消费者决策过程的一般模型

从上图可以看出，消费者决策发生在一定的情境下，并受其中的情境因素的影响。在上图中，认识问题是消费者购买决策的第一步，它是指消费者意识到理想状态与实际状态之间存在差距，从而需要进一步采取行动的过程。比如说，意识到饿了，同时发现附近能够买到充饥的食品，于是就会产生购买食品的活动。另外，还可以看出消费者行为是一个整体，是一个过程，获取或者购买只是这一过程的一个阶段。因此，研究消费者行为，既应调查、了解消费者在获取产品、服务之前的评价与选择活动，也应重视在产品获取后对产品的使用、处置等活动。

作为对问题认知的反应，消费者采取何种行动取决于问题对于消费者的重要性、当时情境、该问题引起的不满或不便的程度等多种因素。需要指出的是，导致问题认知的是消费者对实际状态的感知或认识，而并非客观的实际状态。吸烟者总相信吸烟并不危害健康，因为他们认为自己并没有把烟吞进肚子里。也就是说，尽管现实是抽烟有害，但这些消费者并未认识到这是一个问题。

营销管理者通常关注四个与问题认知有关的问题：①需要明白消费者面临的问题是什么；②需要知道如何运用营销组合解决这些问题；③需要激发消费者的问题认知；④在有些情况下需要压制消费者的问题认知。比如，一则香烟广告画面上是一对快乐的夫妇，标题是："享受人生"。很显然，这个标题正试图减少由广告下方的强制性警示"吸烟有害健康"而带来的问题认知。下面我们将讨论搜寻信息、评价选择、选店购买、购后过程这四个方面的内容。

四、信息搜集

认识问题之后，消费者可能会进行广泛的内部与外部信息搜集，也可能仅进行有限的内、外部信息搜集或仅仅是内部信息搜集。消费者搜寻的信息有：问题解决方案的评价标准；各种备选方案；每一种备选方案符合评价标准的程度。

当面临某个问题，大多数消费者会回忆起少数几个可以接受的备选品牌。这些可接受的品牌，是在随后的内、外部信息搜寻过程中消费者进一步搜集信息的出发点。因此，营销者非常关注他们的品牌是否落入大多数目标消费者的考虑范围。

消费者内部信息，即储存在记忆中的信息可能是通过以前的搜集或个人经验主动地获得，也可能是经低介入度学习被动地获得。除了从自己的记忆中获得信息，消费者还可以从4种主要的来源获得外部信息：①个人来源，如家庭和亲友；②公众来源，如消费者协会、政府机构；③商业来源，如销售人员、广告；④经验来源，如产品的直接观测与试用。

认识问题之后，显性的外部信息搜集是较为有限的。由此在问题认识之前与消费者进行有效沟通是必要的。市场特征、产品特征、消费者和情境特征相互作用，共同影响个体的信息搜集水平。

很多人认为，消费者在购买某一商品前，应从事较为广泛的外部信息搜集，然而也应看到信息的获取是需要成本的。搜集信息除了花费时间、精力和金钱外，消费者通常还要放弃一些自己所喜欢的其他活动。所以，消费者进行外部信息搜集止于一定的水平，在此水平下，预期的收益（如价格的降低、满意度的提高）超过信息搜集所引起的成本。

有效的营销战略应考虑消费者进行信息搜集的详细程度。信息搜集的详细程度与企业品牌是否处于消费者考虑范围以及在消费者心目中的地位如何是两个非常重要的考虑因素。以此为基础，有6种潜在的信息战略：①保持战略；②瓦解战略；③捕获战略；④拦截战略；⑤偏好战略；⑥接受战略。

五、购买评估与选择

消费者意识到问题之后，就开始寻求不同的解决方案。在收集与此有关的信息的过程中，他们评价各备选对象，并选择最可能解决问题的方案。

图1-2-4描述了消费者在备选产品之间进行评价和选择的过程。

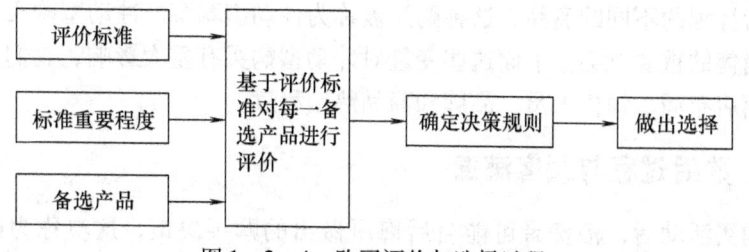

图1-2-4 购买评价与选择过程

资料来源：[美] 霍金斯等著：消费者行为学 [M]. 北京：机械工业出版社，2000.

评价标准是消费者针对特定问题而考虑的各种特性和利益。它们是消费者根据特定消费问题，用来对不同品牌进行比较的依据。消费者应用的评价标准的数量、类型和重要程度因消费者和产品类别的不同而不同。

在运用评价标准制订营销策略时，关键的一步是衡量以下三个问题：①消费者应用了哪些评价标准；②消费者在每一标准上对各个备选对象的看法如何；③每个标准的相对重要性如何。上述问题的解决并非易事，企业可运用直接询问、投射技术、多维量表等各种技术进行处理。

对于像价格、尺寸和色彩等的评价标准，消费者很容易准确判断。另外一些标准，如质量、耐久力和健康属性等的评价则要困难得多。此时，消费者常用价格、品牌名称或其他一些变量作为替代指标。当消费者根据几个评价标准来判断备选品牌时，他们必须用某些方法从各选项中选择某一品牌。决策规则就是用来描述消费者如何比较两个或多个品牌的。五种常用的决策规则分别是连接式、析取式、编纂式、排除式和补偿式。这些决策规则更适合于运用在功能性产品的购买和认知性接触场合。不同的决策规则需要不同的营销策略，市场营销管理者必须意识到目标市场所用的决策规则。

六、店铺选择与购买

消费者一般要对产品和店铺都做出选择。通常有三种决策方式：①同时选择；②先商品后商店；③先商店后商品。制造商和零售者应该了解目标市场的选择顺序，这对营销策略制定有重大影响。

消费者选择零售店的过程如同选择品牌的过程一样，唯一的区别在于使用的标准不同。商店形象是消费者选择商店的一项重要评价标准。商店形象的主要构成因素是商品、店员、物质设施、方便程度、促销效果、店堂气氛和售后服务。店铺位置对于消费者来说是一个重要选择因素，因为大多数消费者喜欢就近购物。大零售店通常比小零售店更受欢迎。上述变量被用于各种形式的零售引力模型，这些模型可以较为精确地预测出某一行业商业圈的市场份额。

消费者去零售店和购物商场有多种原因。然而在商店里，消费者常常购买与进店前所计划的不同的商品，这种购买被称为冲动型购买。冲动型购买是商店可以增加销售的重要机会。下面这些变量对冲动型购买有重大影响，它们是：商品陈列、商店布局、销售人员、品牌和商品热销程度。

七、购后过程与顾客满意

在购买活动后，消费者可能会后悔所做出的购买决策，这被称为购买后冲突。在下面 4 种情况下购后冲突很容易出现：①消费者有焦虑倾向；②购买是不可改变的；③购买的物品对消费者很重要；④购买时替代品很多。

无论消费者是否经历购买后冲突，多数购买者在购回产品后会使用产品。产品可以是购买者本人使用也可以是购买者家庭成员或单位的其他成员使用。跟踪产品如何被使用可以发现现有产品的新用途、新的使用方法以及产品还需在哪些方面进行改进，还可以对广告主题的确定和新产品开发有所帮助。

产品不使用或闲弃也是需要引起注意的问题。如果消费者购买产品后不使用或实际使用比原计划少得多，销售者和消费者都不会感到满意。因此，销售者不仅试图影响消费者购买决策，同时也应试图影响其使用决策。

产品及其包装物的处理可以发生在产品使用前、使用后或使用过程中。由于消费者对生态问题的日益关注，原材料的稀缺及成本的上升，相关法规的制约，销售经理对这些处理行为的了解也变得越来越重要。

购买后冲突、产品使用方式和产品处理都有可能影响购买评价过程。消费者对产品满足其实用性和象征性需要的能力形成了一定程度的期望。如果产品在期望的水平上满足了消费者需要，那么消费者满意就有可能产生。如果期望不能满足，就可能导致消费者的不满。更换品牌、产品或商店、告诫朋友都是消费者不满的常见反应。一般而言，销售经理应该鼓励不满意顾客直接向厂家而不是向别人抱怨或投诉。采取各种措施和办法如建立消费者热线以提高不满意顾客向厂商直接抱怨的比例。

在评价过程和抱怨过程后，消费者会产生某种程度的再购买动机。消费者可能强烈希望在未来避免选择该品牌，或者愿意将来一直购买该品牌，甚至成为该品牌的忠诚顾客。在后一种情况下，消费者对品牌形成偏爱并乐意重复选择该品牌。

营销战略并不总是以创造忠诚的顾客为目标。营销经理应该审视该品牌当前顾客与潜在顾客的构成，然后根据组织的整体目标来确定营销目标。关系营销则是试图在企业与顾客之间建立一种持久的信任关系，用来促进产品消费、重复购买和创造忠诚的顾客。

1.2.6 有组织的市场购买行为分析

一、产业用品市场营销

产业市场与产业用品分类产业市场又叫生产者市场或工业市场，是由那些购买货物和劳务，并用来生产其他货物和劳务，以出售、出租给其他人的个人或组织构成。

一般认为，产业市场主要由以下产业组成：农业、林业、渔业、采矿业、制造业、建筑业、运输业、通信业、公用事业、银行业、金融业、保险业和服务业等。与向最终消费者销售产品相比，对产业用户的销售，会涉及更多的资金流及商品项目。比如，就服装的生产与销售来说，首先需要农民将生产的棉花卖给纺织厂，纺织厂生产的坯布再卖给印染厂，印染企业加工过的布再卖给服装生产商，而生产的服装又需依次经过批发商、零售商，最终才到达消费者。生产和销售链条上的每一环节都需要购买许多商品和服务，这就说明了生产者的购买要远多于消费者的购买。

对产业用品的分类方法很多，但一般可分为三大类：

第一类是进入成品的物品，包括原材料、加工过的材料和零部件等。

原材料包括农产品（例如谷物、棉花、家畜、水果及蔬菜）、海产品（例如鱼类）、林产品（例如木材）和矿产品（例如原油、铁砂），这些原材料处于生产过程的起点。加工过的材料，例如化工产品是由空气、石油和煤等原材料制成的，钢材、水泥、电缆等也是加工过的材料。加工过的材料的等级和规格一般都是标准化的，它们是许多生产活动的基础材料。企业通常将这些基础材料和原材料汇总在"原材料"这个项目下，逐日计算它的消耗量。"原材料"供应商主要靠提供服务来进行竞争，用户是根据这些服务的贡献来选择购买的。及时地供应和质量、规格符合标准是十分重要的，因为不能及时交货或货品质量、规格不合标准，容易造成用户生产经营活动的中断。

零部件是经过加工并已完工将成为用户成品的一个组成部分的工业用品，如紧固件、铸件、轮胎、油泵、仪表、仪器、半导体、电容器、集成电路、小型电机、玻璃制品及其他各种主机配套件等。制造厂分批需要零部件，可以按一定间隔期由生产厂供应，也可以由制造厂从某一个销售商那里根据需要直接购买。是否成交，主要取决于价格、质量、规格和供货时间能否符合购买者的要求。已经建立商标名称和声誉的零部件供应商，他们的产品对用户有利，所以能获得一定的竞争优势。

第二类是间接进入成品的物品，包括建筑物及土地权、重型设备、轻型设备以及维护、修理和经营用品等。

第三类是最无形产品——服务。

服务虽然可以与产品实体一起购买，但它本身却是属于无形的产品。例如，某项服务合同是某项设备购买合同的一个组成部分，用户是与购买设备一起购买无形的产品服务的。服务的项目是很广泛的，如建筑物的维修服务，运输公司的运输服务，广告社的广告服务，市场营销调查机构的服务，数据处理服务，审计服务，各种咨询服务（包括设计和企业管理咨询服务），财产保险服务，银行业务及其他金融服务等。对于许多组织来说，服务项目的费用往往是很可观的数字。因此，经营无形的产品服务和经营有形的产品是同样重要的。但是，服务的无形性这个特点，增加了服务销售与购买的复杂性。服务的规格标准很难正确定义，保证服务质量往往是一个难题。因为服务质量通常决定于服务人员，不仅决定于服务人员的技术熟练程度，而且还决定于服务人员的服务态度和其他个性特点。因此，加强对服务人员的管理，包括制定培训制度、监督制度和控制制度，在服务销售中显得十分重要。

二、产业市场购买决策程序和购买过程

产业市场的购买决策不是随便产生的。购买决策是购买企业的许多成员共同参与进行的一整套复杂活动所形成的从某销售商购买商品与服务的一项决议。

购买不是一件事情，而是企业的一项决策制定程序，其结果是产生一项合同责任。就购买程序来说，每一个参与者必须就购买问题作出自己的结论和决定。

当企业中有人看到通过购买商品或服务就可以解决某一问题时，购买问题就会提出来，即购买只是解决问题的一种方法。例如，办事的低效率可能是由于管理者的低能、工作人员的不熟练、办事场所与平面布置的不当或公司政策的不正确所造成的。这些都不是购买问题，也不是市场营销的机会。但是一位积极、有能力的办公设备推销员就会与办公室主任一起商量，共同分析这种情况，并表示只要购买一系列的办公设备、家具和附属设备就可以大大提高办事效率。在这种情况下，这个问题就可以说是个购买问题——购买某些东西就可以解决的问题。

购买决策程序可划分为需要的确认；确定所需物品的特性和数量；拟定指导购买的详细规格；调查和鉴别可能的供应来源；提出建议和分析建议；评价建议和选择供应商；安排订货程序和工作绩效的反馈和评价八个阶段。

技能训练

请同学们结合芬必得对我国消费者购买行为的分析工作任务，自拟项目进行消费者行为分析。

任务三：竞争者分析

任务布置

非常可乐在可乐王国的亮相，是急风暴雨式的。在杭州娃哈哈集团一遍又一遍响亮地喊出"中国人自己的可乐"后，终于有一个中国企业向可口可乐这样的"巨无霸"吹起了竞争的号角！

可口可乐是一个有着110年悠久历史的巨人，虽说娃哈哈已是国内食品饮料界的龙头老大，但搞碳酸饮料毕竟是头一回。

十多年来，中国人曾经有过一个自己的可乐，虽然它们曾各领风骚，但殊途同归的里程上留下了一样的结局：伤感和无奈。在这路上，非常可乐将进行了竞

争者分析，明确了自己的优势。

如何进行市场竞争者市场竞争者优劣势分析？

针对不同的竞争者，如何进行市场竞争者策略分析？

技能目标及素质目标

技能目标：

（1）掌握市场竞争者的类型；

（2）掌握市场竞争者策略分析；

（3）掌握市场竞争者优劣势分析。

素质目标：

（1）培养学生市场竞争意识，明确市场优胜劣汰法则；

（2）培养学生在竞争中拼搏，积极进取的职业精神。

教学实施建议

要求学生以小组的形式（学生站在娃哈哈厂家的角度上）进行讨论，通过讨论，拟定娃哈哈对市场竞争者的分析。讨论分析市场竞争者的类型、市场竞争者策略及市场竞争者的优劣势，完成娃哈哈对中国市场上竞争者的分析，并撰写分析报告。

通过本工作任务的训练使学生掌握市场竞争者行为分析的基本技能。掌握这一技能对学生独立进行市场分析活动奠定基础，对能胜任将来的营销工作或为自己创业提供了保障。

根据有关任务要求，寻找环境分析要解决的问题。

（1）要求教师对"竞争者分析"的实践应用价值给予说明，调动学生实践操作的积极性。

（2）要求教师对"竞争者分析"的分析方法进行具体指导。

（3）要求教师提供娃哈哈针对中国市场竞争者分析的营销工作方案，供学生操作参考。

（4）要求学生根据实际情况，自拟企业项目进行相关竞争者行为分析。

解决方案

非常可乐：叫板可口可乐。

一、市场分析

可口可乐占据了国内可乐市场57.6%的份额，紧随其后的百事可乐也达到了21.3%。可口可乐年销售量超过3.2亿箱，在我国已经有29年丰富的经营经历，建立了 21 个分装厂。我国 1978 年的饮料量只有 28 万吨，1997 年达到了 1 000 万吨以上，20 年间增长 40 多倍。在全球碳酸饮料销量中，有一半是可乐，而国内每年生产的 36 万吨可乐，只占了碳酸饮料销量的 27%，如此低的比例，再加上国内每年的清凉饮料产量至少超过 1 000 万吨，足以说明可乐还是有相当大的市场空间。

二、娃哈哈的优势

娃哈哈自认优势有三：

第一，娃哈哈已成为中国人心目中的名牌，短短 10 年的时间，靠 14 万元借款起步，他们先创起"小学校里的经济奇迹"，又是"小鱼吃大鱼"兼并了杭州罐头厂，在当时已成为总资产 28 亿元，年销售额 30 亿元的知名企业，且"娃哈哈"商标已成为中国最有价值的品牌之一，其无形资产经评估已达 30 亿元。

第二，娃哈哈在全国有稳定而庞大的销售网络，能保证非常可乐的产品与广告同步，推向全国市场。密如蛛网的销售渠道和对娃哈哈感情笃深的经销商可以将产品销往城乡的各个角落。

第三，娃哈哈在推出非常可乐之前，已筹备两年之久，公司投资 1 亿多美元，并从德国、日本、意大利等国引进了全球最先进的制瓶和罐装生产线，设备不亚于可口可乐和百事可乐；原浆配方是与国外几家著名公司合作，根据国人的口味，进行了多次尝试和改进。

娃哈哈认为：可口可乐虽然是个巨人，但它在我国的 23 个合作伙伴，每一家都比娃哈哈规模小，况且它们每家都有自己的利益，不能形成合力，会相互形成冲击，价格难以控制，容易产生矛盾。可口可乐在中国的罐装分厂，并没有引进多少先进的设备，而且瓶子、盖子都需从厂家购买而来，其成本比非常可乐要高得多。在广告投入方面，可口可乐公司归属于不同的集团，无法集中做广告，而娃哈哈在中国从中央到地方，从报纸到广播、电视都享有盛誉，它们登门做非常可乐的广告，媒体格外关照。

相关知识点

1.3.1 市场竞争的主要形式

一、什么是市场竞争者

对于一个企业来说，广义的竞争者是来自于多方面的。企业与自己的顾客、供应商之间，都存在着某种意义上的竞争关系。狭义地讲，竞争者是那些与本企业提供的产品或服务相类似，并且所服务的目标顾客也相似的其他企业。

二、市场竞争者的类型

（一）愿望竞争者

愿望竞争者指提供不同的产品以满足不同需求的竞争者。例如消费者要选择一种万元消费品，他所面临的选择就可能有电脑、电视机、摄像机、出国旅游等，这时电脑、电视机、摄像机以及出国旅游之间就存在着竞争关系，成为愿望竞争者。

（二）普通竞争者

普通竞争者指提供不同的产品以满足相同需求的竞争者。如面包车、轿车、摩托车和自行车都是交通工具，在满足需求方面是相同的，它们的生产企业之间就是普通竞争者关系。

（三）产品形式竞争者

产品形式竞争者指生产同类但规格、型号、款式不同产品的竞争者。如自行车中的山地车与城市车，男式车与女式车，就构成产品形式竞争者。

（四）品牌竞争者

品牌竞争者指生产相同规格、型号、款式的产品，但品牌不同的竞争者。以电视机生产厂家为例，索尼、长虹、夏普、金星等众多产品之间就互为品牌竞争者。

1.3.2 发现竞争者

从产品和市场两个角度结合在一起的分析是最客观的。既考虑与本企业所提供的产品（或服务）的相似性和替代性，更要考虑与本企业所欲满足的消费者的一致性。一般情况下，如若这两方面的程度都最高，便可以认定该企业为本企业的主要竞争对手。

一、从本行业角度来发现竞争者

由于竞争者首先存在于本行业之中，企业先要从本行业出发来发现竞争者。提供同一类产品或服务的企业，或者提供可相互替代产品的企业，共同构成一个行业。如家电行业、食品行业、运输行业等。由于同行业企业产品的相似性和可替代性，彼此间形成了竞争的关系。在同行业内部，如果一种商品的价格变化，就会引起相关商品的需求量的变化。例如，如果滚筒式洗衣机的价格上涨，就可能使消费者转向购买其竞争产品波轮式洗衣机，波轮式洗衣机的需求量就可能增加。反之，如果滚筒式洗衣机的价格下降，消费者就会转向购买滚筒式洗衣机，使得波轮式洗衣机的需求量减少。因此，企业需要全面了解本行业的竞争状况，制定企业针对行业竞争者的战略。

二、从市场消费需求角度来发现竞争者

企业还可以从市场、消费者需要的角度出发来发现竞争者。凡是满足相同的市场需要或者服务于同一目标市场的企业，无论是否属于同一行业，都可能是企业的潜在竞争者。例如，从行业来看，电影可能是以同属于影视业的电视为主要的竞争对手。但是从市场的观点来看，特别是从满足消费者需要来看，消费者感兴趣的是满足其对欣赏影视作品的需要。因此，能够直接播放 VCD、DVD 的电子计算机构成了对电影业的竞争威胁。从满足消费者需求出发发现竞争者，可以从更广泛的角度认识现实竞争者和潜在竞争者，有助于企业在更宽的领域中制定相应的竞争战略。

三、从市场细分角度来发现竞争者

为了更好地发现竞争者，企业可以同时从行业和市场这两个方面，结合产品细分和市场细分来进行分析。假设市场上同时销售五个品牌的某产品，而且整个市场可以分为 10 个细分市场。某品牌如果打算进入其他细分市场，就需要估计各个细分市场的容量，现有竞争者的市场占有率，以及各个竞争者当前的实力及其在各个细分市场的营销目标与战略。从细分市场出发发现竞争者，可以更具体、更明确地制定相应的竞争战略。

1.3.3 市场竞争者策略分析

一、竞争者的市场目标分析

（一）不同竞争者目标组合的侧重点不同

企业必须了解每个竞争者的目标重点，才能对其竞争行为的反应作出正确的估量。例如，一个以"技术领先"为主要目标的竞争者，将对其他企业在研究与开发方面的进展作出强烈的反应，而对价格方面的变化相对不那么敏感。

（二）竞争者的市场目标及其行为变化

通过密切观察和分析竞争者目标及其行为变化，可以为企业的竞争决策提供方向。例如，当发现竞争者开辟了一个新的细分市场时，也就意味着可以产生一个新的市场机会；当发现竞争者试图打入自己的市场时，则需要加以认真对待。

（三）竞争者的市场目标存在的差异

竞争企业的市场目标可能存在着差异，从而影响到企业的经营模式。例如竞争者是寻求长期业绩还是寻求短期业绩，将影响到竞争者在利润与收入增长之间

的权衡。竞争者的目标差异对企业制定营销战略存在影响。

二、竞争者的竞争策略特点分析

(一) 同一策略群体的竞争者

凡采取类似竞争策略的企业，可以划为同一策略群体。例如，某些豪华百货公司采取的是面向高档市场的高价策略，而连锁商店采取的则是面向工薪阶层的低价策略。属于同一策略群体的竞争者一般采用类似的策略，相互之间存在着激烈的竞争。

(二) 不同策略群体的竞争者

凡采取不同竞争策略的企业，可以划为不同策略群体。在不同的策略群体之间也存在着竞争：

(1) 企业具有相同的目标市场，从而相互之间存在着争夺市场的竞争；

(2) 策略差异的不明确性，使顾客混淆了企业之间的差别；

(3) 企业策略的多元性，使不同策略群体企业的策略发生了交叉；

(4) 企业可能改变或扩展自己的策略，加入另一策略群体的行列。属于不同策略群体的企业尽管采用不同的策略，但仍然存在着不同程度的竞争。

三、市场竞争者优劣势分析

(一) 竞争者优劣势分析的必要性

在市场竞争中，企业需要分析竞争者的优势与劣势，做到知己知彼，才能有针对性地制定正确的市场竞争战略，以利用竞争者的劣势来争取市场竞争的优势，从而来实行企业营销目标。

(二) 竞争者优劣势分析的内容

1. 产品

竞争企业产品优劣势分析包括产品在市场上的地位，产品的适销性；以及产品系列的宽度与深度。

2. 销售渠道

竞争企业销售渠道分析包括销售渠道的广度与深度，销售渠道的效率与实力，以及销售渠道的服务能力。

3. 市场营销

竞争企业市场营销组合的水平；市场调研与新产品开发的能力；销售队伍的培训与技能。

4. 生产与经营

竞争企业的生产规模与生产成本水平；设施与设备的技术先进性与灵活性；专利与专有技术；生产能力的扩展；质量控制与成本控制；区位优势；员工状

况；原材料的来源与成本；纵向整合程度。

5. 研发能力

竞争企业内部在产品、工艺、基础研究、仿制等方面所具有的研究与开发能力；研究与开发人员的创造性、可靠性、简化能力等方面的素质与技能。

6. 资金实力

竞争企业的资金结构；筹资能力；现金流量；资信度；财务比率；财务管理能力。

7. 组织

竞争企业组织成员价值观的一致性与目标的明确性；组织结构与企业策略的一致性；组织结构与信息传递的有效性；组织对环境因素变化的适应性与反应程度；组织成员的素质。

8. 管理能力

竞争企业管理者的领导素质与激励能力；协调能力；管理者的专业知识；管理决策的灵活性、适应性、前瞻性。

1.3.4 竞争者的市场反应行为

一、迟钝型竞争者

某些竞争企业对市场竞争措施的反应不强烈，行动迟缓。这可能是因为竞争者受到自身在资金、规模、技术等方面的限制，无法作出适当、快速的反应；也可能是因为竞争者对自己的竞争力过于自信，不屑于采取反应行为；还可能是因为竞争者对市场竞争措施重视不够，未能及时捕捉到市场竞争变化的信息。

二、选择型竞争者

某些竞争企业对不同的市场竞争措施的反应是有区别的。例如，大多数竞争企业对降价这样的价格竞争措施总是反应敏锐，倾向于作出强烈的反应，力求在第一时间采取报复措施进行反击，而对改善服务、增加广告、改进产品、强化促销等非价格竞争措施则不大在意进行有选择的竞争。

三、强烈反应型竞争者

许多竞争企业对市场竞争因素的变化十分敏感，一旦受到来自竞争挑战就会迅速地作出强烈的市场反应，进行激烈的报复和反击，势必将挑战自己的竞争者置于死地而后快。这种报复措施往往是全面的、致命的，甚至是不计后果的，不达目的决不罢休。这些强烈反应型竞争者通常都是市场上的领先者，具有某些竞争优势。一般企业轻易不敢或不愿挑战其在市场上的权威，尽量避免与其作直接的正面交锋。

四、不规则型竞争者

这类竞争企业对市场竞争所作出的反应通常是随机的，往往不按规则出牌，使人感得不可捉摸。例如，不规则型竞争者在某些时候可能会对市场竞争的变化作出反应，也可能不作出反应；他们既可能迅速作出反应，也可能反应迟缓；其反应既可能是剧烈的，也可能是柔和的。

1.3.5 市场竞争策略

市场竞争策略是指企业依据自己在市场上的地位，为实现竞争战略和适应竞争形势而采用的具体行动方式。其具体竞争策略有市场领导者竞争策略、市场挑战者竞争策略、市场追随者竞争策略、市场拾遗补缺者竞争策略。

企业在市场上的竞争地位，以及企业可能采取的竞争策略，往往要受到企业所在行业竞争结构的影响。

一、影响行业竞争结构的基本因素

影响行业竞争结构的基本因素有行业内部竞争力量、顾客的议价能力、供货厂商的议价能力、潜在竞争对手的威胁、替代产品的压力。

（一）行业内部的竞争

导致行业内部竞争加剧的原因可能有下述几种：①行业增长缓慢，对市场份额的争夺激烈；②竞争者数量较多，竞争力量大抵相当；③竞争对手提供的产品或服务大致相同，或者体现不出明显差异；④某些企业为了追求经济利益，扩大生产规模，市场均势被打破，产品大量过剩，企业开始诉诸削价竞销。

（二）顾客的议价能力

行业顾客可能是行业产品的消费者或用户，也可能是商品买主。顾客的议价能力表现在能否促使卖方降低价格，提高产品质量或提供更好的服务。行业顾客的议价能力受到影响因素有：①购买数量，如果顾客购买的数量多、批量大，作为卖方的大客户，就有更强的讨价还价能力；②产品性质，若是标准化产品，顾客在货源上有更多的选择，可以利用卖主之间的竞争而加强自己的议价能力；③顾客的特点，消费品的购买者，人数多且分散、每次购买的数量也不多，他们的议价能力相对较弱；④市场信息，如果顾客了解市场供求状况、产品价格变动趋势，就会有较强的议价能力，就有可能争取到更优惠的价格。

（三）供货厂商的议价能力

供货厂商的议价能力表现在供货厂商能否有效地促使买方接受更高的价格，

更早的付款时间或更可靠的付款方式。

供货厂商的议价能力受到下述因素影响：①对货源的控制程度，如果货源由少数几家厂商控制，供货厂商就处于竞争有利地位，就有能力在价格、付款时间等方面对购买厂商施加压力，索取高价；②产品的特点，如果供货厂商的产品具有特色，那么供货厂商就处于有利竞争地位，拥有更强的议价能力；③用户的特征，如果购货厂商是供货厂商的重要客户，供货厂商就会用各种方式给购货厂商比较合理的价格，乃至优惠价格。

（四）潜在竞争对手的威胁

潜在竞争对手指那些可能进入行业参与竞争的企业，它们将带来新的生产能力，分享已有的资源和市场份额，结果是行业生产成本上升，市场竞争加剧，产品售价下降，行业利润减少。潜在竞争对手的可能威胁，取决于进入行业的障碍程度，以及行业内部现有企业的反应程度。进入行业的障碍程度越高，现有企业反应越强烈，潜在竞争对手就越不易进入，对行业的威胁也就越小。

（五）替代产品的压力

替代产品压力是指具有相同功能，或能满足同样需求从而可以相互替代的产品，如石油和煤炭、铜和铝。几乎所有行业都有可能受到替代产品的冲击，替代产品的竞争导致对原产品的需求减少，货币市场价格下降，企业利润受到限制。

二、企业竞争策略

企业在市场上的竞争地位，决定其可能采取的竞争策略。企业在特定市场的竞争地位，大致可分为市场领先者、市场挑战者、市场追随者和市场补缺者四类。

（一）市场领先者的竞争策略

市场领先者为了保持自己在市场上的领先地位和既得利益，可能采取扩大市场需求、维持市场份额或提高市场占有率等竞争策略。为扩大市场需求，采取发现新用户、开辟新用途、增加使用量、提高使用频率等策略；为保护市场份额，采取创新发展、筑垒防御、直接反击等策略。

（二）市场挑战者的竞争策略

市场挑战者是指那些在市场上居于次要地位的企业，它们不甘目前的地位，通过对市场领先者或其他竞争对手的挑战与攻击，来提高自己的市场份额和市场竞争地位，甚至拟取代市场领先者的地位。它们采取的策略有价格竞争、产品竞争、服务竞争、渠道竞争等。

（三）市场追随者的竞争策略

市场领先者与市场挑战者的角逐，往往是两败俱伤，从而使其他竞争者从中得益。故企业采取的竞争策略通常要三思而行，不可贸然向市场领先者直接发起攻击，更多的还是选择市场追随者的竞争策略。它们的策略有仿效跟随、差距跟随、选择跟随等区分。

（四）市场补缺者的竞争策略

几乎所有的行业都有大量中小企业，这些中小企业盯住大企业忽略的市场空缺，通过专业化营销，集中自己的资源优势来满足这部分市场的需要。它们的策略有市场专门化、顾客专门化、产品专门化等特点。

技能训练

请同学们结合娃哈哈对竞争者分析工作任务自拟项目进行竞争者分析。

任务四：市场调研技术任务

任务布置

据国家信息中心信息开发部和上海市商品信息中心调查，2008 年上海郑明明化妆品有限公司生产的郑明明牌美容护肤用品销售额，在上海市亿元专业商场重点商品市场调查中，名列前茅，其走俏的秘密是什么呢？究其原因是郑明明化妆品有限公司积极进行了市场调研，分析市场需求。

作为市场营销人员如何获得第一手市场信息？

市场调研的方法是什么？

市场调研的步骤是什么？

市场调研的主要工具是什么？

技能目标及素质目标

技能目标：

（1）掌握市场调研的主要方法；

（2）掌握市场调研的具体操作步骤；

（3）了解市场调研问卷的类型；

（4）根据企业实际需求确定市场调研目标；

（5）根据企业实际情况制订市场调研计划；

（6）完成市场调研问卷设计、数据分析，并撰写市场调研报告。

素质目标：
（1）具有吃苦耐劳、踏实肯干职业素养及良好的心理素质；
（2）具有良好的语言表达能力及语言技巧，使被调研者（受访者）自愿接受调研或访问；
（3）富有创造力和想象力。

教学实施建议

要求学生以小组的形式（学生站在上海郑明明化妆品有限公司的角度上）进行讨论，通过讨论，学习市场调研的相关内容。

要求学生把市场调研技术运用于营销实践，联系有关项目，为某一产品或店铺开发的市场进行营销调研立项。学生以小组的形式拟定本小组调研项目，明确项目调研应该解决什么问题？调研什么内容？

通过本工作任务的训练使学生掌握调研立题的基本技能。学生能够根据有关项目要求，寻找调研要解决的问题，确定调研要达到的目标，明确调研的具体内容。掌握这一技能为学生独立操作市场调研活动奠定基础，对能胜任将来的营销工作或为自己创业提供了保障。

（1）要求教师对市场调研的实践应用价值给予说明，调动学生操作的积极性。
（2）要求学生根据调查项目要求及训练要求，来完成调查计划的制订。
（3）要求教师对调查计划制订的操作步骤，计划内容进行具体指导。
（4）要求教师提供调查计划制订的范例，供学生操作参考。

解决方案

一、郑明明化妆品走俏

捕捉信息出奇招：

2000年国庆前夕，郑明明公司推出了"人老腿先衰，脸老眼先衰"的广告，引起强烈的反响，郑明明眼部系列（生化雪清眼皱精华素、眼膜、眼胶）顿时成了炙手可热的商品，4个月创下了销售千万元的好成绩。

在往昔，使用眼霜的人简直是凤毛麟角，如今人们的生活水平提高了，买眼霜的人逐渐多了起来。郑明明公司敏感地捕捉到这条市场信息后，果断地调整了产品结构，同时配合已有的促销：凡买郑明明生化雪清眼部系列任何两种，均赠口红（市价78元）1支，一下子把眼霜的消费推向了高潮，实实在在地红火了好长时间。

郑明明根据"人老腿先衰，脸老眼先衰"的自然规律，提出了"人防老，先防腿；脸防老，先防眼"的一种全新护理新理念，在广大中老年消费者中引起了强烈的共鸣。郑明明生化雪清眼部系列，不含油脂，不会产生脂肪粒，也不含酒精，不会刺激皮肤。产品以深海鱼软骨提取物鱼蛋白为主要成分，鱼蛋白与人真皮组织中的胶原蛋白结构相似，渗入皮下，能补充人体的胶原蛋白，使皮肤饱满光滑，富有弹性和韧性，从而明显改善鱼尾纹、眼角下垂、眼袋、黑眼圈等眼部早衰现象。

二、"大学生创业"营销调研项目

调研解决的问题：

随科技的迅速发展，人们的生活日益趋向便捷、快速、方便，对于我国传统的手工艺制作，很少有人问津，因此，现想借此创业机会，在校园内开个DIY创意小屋，它包括编织、刺绣、串珠等传统手工艺。让传统手工制作走进大学校园的同时，丰富我们的生活。这一创业项目是否可行，必须对本市DIY手工艺市场做一次深入调研。

调研项目名称：

《××市DIY手工艺市场调研》

调研写作提纲：

一、××市DIY手工艺市场状况分析

二、××市DIY手工艺市场的消费者分析

三、××市DIY手工艺市场的竞争对手分析

四、影响DIY手工艺消费的宏观营销环境分析

五、大学生创业机会和对策分析

"大学生创业"调查计划表见表1-4-1。

表1-4-1 "大学生创业"调查计划表

调查项目	市场状况调查	消费者状况调查	竞争者状况调查	宏观营销环境调查	创业优劣势调查
资料来源	第二手资料	第一手资料	第一手资料 第二手资料	第二手资料	第一手资料 第二手资料
调查对象	网络	消费者	竞争者	网络	创业者
调查时间	第一周	第二、三周	第四周	第五周	第六周
调查地点	网站	实地	自定、网站	网站	自定、网站
调查方法	资料调查法	实地调查法	实地调查法 资料调查法	资料调查法	实地调查法 资料调查法
调查工具	搜索	问卷、抽样	观察、搜索	搜索	走访、搜索
调查分工	A同学	B同学	C同学	D同学	E同学
费用预算	（不考虑）	（不考虑）	（不考虑）	（不考虑）	（不考虑）
备注					

相关知识点

1.4.1 市场营销调研

一、市场营销调研

市场调研是以提高营销效益为目的，有计划地收集、整理和分析市场的信息资料，提出解决问题的建议的一种科学方法。市场调研也是一种以顾客为中心的研究活动。

二、市场调研的特点

市场调研具有四大主要特点，分别为系统性、目的性、社会性和科学性它们有不同表现。如表1-4-2所示：

表1-4-2 市场调研特点

特点	表现
系统性	1. 市场调查作为一个系统，首先调查活动是一个系统，包括编制调查计划、设计调查、抽取样本、访问、收集资料、整理资料、分析资料和撰写分析报告等 2. 影响市场调查的因素也是一个系统，诸多因素互联构成一个整体
目的性	任何一种调查都应有明确的目的，并围绕目的进行具体的调查，提高预测和决策的科学性
社会性	1. 调查主体与对象具有社会性。调查的主体是具有丰富知识的专业人员；调查的对象是具有丰富内涵的社会人 2. 市场调查内容具有社会性
科学性	1. 科学的方法 2. 科学的技术手段 3. 科学的分析结论
不稳定性	市场调查受多种因素影响，其中很多影响因素本身都是不确定的

三、市场营销调研作用

（一）市场营销调研是企业认识市场、驾驭市场的重要武器

（二）市场营销调研是企业进行科学预测和决策的基础

（三）市场营销调研是提高企业营销水平的重要手段

（四）掌握营销调研是企业最重要、最基础的专业技能

（五）掌握营销调研是学好市场营销其他技能的基础

1.4.2 市场调查的具体步骤

一、调研的一般程序

确定调查目标→制订调查计划→收集信息→分析信息→提出调查结论→撰写调查报告。

二、确定调查目标

（一）要求调查人员认真制定需调查的问题和目标

（二）确定调查的问题在于要发现问题

所谓的问题就是企业营销存在的问题，就是企业营销与市场环境不适应的表现。

（三）确定调查目标

即对发现问题进行分析，判断问题的症结所在，弄清应该调查什么，从而确定调研项目。

三、制订调研计划

制订调研计划是整个调研过程中最复杂的阶段。要求制订一个收集所需信息的最有效计划，以此来指导整个调查活动有条不紊地进行。调研计划的内容有：调查项目；调查地点；调查时间；调查对象；资料来源；调研方法；调研工具与方式；调研费用预算。

四、收集信息

（一）做好调查的准备工作

明确调查任务，了解调查要求，掌握调查技术，准备调查工具，进行合理的分工协作。

（二）收集现成资料

现成资料也称第二手资料，调查中尽量收集二手资料，及其优缺点。应按"先里后外，由近及远"的原则行事。

（三）收集第一手资料

明确第一手资料的优缺点。收集第一手资料时，应该根据调查方案确定的调查方式，选择好被调查对象，运用适当的调查方法，准确收集有关资料。

五、分析信息

（一）对所收集的信息资料进行整理、统计

既要审核其真实性和准确性，还要将资料进行分类、统计并制成图表，以便利用。

（二）对资料进行分析

运用分析方法有回归分析、相关分析、因素分析、判断分析、聚类分析等。资料分析要客观、全面、准确。

六、提出调查结论

（一）市场调研的目的

市场调研目的在于帮助企业寻找市场机会，避开环境威胁，为营销决策提供依据。

（二）调研结果必须要提出结论

调研结果是调研目的的体现根据调研结果提出的调研结论是代表调研报告人对前面整体分析的总结性意见，是整个营销调研的核心部分，要求运用SWOT分析法。

七、撰写调研报告

调研报告是对调查结果进行客观陈述、分析，提出调研结论的书面表现形式，是整个调研工作的文字化表现，也是调研结果被他人所知、所接受，便以利用的书面材料依据。

1.4.3 市场调查的重要工具——问卷

一、调查问卷的作用

调查问卷是按一定项目和次序，系统记载调查内容的表格。它是完成调查任务的一种重要工具。

采用调查问卷进行调查，可以使调查内容标准化和系统化，便于资料的收集和处理，而且它还具有形式短小、内容简明、应用灵活等优点，在市场调查中被广泛采用。

二、调查问卷的类型

（一）开放式问卷

即问卷所提的问题没有事先确定的答案，由被调查者自由回答。这类问卷可

以真实地了解被调查者的态度与情况,但调查不易控制,五花八门的答案很难归纳统计。

(二) 封闭型问卷

即问卷内的题目调查者事先给定了可供选择的答案或范围。这些问卷虽然呆板,但便于归纳统计。在问卷调查中用得较多的是封闭型问卷,尤其在拦截式调查中只能运用这种类型的问卷。

三、调查问卷基本结构

(一) 开头部分

一般包括问卷编号、问候语、填表说明等内容。

1. 问卷编号

有些调查表需加编号,以便分类归档,或便于电子计算机处理。需要指出的是,有些内容比较简单的调查问卷可以省略这一部分。

2. 问候语

凡需要被调查者自填的问卷,一般都有问候语。便于被调查者了解调查的目的和内容,进而消除顾虑,争取他们的积极合作。

3. 填表说明

让被调查者知道如何填写问卷。这部分内容包括填表的要求、调查项目的含义、调查时间、被调查者应该注意的事项、问卷返回的方式等。在自填式问卷中一定要有这部分内容。填表说明一定要详细清楚,格式位置要醒目。

(二) 正文部分

正文部分是问卷的主体部分或核心部分。这是调查表的基本组成部分,依据调查主题设计若干问题,要求被调查者回答。

调查问卷实际上是把需要调查的内容明确化和具体化。如何确定合理的调查项目和怎样命题,是取得准确和完善资料的关键。例如,在服装消费需求的调查问卷中,应该把调查内容具体化成购买成衣类别、购买档次、购买区域、购买样式和对现在服装市场的态度等项目。

(三) 附录部分

附录部分也就是背景部分,通常放在问卷的最后。在这部分可以把有关被调查者的个人信息档案列入,也可以对某些问题附带说明,还可以再次向被调查者致谢。

掌握被调查者的基本情况,是为了便于对调查资料进行归类和具体分析,有些调查的主要内容就是要了解被调查者情况。被调查者基本情况包括:姓名、性别、家庭人口、文化程度、职业、工作单位、居住地区等项目。调查问卷列出的这部分项目,应根据不同的调查目的和要求确定,不需要和无法取得的不宜列入。例如，一张眼镜需求的调查表，家庭人口这个项目不必列入，而性别则是需要列入的。有关被调查者的信息资料，在一般情况下被调查者是不意愿提供的，尤其是与调查人不熟悉。这就要求调查人如何以自己的诚意、技巧来了解这些资料。但在调查问卷中，还是要设计较全面的被调查者的基本情况项目。

四、调查问卷设计程序

调查问卷的设计程序是否被严格遵循，关系到一张问卷的质量，进而影响调查的结论。调查问卷设计的基本程序是：

（1）充分了解调查的目的。

（2）决定调查的具体内容和所需要的资料。

（3）逐一列出各种资料的来源。

（4）从被调查者的角度，考虑这些问题是否能得到确切的资料，哪些问题便于被调查者回答？哪些问题难以回答？

（5）按照人们逻辑思维，排列发问次序。

（6）决定每个问题的提问方式。

（7）写出问题，一个问题只涉及一项内容。

（8）审查提出的各个问题，消除含义不清、倾向性语言和其他疑点。考虑提出的问题语言是否自然、温和、有礼貌和有趣味性。

（9）考虑将得到的资料是否对分析问题、解决问题有帮助。

（10）调查问卷进行小规模的事先预试。

（11）审查预试的结果，既要着眼于所收集的资料是否易于统计，又要着眼于资料的质量，看是否有不足之处需要改进。

（12）修改调查问卷并正式打印。

五、消费者调查项目的主要内容

（1）被调查者的信息资料：性别、年龄、职业、文化（专业）、收入（个人、家庭、生活费用）。

（2）目标顾客有哪些？喜欢购买该产品（消费）的消费者是谁？有多少？

（3）购买动机。

① 质量保证、价格便宜、安全可靠、服务周到、品牌信誉。

② 新潮时尚、艺术欣赏、陶冶心情、展现荣耀、环境舒适。

（4）购买行为特点：

①购买什么；②购买多少？③何时购买？④何地购买？⑤采用什么购买方式？⑥购买的频率为多少？⑦购买什么品牌？

（5）获得购买信息的渠道：产品广告、商业促销、媒体宣传、熟人介绍、个人体验。

六、调查问卷提问设计（封闭式问卷）

（一）单项选择题

答案是唯一的。优点是答案分类明确，但排斥了其他可能存在的缘由。如：

你购买方便面最重要的原因是什么？

方便 □ 好吃 □ 便宜 □ 营养 □ 无替代品 □

（二）多项选择题

答案是多项的。优点是较多地了解了被调查者的态度，但统计时比较复杂。如：

你购买方便面的原因主要有哪些？

方便 □ 好吃 □ 便宜 □ 营养 □ 无替代品 □

（三）是非题

答案简明清晰，但只适用于不需要反映态度程度的问题。如：

你是否购买过方便面？

是 □ 否 □

（四）事实性问题

这种问题便于了解被调查者的行为事实。如：

你一周购买几次方便面？□次

（五）李克特量表

这种问题是被调查人在同意和不同意之间进行选择。如：

你认为 A 品牌方便面比 B 品牌方便面的要好吗？

很赞成 □ 同意 □ 差不多 □ 不同意 □ 坚决不同意 □

（六）分等量表

这种问题是被调查人对事物的属性从优到劣分等选择。如：

你认为 A 品牌方便面的口味如何？

很好 □ 好 □ 尚可 □ 差 □ 很差 □

七、"街头拦截式"问卷设计注意点

（1）问卷长度。以一页 A4 纸为宜，问题不超过十个，这样才能将调查时间控制在 1 至 2 分钟。

（2）印刷的字号。不能小于五号字体，这样方便被调查者在街上阅读。

（3）问题设计注意。不能夹带有专业术语，尽量使问题简单易懂容易回答，且不要让被调查者产生歧义。

（4）问题设计用语。要求通顺、文字简洁。调查问卷中的每一个问题，都应力求用最通顺、简洁的话语来陈述问题。

1.4.4 制订"调查计划"操作步骤

一、表格法制订调查计划（表1-4-3）

表1-4-3 调查计划

调查项目	市场状况调查	消费者状况调查	竞争者状况调查	宏观营销环境调查	创业优劣势调查
资料来源					
调查对象					
调查时间					
调查地点					
调查方法					
调查工具					
调查分工					
费用预算					

二、制订市场调研计划步骤

（一）确定调查项目

必须依据调研项目及其调研提纲来设置调查项目，分析影响调查目标的因素。营销调研要求对市场状况、消费者购买、竞争对手、宏观环境、企业条件进行分析，因此调查计划一般有这五大方面的调查项目，每个调查项目根据调研要求都有自己的具体调查内容。

（二）确定资料来源

根据调研内容来确定具体资料的来源。营销调研所收集的资料分为第一手资料和第二手资料两种。第一手资料是为当前特定的调研目标而自己亲自收集的信息。第二手资料是为其他特定的调研目标而收集的已存的现成的资料，一般指企业在以往营销过程中收集、整理，可以运用、保存起来的信息，以及存在于企业外部有关市场营销信息的政府资料、商业资料、行业资料。一般来说，一次调查活动，两方面资料都需要收集。

（三）安排调查时间

调查组织者要对整个调查在时间上做周密的安排，要确定调查的总时间及阶段时间，并规定每个阶段要完成的目标或任务。

（四）安排调查地点

调查地点选择是一个城市，还是几个城市；是选择某城市的一个区，还是一个街道；是选择现场调查，还是网络调查，应该根据具体的调查项目来选择。

（五）安排调查对象

面向什么人，确定多少人进行调查，应该根据调查项目要求来确定具体的调查对象。被调查者人数确定可以运用抽样方法，实践表明，如果抽样程序和方法科学的话，样本规模（被调查者数量）大体在1%左右即具有代表性和可靠性。

（六）拟定调查方法

当企业决定需要收集第二手资料时，可以采用资料调查方法。

当企业决定需要收集第一手资料时，可以采用的调查方法主要有：询问法、观察法和实验法。

总之，可根据调研项目要求及自身条件来确定具体的调查方法。一般来说，首先考虑运用资料调查法，在满足不了调查的需要情况下，再考虑运用实地调查法。

（七）选择调研工具

在收集第一手资料时，可以使用的调研工具主要有调查问卷，即根据调查目的和内容而设计的调查表。在收集第二手资料时，可以使用的调研工具主要是搜索。

（八）安排调查分工

市场调查一般都是团队集体活动，需要多人合作才能完成的工作。在调查计划制订中，根据调查项目要求及课业训练要求，可以集体收集，也可以进行分工，但报告的撰写一定要具体分工，落实到每个小组人员，保证调研报告按时、按质完成。

（九）进行费用预算

调查费用一般包括劳务费、问卷费、差旅费和设备使用费。在编制调查预算时，通常先把某项调查的所有活动或事件都一一列明，然后估算每项活动的费用，最后再汇总。预算仅仅是一种估计，应有一定的灵活性，即预算金额要有一个上下差异幅度。如某调研项目的预算为58 000元（±10%）。

1.4.5 "第二手资料"收集

一、资料调查的要求

（一）优先考虑收集第二手资料

调研人员一般应先考虑收集第二手资料，因实地调研法虽有利于企业获得客观性、准确性较高的资料，但其周期往往较长，花费较大。而资料调研法则可以以较快的速度和较低的费用得到调查资料。因此，资料调研一般是市场调研必不可少的基础和前道工序。只有当资料调研不能充分满足资料需要时，才应考虑实地调研法。

（二）"先里后外，由近及远"收集资料

调研人员收集资料时，先从容易得手的资料开始。一般来说，企业自己的资料容易收集、近期资料要比远期资料更容易收集。

二、资料调查的来源

资料调查法是对第二手资料进行收集，第二手资料的来源主要有内部资料和外部资料。在现代信息技术发展的时代，资料调查法的实践运用要充分利用互联网收集信息的优势技术，上网收集有关资料信息。

（一）企业内部资料的来源

内部资料主要是企业内部的营销调研部门与信息系统所能够提供的资料，操作中应熟悉这些资料种类。内部资料主要来源有：

1. 营销调研部门汇编的资料

这是指企业调研部门或个人把每个调研项目所掌握的全部资料仔细地做好索引并归入档案。当遇到相同的问题时，调研人员可以从保存的资料中直接调用。除此之外，营销调研部门的资料还包括收集的报纸杂志和其他文献的剪报等。

2. 企业信息系统提供的统计资料

如客户订货单、销售额及销售分布、销售损益表、库存情况、产品成本等。从这些对生产、销售、成本以及分布地区的分析中，可以检验各种因素的变化情况。

（二）企业外部资料的来源

外部资料是指公共机构提供的已出版和未出版的资料。要求熟悉这些公共机构，熟悉他们所能提供的资料种类。外部资料主要来源有：

1. 国家统计机关公布的统计资料

包括工业普查资料、统计资料汇编、商业地图等。

2. 行业协会发布的行业资料

它们是有关同行业资料的宝贵来源。

3. 图书馆保存的商情资料

图书馆除了可提供贸易统计数据和有关市场的基本经济资料外，它们还可以提供各种产品、厂商的更具体的资料。

4. 出版机构提供的书籍、文献、报纸杂志

出版社出版的工商企业名录、商业评论、统计丛书、产业研究等；许多报刊为了吸引读者，也常常刊登市场行情和一些分析报道。

5. 银行的咨询报告、商业评论期刊

国外许多大的银行都发行期刊。这些期刊往往有最完善的报道，而且一经索取就可以得到。

6. 专业组织的调查报告

随着我国经济改革的深化，消费者组织、质量监督机构、证券交易所等专业组织也会发表统计资料和分析报告。

7. 研究机构的调查报告

许多研究所和从事营销调研的组织，除了为各委托人完成研究工作外，为了提高知名度，常常发表市场报告和行业研究论文。

三、资料调查的内容

根据营销调研项目要求和课程教学要求，资料调查的内容一般重点用于：

（一）消费市场状况调查

主要对消费市场规模、特点、供求等状况进行资料收集。

（二）竞争状况调查

主要对竞争对手的实力、目标市场、营销策略等状况进行资料收集。

（三）宏观营销环境调查

主要对人口、经济、政治法律、社会文化、科学技术、自然物质环境因素进行资料收集。

1.4.6 实地问卷调查

一、街头调查的准备工作

（一）对问卷内容全面了解

一般来说，街头拦截调查往往会使被调查者措手不及，这就需要调查者进行说明，介绍调查的目的和内容。为此，作为调查者必须对问卷内容全面了解，只有熟悉的内容才能清晰、熟练地进行介绍，赢得调查对象的信赖。

（二）相关知识的准备

不同的调研内容要有相关知识的积累。当涉及某件商品或服务时，要先通过图书馆和网络来查找相关的资料，有时还需要实地考察一番。比如说要调查一件服装产品的市场反应，这就需要了解这件衣服的面料、款式、价格、流通渠道等。对调查的事物有了先期的认识，就能对街头拦截调查胸有成竹。

（三）预先观察调查地点

到街头拦截的调查地点，实地了解一下那里的环境、人流等情况，是否适合进行实地调查。便于调查的地点一般是人流较多的购物、休息之处。

（四）检查调查所需的物品

一般调查需要带两支笔，供回答问卷的硬板等。着装也要求整齐些，等待调查的开始。

（五）了解有关职业规则

值得一提的是，在街头调查中调查人员应明确受访者的权利与调查人员的义务。即便是课程实践教学，也应遵守有关的职业规则。

尊重受访者的权利有：①自愿；②匿名；③了解调查人员真实身份、目的、手段；④对未成年人调查需经监护人同意。

调查人员要遵守以下的义务：①不做出有损于市场调查行业声誉或让公众失去信心的举动，不探察他人隐私。②不能对自己的技能经验与所代表的机构的情况作不切实际的表述，不误导被调查者。③不能对其他调查人员作不公正的批评和污蔑。④必须对自己掌握的所有研究资料保密。⑤在没有充分数据支持下不能有意散布市场调研中所得结论。

二、街头调查的具体操作

（一）准确寻找被调查对象

用自己的眼睛环顾四周，寻找出可能会接受调查的目标对象。街头人群具体分两种行走人群和留步人群。留步人群比较好处理，找那些单个在一边休息或似乎在等人的对象，径直走上前去询问他们。如果被拒绝，也要很有礼貌地说："对不起，打扰您了"。对于行走人群主要观察对方是否是单人行走，步履的缓急，手中是否提有过多的物品，神色是否松弛等。

对于小组调查来说，当第一位同学被对方拒绝后，第二位同学可以考虑在五分钟以后上前再去询问一次被调查者是否愿意接受调查。如果对方依然拒绝，就不能再有第三次询问。

（二）上前询问，注意姿态

根据判断路人可以作为调查对象时，就应积极地上前询问。上前询问的短短几步也是有讲究的，朝调查对象起步应该缓步侧面迎上。整个行走过程，目光应对准被调查者。当决定开口询问时，应在被调查者右前方或左前方一步停下。

（三）开口询问，积极应对

良好的开始是成功的一半，开口的第一句话很重要。在这句话中，要有准确的称呼、致歉词和目的说明。你可以说："对不起先生，能打搅您几分钟做一个调查吗？"上面所说的良好心态，笑的魅力，语言表达都要协调地配合在一起。

对于询问，调查对象会有许多种反应。第一种是不理睬你，这说明他对街头拦截调查极度拒绝，向他致歉就可以结束了。第二种是有礼貌的拒绝，这时应当针对对方的借口进行回应，比如对方说没时间，可以应对说只需一点点时间。最好还能让对方看看调查问卷，以求调动兴趣。第三种可能是对方流露出一些兴趣，问你是什么调查。这时要把握住机会，让对方看看调查问卷，并向他解释调查的内容，及时地递上笔。只要让对方接过，一般就能够让对方接受你的调查。第四种情况较为少见，对方一口答应接受调查。这就不作叙述。

（四）随步询问，灵活处理

在应对行走人群时，让对方自动停下脚步是一个不错的切入点，说明对方对你有兴趣。如果对方不愿停下脚步，这就需要我们跟随对方走几步，同时用话语力争引起对方的兴趣。切切不可直截了当地要求对方停下脚步。一般跟随对方走出十米依然无法让对方停步，就应当终止。

（五）被调查者信息收集须加小心

对于被调查者的信息资料，如姓名、年龄、住址、电话等，有时也需要在街头拦截调查中得知。甚至有时调查的目的就是要了解被调查者的基本信息，以利开展营销活动。

这一内容的调查要小心处理。在调查中要尊重他们的权利，不能强求。在调查开始时，先要诚实地将自己的真实身份、调研的目的、为何要了解他们的基本资料的原因告知被调查人，同时向他们告知我们的义务，询问他们是否愿意告知。只要处理得当，一般在这样的情况下，被调查者都会愿意留下他们的信息资料。

（六）调查完成后的必要工作

（1）当被调查者回答完所有问题后，应当浏览一遍，不要有所遗漏。

（2）向被调查者表示感谢，与其告别。

（3）当完成一次调查后，先不要将问卷取下。展开新的调查时，可以当着被调查者的面将已用过的问卷取下，这样可以使被调查者更易于接受调查。

（4）等到所有的问卷都完成后，需要整理一下。在调查过程中往往会有废卷和白卷的情况。第一是切切不能作假，第二是不要将问卷毁损。在街头拦截调查结束后将所有的问卷交给负责人，这是最原始的资料，需要进行集中整理统计，形成有效的营销信息资料。

1.4.7 "调查问卷"统计

一、"问卷统计"操作步骤

根据信息资料分析要求，对完成的调查问卷进行整理统计。要求掌握以下

步骤:

(一) 检查问卷

检查是否有废卷和白卷,不符合问卷调查要求的废卷和白卷不能列为统计对象。

(二) 个人统计

个人统计自己的调查问卷,一般采用的是"累计"统计,但有些提问,如对事实性问题统计时则用"选择"统计,即选择问卷回答一致性最多的。统计数据填写在其中一张问卷上,数据填写要求规范、清楚,便于小组再统计。

(三) 小组统计

在个人统计数据的基础上进行小组统计,统计方法与个人统计方法相同,采用的是"累计"统计。数据统计要求准确,便于正确计算"相对数据"。

数据的最后统计要把"绝对数据"转化为"相对数据",即把每项调查项目的"选择人数"除以整体有效调查对象总数,求得"数据百分比"。

最后,把所有统计数据填写在《统计表》上。问卷数据填写要求准确、规范、清楚,便于使用。

(四) 大组统计

如果全班做同一个调研项目的话,问卷统计是以班级为单位的,则还要进行大组统计。即在小组统计数据的基础上进行以班级为单元的大组统计,统计方法与小组统计方法相同。(大组统计机会较少)

1.4.8 《营销调研报告》撰写步骤

一、调查资料分析

对收集的资料进行分类整理后,运用"回归分析""相关分析""因素分析""判断分析""聚类分析"等分析方法,对有关影响企业营销的主要因素"市场""消费者""竞争者""宏观营销环境"及"企业自身条件"等资料进行客观、全面、准确的分析。具体地说,就是分析出影响营销活动的主要环境因素有哪些?这些因素对企业的营销活动会产生什么影响?分析在这些因素中哪些是有利因素?哪些是不利因素?分析它们各自的影响程度如何?它们各自出现的概率有多大?

二、提出调研结论

营销调研的目的性很强,调研结果必须要提出调研结论。调研结论就是在复杂、多变、严峻的营销环境中,分析市场机会与威胁,分析企业优势与弱点,寻找出企业营销的机会点和问题点，制定相应的对策。营销调研分析结论是调研报告的最后部分，代表着调研报告人对前面整体分析的总结性意见，是整个营销调研的核心部分。

三、撰写调研报告

营销调研最终要形成一份书面营销报告。营销调研报告是对影响企业营销的有关环境因素的调查结果，进行客观陈述，提出调研结论的书面表现形式，是整个调研工作的文字化表现，也是调研结果被他人所知、所接受，便以利用的书面材料。为此，要组织好营销调研报告的撰写。

（一）明确撰写任务

营销调研报告是综合实践课业，一般要求作为团队合作课业完成。要求每个学生积极参与，明确自己撰写哪个部分，在规定的期间内必须完成作业，不拖小组后腿。小组成员可以使用组内共同资料、数据、图表，可以多组织讨论，群策群力；分配的报告撰写部分必须由个人独立完成，防止抄袭。

（二）做好撰写准备

营销调研报告撰写是一种极为有益的学习机会，是在专业学习中检验所学知识并锻炼书面表达能力与技巧的极少而又宝贵的机会。但也是一项艰巨的任务，为此学生要做好撰写准备。

1. 案头资料及时准备

把搜集的资料、小组的讨论、个人分析意见及时汇总起来，并整合为方案设计所需材料。

2. 撰写时间合理安排

需花费一定时间完成初稿，再经过修改校对，正式打印，设计封面，进行装订。这些撰写环节都需要一定时间，因此要求合理进行安排。

（三）掌握撰写方法

一般来说，《营销调研报告》撰写方法的要求有：①以营销环境理论为指导进行分析；②分析资料运用要求充实，全面；③分析资料运用要求真实，要有资料索引说明；④市场分析要求紧扣主题，观点正确；⑤市场分析要求结构合理，层次清楚，注意逻辑性。

四、《营销调研报告》撰写内容

（一）市场状况分析

1. 产品特点分析

主要对企业将要进入某个市场的产品种类、品种及其数量进行分析；对该产品的现有的功能、工艺和采用地材料进行分析；对这个产品的寿命周期进行分析；对该产品的季节性、地域性等特点进行分析。

2. 市场规模分析

市场规模是指整个目标市场的购买量，通常是以市场销售总额和市场销售增长率表示。一般情况下，行业协会颁布和提供的是现期市场销售总额和现有销售增长率的信息资料。而预期的市场销售总额和市场销售增长率是由企业自己来预测分析的。

3. 市场供求分析

市场供给情况，即进入该产品市场的生产厂商的数量；主要的生产厂商的市场份额、品牌影响度和产品的差异性；市场供求的整体格局，生产供给与市场需求是否相适应。

（二）消费者购买分析

1. 消费者构成分析

对调研项目涉及的目标市场进行分析。分析哪些消费者对企业产品感兴趣，已经或计划购买、使用该产品，分析这些购买者或使用者的职业、文化、性别、年龄和收入与市场购买量、企业占有率的内在联系。

2. 购买动机分析

分析目标消费群体的购买动机。分析消费者购买、使用该产品原因及不购买、使用该产品原因。购买动机的分析重点从心理动机角度展开，分析这些动机对购买量的影响程度。

3. 购买特点分析

分析目标市场购买决策的参与者是哪些人？其决策地位、作用如何？分析目标顾客购买习惯，何时购买？何地购买？购买方式如何？购买频率为多少（购买的时间间隔、购买数量）？购买品牌是什么？分析这些购买特点对企业制定营销策略的价值所在。

4. 影响购买的信息渠道分析

影响消费者购买的信息渠道主要有四类：商业广告渠道，如广告、销售员、批发商、包装物、商品展示等；个人间渠道，如家庭成员、朋友、邻居、熟悉的人等；公共渠道，如大众媒体、消费者评价组织等；个人体验渠道，如展示、试用产品、租用产品等。分析该目标市场消费群体最受影响的信息渠道有哪些，企业营销该如何应对，进而影响他们的购买决策。

5. 使用感受分析

分析目标市场消费者对该企业产品的性能、功效、包装、服务是否满意？使用后的具体感受怎样？使用感受反馈信息是企业改进产品、改善服务的重要依据。

（三）竞争对手分析

1. 分析谁是主要竞争对手

企业的威胁除了来自目标市场竞争者外，一些潜在的竞争者也有可能威胁到企业的生存。企业不可能与所有竞争对手抗衡，应分析出自己的主要竞争对手。主要竞争对手确定一般来说，一是同一目标市场的品牌竞争者；二是与自己营销实力相当的竞争者；三是对自己已经构成威胁的竞争者。

2. 竞争对手的产品销售分析

分析竞争对手销售的产品和自己公司的产品有何不同？消费者对竞争对手的产品品牌、包装评价、认可度如何？分析竞争对手的销售额和市场占有率为多少？竞争有何优势？分析对自己企业的威胁程度及对策。

3. 竞争对手的目标市场分析

分析竞争对手的销售对象，即竞争对手的产品销售给哪些客户？分析他们市场定位与自己企业有否不同，不同之处在哪里？竞争对手的市场定位对企业有否威胁。

4. 竞争对手的营销战略与策略分析

分析竞争对手的营销目标是什么？其实施的是低成本战略、差异化战略，还是聚焦战略？其战略对自己企业是否构成威胁。分析竞争者的产品、渠道、价格、促销等营销策略及其实施效果如何？其策略优势所在，对自己企业的威胁及其对策的分析。

（四）宏观营销环境的分析

1. 人口环境分析

人口环境及其变化对市场需求有着长久整体的影响，是开展营销的基本依据，是宏观营销环境分析的重点。人口环境分析的主要内容有：人口总数、人口结构、家庭状况。

2. 经济环境分析

市场规模的大小是由社会购买力决定的，而经济环境决定着社会购买力的大小。经济环境分析是宏观营销环境分析的重要内容。影响社会购买力的经济环境因素很多，主要有：

（1）经济发展水平——人均 GDP。主要分析调查地区人均 GDP 水平，分析人均 GDP 与社会购买力、企业营销机会的内在联系。

（2）消费者收入水平。要求对调查地区消费者的"人均个人收入""个人可支配收入""个人可任意支配收入"进行分析。分析消费者收入水平与购买力、消费量的正相关关系。

（3）消费结构。消费者收入水平对消费支出和消费结构都会有重大影响。要求对调查地区的"恩格尔系数"进行分析，其对生活消费、市场购买、企业营销决策起到重要作用。

（4）消费者储蓄。要求分析调查地区的利率高低，及其与社会购买力、企业营销的内在联系。

（5）信用消费。要求对调查地区的信用消费状况进行分析，分析其对市场购买量的推进程度。

3. 社会文化环境分析

社会文化是影响人们购买行为、欲望的基本因素。不同社会文化环境，个人受教育的程度，导致人们在生活方式、风俗习惯、价值审美观念存在明显差异，从而就有不同的消费习惯和购买特点。要求对所调查地区消费者的民族、籍贯、受教育程度、宗教信仰、价值观念、风俗习惯和宗教信仰进行分析，分析特定社会文化对消费者消费习惯、购买行为的影响。

4. 政治法律环境分析

任何国家都要运用政治和法律手段对社会经济进行规范和干预。要求对调查地区的政治法律环境进行分析，主要有影响企业营销的经济政策、法律法规。

（五）企业营销机会与对策分析

1. 企业能够获取的市场机会和面临的威胁

寻找出市场的机会，即对企业营销开展的有利因素有哪些？找出市场的威胁，即对企业营销活动有重要影响的不利因素有哪些？

2. 企业的比较优势和劣势

分析企业的自身因素，比较市场竞争状况，尤其是主要的竞争对手情况，判断自己优势，及存在的不足。分析的主要内容有：

（1）企业营销资源。一般指企业的人力、物力、财力资源。例如厂房、设备、自有资金、销售队伍等。

（2）企业营销能力。主要内容有：产品销售量、销售增长率、市场占有率；产品功能、质量、款式、包装；产品价格；品牌形象等分析，判断企业营销能力的优、劣势。

3. 寻找企业营销机会与对策

企业营销机会点是从市场机会与企业优势中获得的。通过分析，积极行动起来把市场机会转化为营销机会。企业营销问题点来自不利的市场因素和企业劣势。企业应及时采取有效的对策，克服自身弱点，改善不利的市场环境，由被动变为主动。

五、《营销调研报告》格式要求

（一）封面

1. 封面设计原则

"醒目、整洁"，切忌花哨。至于字体、字号、颜色则应根据视觉效果具体考虑。

2. 封面制作要点

①标出委托方。如果是受委托的调研报告，那么在封面上要把委托方的名称

列出来，如：《××公司××调研报告》。②标题简明扼要。题目的确定要准确而不累赘，一目了然。有时为了突出调研的主题或者表现调研的目的，可以加一个副标题或小标题。③标明日期。日期应以报告的正式提交日为准。不应随随便便定一个日期，同时要用完整的年月日表示，如：1998 年 12 月 8 日。④标明报告人。一般在封面的最下部位标出报告人姓名。报告人是公司的话，则应列出企业全称。

（二）前言

前言的作用在于引起阅读者的注意和兴趣。看了前言能使其产生急于看正文的强烈欲望。前言的文字不能过长，一般不要超过一页，字数可以控制在 500 字以内。其内容可以集中在以下几个方面。

1. 介绍营销调研委托情况

如：某某单位接受某某公司的委托，就某一市场营销状况进行具体调研。

2. 叙述营销调研的目的

前言重点要叙述为什么要进行这次调研，即把此调研的目的表达清楚，这样就能吸引阅读者进一步去阅读正文。

3. 调研组织安排情况

前言最后部分可以就调研的概略情况作介绍。即对调研时间、调研过程、调研组织、调研撰写分工情况进行简要的说明。

（三）目录

目录采用自动生成方式。如手动生成目录，应注意目录中所标的页数不能和实际的页数有出入，否则反而增加阅读者的麻烦，同时也有损调研报告的形象。

（四）正文

正文部分是调研报告的主体，包括对调研结果的描述、分析、提出结论等。正文是调研报告最主要的部分。在撰写这部分内容时，必须注意所写报告内容的"充实性""真实性"和"次序性"。

（五）附录

附录的作用在于提供调查客观性的证明。因此，凡是有助于阅读者对调查内容的理解、信任的资料都可以考虑列入附录。但是，对于可列可不列的资料还是以不列为宜，这样可以更加突出重点。附录的另一种形式是提供所有与研究结果有关，但不宜放在正文中的资料，如图表、附件、调查表和备注说明等。作为附录也要标明顺序，以便查找。

六、《营销调研报告》撰写技巧

（一）寻找一定的理论依据

欲要提高报告内容的说服力，并使阅读者接受，就要为报告的分析观点寻找理论依据。理论依据与报告分析内容要有对应关系，纯粹的理论堆砌不仅不能提高报告的说服力，反而会给人脱离实际的感觉。

（二）有力举例，论证观点

这里的举例是指通过大量、真实的调查材料来证明报告的分析观点。在调研报告书中，进行有力的材料举例使人感到报告的充实、真实，增强其说服力。为此，撰写调研报告要注重调查材料的运用，否则就不成其为调研报告了。

（三）利用数字说明问题

营销调研报告是对企业营销实践环境分析的文件，其可靠程度如何是决策者首先要考虑的。报告书的内容不能留下查无凭据之隙，任何一个分析点都要有材料依据，而数字就是最好的依据。在报告中利用各种绝对数和相对数来进行比较对照是绝对不可少的。要注意的是，各种数字最好都有出处以证明其可靠性。

（四）运用图表帮助理解

运用图表能有助于阅读者理解报告的内容，同时，图表还能提高页面的美观性。图表的主要优点在于有着强烈的直观效果，因此，用图表进行比较分析、概括归纳、辅助说明等非常有效。图表的另一优点是能调节阅读者的情绪，从而有利于对调研报告的深刻理解。

（五）合理利用版面设计

版面安排包括打印的字体、字的大小、字与字的空隙、行与行的间隔、黑体字的采用以及插图和颜色等。如果整篇调研报告的字体、字号完全一样，没有层次、主辅，那么这份报告就会显得呆板，缺少生气。通过版面安排可以使重点突出、层次分明、严谨而不失活泼。应该说，随着文字处理的电脑化，这些工作是不难完成的。策划者可以先设计几种版面安排，通过比较分析，确定一种最佳效果的设计，最后才正式打印。

（六）注意细节，避免差错

一份调研报告中错字、漏字连续出现的话，阅读者怎么可能会对报告人抱有好的印象呢？因此，对撰写完成的调研报告要反复仔细地检查，避免差错发生，特别是对于企业的名称、专业术语等更应仔细检查。如一些专门的英文单词，差错率往往是很高的，在检查时要特别予以注意。

另外，像一些细小的方面如纸张的好坏、打印的质量等都会对调研报告本身产生影响，所以也绝不能掉以轻心。一般情况下，应尽量选择质量高的纸张，用激光打印机打印。

技能训练

请同学们结合自己所选择的项目利用市场调研方法进行市场调研，并进行数据统计、市场营销环境分析，撰写市场调研报告。

项目二

目标市场定位

任务一：市场细分

任务布置

据有关调查资料表明，中国将超过美国成为世界上最大的无线市场，从用户绝对数量上来说，2005 年中国的无线电话数量逼近 2.5 个亿，其中有 4 000 万~5 000万用户使用无线互联网服务。

从以上资料可看出，25 岁以下的年轻新一代消费群体将成为未来移动通信市场最大的增值群体，因此，中国移动将以业务为导向的市场策略率先转向了以细分的客户群体为导向的品牌策略，在众多的消费群体中锁住 15~25 岁年龄段的学生、白领，产生新的增值市场。

锁定这一消费群体作为自己品牌的客户，是中国移动成功的基础，那么作为中国移动是如何进行市场细分的呢？

技能目标及素质目标

技能目标：

(1) 掌握市场细分的定义，了解市场细分的作用；
(2) 掌握市场细分的依据；
(3) 掌握市场细分的标准，了解市场细分的原则和步骤。

素质目标：

(1) 学生通过学习基础知识，可以熟练地进行市场细分的操作，将一个国家的市场依据不同的标准细分成不同的子市场；
(2) 学生能够遇见到市场营销人员在进行市场细分过程中可能会出现的问题。

教学实施建议

要求教师能具体结合一个案例讲解企业的营销人员是如何进行市场细分的。

要求学生能自发地结成团队，在认真倾听教师的市场细分案例后能够形成有针对性的团体见解。

解决方案

锁定细分的客户群体作为自己品牌的客户，是中国移动成功的基础，中国移动的市场细分如下：

第一，从当时的市场状况来看，抓住新增主流消费群体：15～25 岁年龄段的目标人群正是目前预付费用户的重要组成部分，而预付费用户已经越来越成为中国移动新增用户的主流，中国移动每月新增的预付卡用户都是当月新增签约用户的 10 倍左右，抓住这部分年轻客户，也就抓住了目前移动通信市场大多数的新增用户。

第二，从长期的市场战略来看，培育明日高端客户：以大学生和公司白领为主的年轻用户，对移动数据业务的潜在需求大，且购买力会不断增长，有效锁住此部分消费群体，三五年以后将从低端客户慢慢变为高端客户，企业便为在未来竞争中占有优势埋下了伏笔，逐步培育市场。

第三，从移动的品牌策略来看，形成市场全面覆盖：全球通定位高端市场，针对商务、成功人士，提供针对性的移动办公、商务服务功能；神州行满足中低市场普通客户通话需要；"动感地带"有效锁住大学生和公司白领为主的时尚用户，推出语音与数据套餐服务。中国移动全面出击移动通信市场，牵制住了竞争对手，形成预制性威胁。

相关知识点

2.1.1 市场细分的含义及依据

一、市场细分的含义及作用

（一）市场细分的含义

市场细分是指企业通过市场调研，根据顾客对产品或服务不同的需要和欲望，不同的购买行为与购买习惯，把某一产品的整体市场分割成需求不同的若干个市场的过程。分割后的每一个小市场称为子市场，也称为细分市场。

市场细分是美国市场学家温德尔·斯密于 1956 年发表的《市场营销战略中的产品差异化与市场细分》一文中首先提出的。这种理论认为：任何市场都有许多购买者，各有不同的需求，对企业来讲总是无法提供市场内所有买主需要的商品和服务；同时众多市场需求所形成的市场机会并不等于企业机会，所以，必须进行市场细分，选择能够发挥企业优势的市场作为目标市场。因此，市场细分理论是市场营销思想和战略的新发展，被称为"市场学革命"。

西方国家在20世纪20年代以前，社会生产力相对落后，商品短缺，市场供不应求，生产观念盛行并支配着企业的经营管理。这时的许多企业采取"大量市场营销"，即大量生产、分销和促销单一产品，试图以单一产品吸引市场上的所有顾客。进入20世纪40年代，由于科学技术的进步，科学管理和大规模生产的推广，商品产量迅速增加，市场由卖方市场转化成买方市场，卖方之间的竞争日趋激烈，而价格竞争的结果导致企业利润率下降。由于统一行业中各个企业产品大体相似，较少差异，所以卖方难以控制其产品价格。于是，一些卖主开始认识到产品差异的潜在价值，开始实行"差异市场营销"：向市场提供两种或两种以上，在外观、质量、式样、规格等方面有所不同的产品。但这时的产品差异不是由市场细分产生的。这种做法的目的只是为了向购买者提供多样化的产品，而不是为了吸引不同的细分市场。随着第三次科技革命的出现，社会生产力迅猛发展，产品数量剧增，产品花色、品种多样化，形成了名副其实的买方市场。从而迫使许多企业清醒认识并接受了市场营销观念，开始实行目标市场营销：即卖者首先识别众多顾客之间需求差异，将市场细分为若干个子市场，从中选择一个或一个以上的细分市场作为目标市场，进行市场定位，制定出相适应的市场营销组合，以满足目标市场需要。

需要强调的是：市场细分并不是通过产品本身的分类来细分市场，而是根据顾客对产品的欲望与需要不同来划分不同的顾客群来进行细分市场，也就是说，市场细分只能以顾客的特征为依据，出发点则为了辨别和区分不同欲望和需要的购买者群体。

（二）市场细分的作用

1. 有利于分析、发掘和利用新的市场营销机会，选择最有效的目标市场，制定相适应的市场营销组合

市场机会是市场上顾客尚未满足或没有完全满足的需要和欲望。企业通过市场调研和市场分析，进行市场细分，可以了解各个不同顾客群体的需要情况和目前满足的程度，从而发现市场机会，结合企业资源状况，从中形成并确定益于企业发展的目标市场，并以此为出发点设计出相宜的营销战略，就有可能迅速取得市场的优势地位，提高市场占有率。市场细分对中小型企业而言更为重要。中小企业实力相对较弱，资源有限，在整个市场或较大的子市场上难以同大企业相抗衡。中小企业如果善于发现一部分特定顾客未被满足的需要，从中细分出较小的子市场，见缝插针和拾遗补缺，也能在激烈的竞争中求得生存与发展。

2. 有利于企业调整营销策略

一般来说，企业为未细分的整体市场提供单一的市场营销组合，较为容易。但是，整体市场需求差异和需求变化的信息难以掌握。而在细分市场的情况下，由于为不同的顾客群提供不同的市场营销组合，企业较易察觉和估计顾客需求满足和需求变化以及竞争者的市场营销策略变化，一旦市场情况发生变化，企业有比较灵活的应变能力。

3. 有利于合理配置企业市场营销资源，获取较大的经济效益

通过市场细分，企业可以根据目标市场需求变化，及时、正确地调整产品结构，使产品适销对路，从而提高企业竞争能力；企业可以相应地调整与安排分销渠道、广告宣传等，使渠道畅通无阻，货畅其流；企业还可增强市场调研的针对性，不仅可以针对消费者的现实需要，以需定产，而且可以根据潜在需求，改进和创新，更好地满足消费需求；企业还可以集中使用人、财、物力等有限资源，扬长避短，从而以较少的营销费用取得较大的经济效益。

4. 有利于企业发现市场的潜在需求，开发新产品

在市场细分的基础上，企业可以切实掌握不同市场消费者需求的满足程度及变化情况，分析潜在需求，开发新产品，开拓新市场。这样企业既能不断改进和创新产品的生产与销售，又能满足消费者不断变化的新消费需求。

2.1.2 市场细分的依据

一、消费需求的差异性是市场细分的基础

消费者需求、动机及购买行为因素的差异性，产生了消费者在购买同一商品时的差异。由于购买者的社会环境、地理气候条件、文化教养、技术水平、价值观念不同，导致其对商品的价格、款式、规格、型号、色彩等提出不同的要求，这种差异是客观存在的。企业在充满差异性的大市场中，寻求最佳经营的目标市场，必须对市场进行分类。把购买欲望和兴趣大致相同的消费者群归为一类，就构成了一个细分市场。

二、消费需求的相类似性是构成具有一定个性特点市场的前提

在社会生活中，人们的基本消费需求和欲望既有相差异的一面，也有相类似的一面。人们受居住环境、民族文化传统的熏陶，在生活习惯、社会风俗、节日礼仪等方面表现为一定的相似性。这种相似性又使划分出来的不同消费需求再次进行聚集，形成相类似的消费者群体。每个相类似的消费者群体，就构成具有一定个性特点的细分市场。

2.1.3 市场细分的标准、原则和步骤

一、消费者市场细分的标准

市场细分要依据一定的细分变量来进行。消费者市场的最大特点在于：消费

者为了个人或家庭的生活需要而非营利性购买，因此，消费者市场细分的立足点是识别消费者需求的差异性。那么，细分消费者市场的标准只能依据消费者自身的不同的特性来进行。其主要变量有地理变量、人口变量、心理变量和行为变量。

（一）地理细分

所谓地理细分，就是企业按照消费者所在地理位置以及其他地理变量对消费者市场进行细分。可以有以下几种分类标准：

1. 地区

按行政区划分，全国可分为东北、华北、华东、华南、西南、西北等市场；按自然条件划分，可分为山区、平原、丘陵、湖泊、草原等市场。不同地区的消费群体对同一种商品的需求有所不同，如口味就有南甜、北咸、东辣、西酸。

2. 城镇

按是否是城镇可分为城镇和农村市场；按城镇规模可分为特大型城市、大城市、中小型城市、县城与乡镇等市场。城乡的消费习惯明显不同，如对自行车的需求，城市居民喜欢小巧玲珑，较为轻便的车，而农村居民需要结实耐用的加重型车。

3. 人口密度

根据人口密度可以把我国分成高密度、中密度和低密度市场。其需求的质和量有很大差异。

4. 气候条件

根据气候条件可以把全国分成寒带、亚寒带、温带、亚热带及热带市场。这些市场在防潮用品和御寒、防暑等用品的要求上有很大区别。如亚都加湿器就是为北方患有呼吸道疾病的患者设计和使用的，这种产品只适用于北方干燥的气候环境，而在南方则成了不必要的产品。

5. 其他标准

如交通运输条件、国际不同地区等。

地理细分的主要理论依据是：处在不同地理位置的消费者对企业的产品各有不同的需要和偏好，他们对企业所采取的市场营销战略，对企业的产品、价格、分销渠道、广告宣传等市场营销措施也各有不同的反应。市场潜量和成本费用也会因市场位置不同而有所不同，企业应选择那些本企业能更好地为之服务的、效益较高的地理市场为目标市场。

（二）人口细分

所谓人口细分，就是企业按照人口变量来细分消费者市场。具体细分的标准有：

1. 年龄

根据年龄可以把消费者市场分成儿童市场、中青年市场和老年市场。而儿童市场还可以细分为婴儿市场、学龄前儿童市场和少儿市场。但这种细分标准并不十分可靠，特别是随着人们生活质量的提高，心理年龄与生理年龄不一致，往往导致市场定位的混乱。

2. 性别

男女性别不同，对服装、鞋帽、化妆品、杂志等需求会有所不同。企业应分别提供不同的产品来满足其需求。另外，性别差异还会引起某些无性别差异产品的需求层次、购买行为和购买动机的不同。如在购买商品时，女性较为挑剔，男性较为利落；在中国日用品的购买，大多以女性为决策者，而家用电器等比较贵重的商品，其购买决策往往以男性为主。

3. 家庭规模及家庭生命周期

家庭规模对生活用品的需求量大小有着直接的影响，家庭生命周期的不同阶段其消费需求的重心也会有所不同。家庭生命周期一般分成单身阶段（以个人消费为主）、新婚阶段（以家庭共同消费为主）、有无经济独立的子女阶段（以子女的教育、培养消费为主）、空巢期（以医疗、保健为主）及孤寡阶段（最低消费需求）。

4. 收入

收入是反映消费者购买力的重要指标。收入水平高低，对商品质量档次的需求高低有直接的影响。根据收入水平可把市场划分为高档市场、中档市场和低档市场。

5. 职业

职业不同的消费者，其需求偏好、购买行为等往往有所不同。如演员对服装的要求是新潮、独特，而教师着装要求大方得体。

6. 教育程度

消费者受教育程度不同，对商品的文化要求则不同。如受过高等教育的消费者在购买商品时较少需要销售人员的指导，而受教育较少的消费者在购买商品时则较多需要销售人员的参与。

7. 宗教与种族

宗教与种族不同，其消费习惯、审美标准、宗教禁忌、需求偏好有很大的差异，从而形成了较大差异的购买动机与购买行为。如我国的伊斯兰，在其斋月期间，营销的任何活动都无效，只有等其结束之后，才能恢复对其营销。

8. 民族和国籍

各个民族有其独特的风俗与习惯，各个国家与地区的传统也有所不同，其消费需求存在差异如裙装在英国不是妇女的专属品。

值得注意的是，在使用人口细分变量细分市场时，由于消费者的欲望和需要，不仅受人口变量影响，而且同时受其他变量特别是心理变量的影响。因此，往往结合其他细分变量来判断和使用。

(三) 心理细分

所谓心理细分就是按照消费者的生活方式、个性等心理变量来细分消费者市场。

1. 生活方式

它是一个人在生活中所表现出来的活动（如消费者的工作、业余消遣、休假、体育、款待客人等）、兴趣（如消费者对家庭、服装的流行式样、食品、娱乐等）和看法（如消费者对社会、政治、经济、产品、文化教育、环境保护等问题）的模式。追求现代、激进的生活方式的人和那些维护传统、保守的生活方式的人，在交际、休闲、娱乐、购物等方面，对新产品、新品牌、新式样的兴趣，以及对时间、金钱的看法都存在着很大的差别。

来自相同的亚文化群、社会阶层、职业的人可能各有不同的生活方式。生活方式不同的消费者对商品各有不同的需要。一个消费者的生活方式一旦发生变化，就会产生新的需求。在现代市场营销实践中，有越来越多的企业按照消费者的不同的生活方式来细分消费者市场，并且按照生活方式不同的消费者群来设计不同的产品和安排市场营销组合。如有些服装制造商为"朴素妇女""时髦妇女"和"有男子气的妇女"分别设计和生产不同的妇女服装。对于这些生活方式不同的消费者群，不仅产品的设计有所不同，而且产品价格、经销商店、宣传广告等也有所不同。许多企业都从生活方式细分中发现了众多有吸引力的市场机会。

2. 个性

它是个人特性的组合，通过自信、支配、自主、顺从、交际、保守和适应等性格特征来表现出一个人对其所处的环境相对持续稳定的反应。如"外向"型顾客与"内向"型顾客的消费差异。这种个性模式导致消费者在生活中力求捍卫和维持他们的自我形象，他们的举止、衣着和购买产品必须符合其个性要求。如万宝路牌香烟的消费者大多追求自由、奔放、粗犷、帅气、强劲有力等个性表现；而总督牌香烟的消费者则大多追求温文尔雅、受过良好教育等绅士风度。

(四) 行为细分

所谓行为细分，就是企业按照消费者购买或使用某种产品的时机、消费者所追求的利益、使用者情况、消费者对某种产品使用量、消费者对品牌（或商店）的忠诚程度、消费者待购阶段和消费者对产品的态度等行为变量来细分消费者市场。

1. 时机

消费者产生需要、购买或使用产品的时机对季节性产品、节假日产品的市场细分有特殊的意义。如我国许多企业在春节、元宵节、中秋节等传统节日期间大做广告，借以促进产品销售；某些产品或服务项目专门适用于某个时机，营销者可以把特定时机的市场需求作为短期营销目标来扩大销售。

2. 追求利益

消费者往往因为各有不同的购买动机，追求不同的利益，所以购买不同的产品和品牌。企业按照消费者购买商品时所追求的不同利益来细分消费者市场，并根据自身条件，权衡利弊，选择其中一个追求某种利益的消费者群为目标市场，设计和生产出适合目标市场需要的产品，并且用适当的广告媒体和广告语，把这种产品的信息传递到追求这种利益的消费者群。如洁银牙膏的购买就是为了洁白牙齿；而蓝天六必治牙膏的使用者是为了防止牙病；而冷酸灵牙膏则具有使牙齿脱敏的功效。

3. 使用者情况

按照这种细分标准可以把市场分成从未使用者、曾经使用者、潜在使用者、首次使用者和经常使用者市场。对于不同的使用者，企业要采取不同的市场营销组合，吸引新顾客，稳定老顾客，招徕潜在顾客。

4. 使用量

按使用量细分市场，也称为数量细分，是依据产品购买、使用或消费的数量将顾客分成少量使用者、中量使用者和大量使用者。大量使用者往往在潜在和实际购买者总数中所占比重不大，但他们所消费的商品数量在商品消费问题中所占比重却很大。市场营销研究表明，某种产品的大量使用者往往有某些共同的爱好、心理特征和广告媒体习惯。企业可以根据这种市场信息来合理定价，撰写适当的广告稿和选择适当的广告媒体。

5. 品牌忠诚度

市场也可根据消费者对某一产品品牌的忠诚态度进行细分。品牌偏好是消费者在长期的购买活动中逐渐形成的，它在很大程度上左右着消费者的购买选择。通常情况下对品牌的忠诚不外乎四种类型：未形成品牌忠诚者、转移品牌忠诚者、几种品牌的不坚定忠诚者、单一品牌的坚定忠诚者。如果在某些市场上坚定的品牌忠诚者为数众多，比重大，显然要进入这种市场是非常困难的。即使进入，要想提高市场占有率也不容易。而一个市场中转移品牌者较多，则可说明市场所提供的产品存在着较大的问题。

6. 待购阶段

消费者总是处于购买某种产品的不同阶段。有的对该产品未知或已知，有的已产生兴趣，有的正打算购买。处于不同阶段的顾客对产品价格及分销等信息和服务的需要就不一样。企业对处在不同待购阶段的消费者，必须酌情运用适当的市场营销组合，采取适当的市场营销措施，才能促进销售，提高经营效益。如企业对那些处于根本不知道本企业产品阶段的消费者群，要加强广告宣传，使他们知道本企业的产品，如果成功，要着重宣传介绍购买和使用本企业产品的好处、经销地点等，以促使他们进入发生兴趣阶段和决定购买阶段，从而实现潜在交换，促进销售。

7. 对产品的态度

即消费者对企业市场营销组合的反应和热情程度。可分为热爱、肯定、无所谓、否定和敌视五类。人们的态度是购买行为所依据的一个重要因素，特别在信息交流组合中关系极大。企业为此要善于区分并做好有针对性的市场营销工作。

使用市场细分标准时应注意的问题有：

（1）市场细分的标准不是一成不变的。

由于各种细分市场的变量因素，如收入、年龄、城镇大小、购买动机等都是可变的，因此，细分市场采用的标准也应随着市场而变化，以适应企业对目标市场的要求。

（2）在进行市场细分时，可按一个标准细分市场，但大多数的情况是以多种标准结合起来的细分。

例如，一个经营妇女化妆品的企业把20～40岁的城市中青年职业妇女选择为目标顾客。这种划分就是把地理、收入、年龄三个因素结合起来进行细分的。

（3）不同的企业在市场细分时应采用不同的标准。

由于各企业的人力、物力、财力和经营产品的差别，在进行市场细分时采用的标准也有所差别，要根据企业的力量和产品的特点来确定自己的细分标准。

（4）选择对顾客需求有较大影响的因素作为细分标准。

若以多个因素细分市场，必须考察各个因素之间的相关性及重叠性，选择对顾客需求有较大影响的因素。细分市场的结果，应使各个分市场之间的需求有明显的区别或差异，同一细分市场内部有较高的同质性，市场细分的规模要适度。

二、市场细分的原则（即有效市场细分的条件）

为了保证经过细分后的市场能为企业制定有效的营销战略和策略，企业在市场细分时，必须遵循以下原则：

（一）可衡量性原则

即市场细分的标准和细分后的市场是可以衡量的。要保证市场细分标准的可衡量性，须做到如下三点：

（1）要做到所确定的细分标准必须清楚、明确，容易辨认，不能模棱两可。

（2）要做到确定的细分标准必须能够从消费者那里得到确切的情报，并且还可以衡量这些标准各占的重要程度，以便能够进行定量分析，否则，就不能得到较好的结果。

（3）做到经过细分后的市场的范围、容量、潜力等是可以衡量的，这样才有利于确定企业的目标市场。

（二）可进入性原则

即企业有能力开发或进入细分市场。市场细分的目的是使企业能够利用自己的资源和力量进入目标市场。因此，在确定细分标准，进行市场细分时，要注意结合企业的具体条件，充分利用企业现有的人力、物力、财力，使企业顺利进入目标市场并能有效地经营。

（三）稳定性原则

即在一定时间和条件下，市场细分的标准及子市场能够保持相对不变。当企业占领市场后，在一定时期内不必改变自己的目标市场，这样有利于企业制定较长期、稳定的市场营销战略与策略。然而，这种稳定性是相对的、暂时的，企业应根据客观条件的变化相应调整自己的市场营销策略。

（四）盈利性原则

即企业在进入目标市场后能够获得预期的利润。这就要求目标市场应有适当的规模，具有现实与潜在的需求，有一定的市场容量和购买力，不仅能保证企业在短时期盈利，还能使企业保持较长时期的收益，使企业有一定的发展潜力。

三、市场细分的步骤

（一）选择与确定营销目标

即把要进行细分的市场与企业任务、企业目标相联系，选择一种产品或市场范围以供研究。

（二）列举潜在顾客的基本需求

选定产品市场范围以后，企业的市场营销专家可以通过"头脑风暴法"从地理变量、行为变量和心理变量等几个方面，列出所有潜在顾客的全部需求，为分析顾客的需求提供基本资料。

（三）分析潜在顾客的不同需求，进行初步的市场细分

（四）去掉潜在顾客的共同需求，筛选出最能发挥企业优势的细分市场

（五）根据潜在细分市场的特征，为潜在细分市场命名

（六）进一步认识各细分市场的特点

企业要对每一个子市场的顾客需求及其行为，做更深入地考察，以便进一步明确各子市场是否进一步进行细分或合并。

（七）测量各子市场的大小，分析市场营销机会，选择目标市场，设计市场营销组合策略

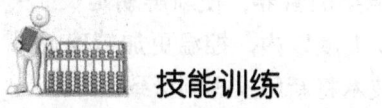

技能训练

观察服装市场需求，假设你将创办一家服装店，你将选用何种变量进行服装市场细分？

任务二：确定目标市场

任务布置

近年来，随着彩色冰箱的逐渐流行，白色一统天下的格局已被打破。在家电连锁巨头苏宁倾力打造的第七届冰箱节上，全国掀起一轮彩晶三门冰箱普及风暴。在本次冰箱节中，凭借"让新鲜加倍新鲜"等创新优势，海尔鲜+变频冰箱从激烈的竞争中脱颖而出。据统计：海尔鲜+变频系列冰箱的销量几乎占到整个苏宁三门冰箱总销量的半壁江山。

请问：海尔是如何将目标市场锁定的？

技能目标及素质目标

技能目标：
（1）掌握目标市场的概念；
（2）了解确定目标市场的方法，熟悉目标市场选择时应考虑的条件；
（3）掌握目标市场进入策略（无差异营销策略、差异性营销策略和集中性营销策略）。

素质目标：
（1）要求学生能够独立确定在市场细分基础上的目标市场；
（2）要求学生能够辨识无差异营销策略、差异营销策略和集中性营销策略。

教学实施建议

要求教师具体讲解企业是如何选定目标市场的；要求学生能够对目标市场的进入策略有基本的了解。

解决方案

海尔鲜+变频冰箱突出强调了冰箱的保鲜功能，其独有的 Vc 保鲜不但能净化冰箱内的空气，还能祛除异味，同时保持水果蔬菜的营养，使新鲜期延长 3～5 倍；直流全变频技术将冰箱的温度波动控制在 0.1 度以内，控温更加精确，保鲜更持久；此外其变频速冻 007 功能等七大保鲜技术将新鲜发挥到极致。

海尔鲜+变频冰箱系列色彩丰富：靓丽的酒红、宁静的宝蓝、清爽的银白……其中，酒红色的鲜+变频三门冰箱更成为当年新人们的首选，在一些卖场甚至连续出现抢购现象。

值得一提的是海尔鲜+变频冰箱采用欧盟环保绿色指令的高技术彩色镜面，不但时尚而且环保无污染，因此备受消费者青睐。

相关知识点

市场细分的目的就是为企业选择目标市场提供科学的依据，目标市场的选择将决定企业为谁而经营，经营什么产品，提供什么档次的产品，如何销售产品等一系列策略。而目标市场选择与策略的正确与否将决定企业的生存与发展。

2.2.1 目标市场的选择

一、目标市场的概念

所谓目标市场是指企业决定要进入的市场，即通过市场细分，被企业选中，并决定以企业的营销活动去满足其需求的那一个或几个细分市场。

目标市场应是能为企业提供市场机会，有充足的现实与潜在的购买力，竞争不激烈甚至空白，企业有足够的力量进入并开发、占领的市场。

二、确定目标市场的方法

企业确定目标市场有两种方法：

一是先进行市场细分，然后选择一至数个细分市场作为目标市场。

二是不进行市场细分，而是以产品的整体市场作为目标市场。

当市场需求没有太大的差别时，一般不进行市场细分，而是把整体市场作为目标市场。而市场需求客观上存在着较大差别时，则必须对市场进行细分，才能提供有效的产品，满足不同需求顾客的要求。

三、目标市场选择时应考虑的条件

选择企业的目标市场，应考虑以下条件：

（一）目标市场的规模和成长性

研究目标市场的规模和成长性，主要是为了掌握在特定的市场环境中，某一区域中，某一时间内消费者对某一产品的需求总额。实际上就是推测和估算这个目标市场对该行业产品未来的需求前景。

企业具体进行目标市场考察时，可以从两个方面进行。首先，掌握市场需求动态和变化趋势。其次，掌握和本行业有关产品的市场特点。企业必须首先收集并分析各类细分市场的现行销售量、增长率和预期利润率。只有具备了适当规模和成长的特征，才是一个有效的目标市场。如果企业把销售量大、增长率和利润额较高的细分市场作为目标市场，有可能由于缺乏必要的技能和资源或市场竞争过于激烈而不能满足市场很难顾及企业发展的需求。

（二）目标市场的吸引力

目标市场的吸引力可以从以下几个方面考察：

1. 竞争激烈程度

目标市场最好是没有竞争者，或竞争并不激烈，目标市场的吸引力较大，有利于企业进入。

2. 产品的替代性

目标市场所需产品最好无替代品，否则会限制目标市场中的价格和可赚取的利润。

3. 顾客的购买力

目标市场中的顾客应有充分的购买力来购买所需的产品，这样才能保证企业盈利的需求。

4. 市场潜力

即在一定时期内，在消费者愿意支付的价格条件下，经过全行业的营销努力，对该产品所达到的最大需求。将市场需求和市场潜力量化，将为研究企业在行业中的地位奠定基础。

5. 市场占有率

即企业在市场需求中所占的份额。在市场竞争中，市场占有率是极为重要的指标，它不仅是衡量企业经营管理水平的重要标志，也说明了企业在同行业竞争对手中的地位，是选择目标市场的重要依据。一般来讲，市场占有率的增减，往往比销售额的增减更为重要，在一定时期内，企业如果只有销售额的增长，而无市场占有率的同时增长，表明企业在市场中的阵地缩小了。市场占有率的大小主要取决于企业的营销实力和营销努力。

6. 进入目标市场的投入与产出的比较

只有当进入目标市场的投入小于产出时，此目标市场才是一个理想的市场。具体测算开拓与占领目标市场需要多少费用？投资收益率如何？销售利润率、资金利润率、成本利润率、工资利润率如何？只有对目标市场可能带来的经济效益做出正确的预测，才能评价目标市场是否具有开发价值，才能做出正确的决策。

（三）目标市场是否符合企业发展目标

即使某个细分市场具有合适的规模和成长速度，也具备结构性吸引力，企业仍需将本身的目标和资源与其所在的细分市场的情况结合起来考虑。某些细分市场虽然有较大的吸引力，但比较分散企业的注意力和精力；从环境、政治或社会等角度考虑，选择这些细分市场并不合适，因此也应放弃。

（四）企业进入目标市场的能力及条件

如果某一细分市场适合企业的目标，那么企业还必须分析自己是否有占领该市场所必需的能力和条件。如果企业缺乏赢得目标市场竞争胜利所必需的能力，或不能够适时地获得这些能力与条件，那么企业就无法进入目标市场。即使具备了应有的能力和条件，还要有超过竞争对手的技能和资源。只有当企业能够提供优越的条件并取得竞争优势时，企业才能进入目标市场。

选择目标市场往往是从查阅统计资料开始的。通过对国内或某一地区发表的统计数据的研究，找出哪些地区在销售与本企业相类似的产品，并估计其市场容量、趋势等。作出初步选择后，进一步了解有关市场的细节，查阅有关地区的工商名录，收集可能的客户名单，并设法与之发生联系。在此基础上考虑下述问题：

（1）本企业的产品与当地销售的产品是否有一定的差异，这些差异是否有利于销售；

（2）企业是否能保证稳定的供货水平；

（3）企业是否能保证产品质量的稳定；

（4）企业产品需作哪些修改，这些修改在工艺上、产品成本方面能否接受；

（5）企业是否能对该地区提供必要的售后服务，并且在成本上是否可以接受；

（6）运输成本是否过高；产品促销限制及费用情况。

对上述问题作过考虑并认为有希望，再进一步确定下述问题：

（7）产品种类；

（8）产品在目标市场的销售价格；

（9）计算产品的毛利、净利，测算各项成本；

（10）产品名称、商标使用及注册问题；

（11）商品包装及因其他文化因素而必须做出的改进；

（12）产品的分销途径。

四、目标市场范围选择策略

企业在选择目标市场时，可采用的范围策略主要有以下五种：

（一）产品—市场集中化策略

即企业的目标市场无论是从市场（顾客）或是从产品角度，都是集中于一个细分市场。企业只生产或经营标准化产品，只供应某一顾客群。这种策略可以使企业集中力量，在一个子市场上，占有较高的市场占有率。但其风险同样较大。

（二）产品专业化策略

即企业向各类顾客同时供应某种产品，在质量、款式、档次等方面都会有所不同。这种策略可以分散风险，有利于企业发挥生产、技术潜能，而且可以树立产品品牌形象。但会受潜在的替代品和新产品的威胁。

（三）市场专业化策略

即企业向同一顾客群供应性能有所区别的同类产品。这种策略既可分散风险，又可在一类顾客中树立良好形象，但应适合顾客购买力的变化，否则，顾客购买力下降，企业利润就会下滑。

（四）选择性专业化策略

即企业有选择地进入几个不同的细分市场，为不同顾客群提供不同性能的同类产品。当然所选市场要具有相当的吸引力，这一策略也可以较好地分散企业的风险。

（五）全面进入策略

即企业全方位进入各个细分市场，为所有顾客提供全心全意所需要的性能不同的系列产品。通常是资金雄厚的大企业为在市场上占据领导地位甚至力图垄断全部市场而采取的策略。

2.2.2 目标市场进入策略

可供企业选择的目标市场进入策略主要有三种：无差异营销策略、差异性营销策略和集中性营销策略。

一、无差异营销策略

即企业把整体市场看作一个大的目标市场，忽略消费者需求所存在的不明显的微小差异，只向市场投放单一的商品，设计一种营销组合策略，通过大规模分销和大众化的广告，满足市场中绝大多数消费者的需求。

如果企业面对的市场是同质市场，消费者需求差异性不大（如食盐）；某种产品是某个行业不可替代的必需品（如中国书画艺术品所需的墨）；产品是专利品；产品独特不易模仿；市场处于卖方市场等情况时，企业完全可以采用无差异营销策略。

无差异营销策略由于依靠单一的生产线，大批量生产和运销、存储，因此可以发挥规模经济的优势。不搞市场细分相应减少了市场调研、产品研制、制定多种市场营销组合方案所耗费的人力、财力和物力，降低了营销成本，节省了促销费用。但一种产品长期被所有消费者接受是不可能的，消费者的需求客观上是千差万别并不断变化的。而且在几个企业同时采用这种策略时，就会形成较激烈的市场竞争。而长期使用此策略，必须导致一部分差异性需求得不到满足。

企业采用无差异营销策略应具备的条件是：

(1) 具有大规模的单一生产线。
(2) 有着广泛的销售渠道。
(3) 在消费者中有广泛的影响，产品内在质量好，企业信誉高，或者是独家生产经营。

二、差异性营销策略

这是一种以市场细分为基础的营销策略。采用这种策略的企业按照对消费者需求差异的调查分析，将总体市场分割为若干个子市场，从中选择两个乃至全部细分市场作为目标市场，针对不同的子市场的需求特点，设计和生产不同产品，并采用不同的营销组合，分别满足不同需求。

当企业所面对的市场具有较强的需求差异；产品替代性较强；市场处于买方市场时；而且企业具有相当的实力可以同时设计和生产不同的产品，就可以选择差异性营销策略。有些企业在使用此策略时，有追求最大子市场的倾向，称为"多数谬误"。充分认识这种谬误，能够促使企业增强进入较小子市场的兴趣。

差异性营销策略能够较好地满足不同消费者的需求，增加企业对市场的适应能力和应变能力，减少了经营风险。如果企业在几个细分市场上都占有优势，还会大大提高消费者对企业的信任感。但这种策略的使用要求企业增加产品生产的品种，具有更多的销售渠道，广告宣传也要多样化，这样生产的成本和宣传费用开支必然大量增加，会受到企业资源的限制。

有些企业曾实行了"超细分策略"，即许多市场被过分地细分，而导致产品价格不断增加，影响产销数量和利润。而一种叫做"反市场细分"的战略则是将许多过于狭小的子市场组合起来，以便能以较低的价格去满足这一市场需求。

采用差异性营销策略的企业必须具备以下条件：
(1) 有一定的规模，人力、财力和物力比较雄厚。
(2) 企业的技术水平、设计能力能够适应市场产品变化的速度。
(3) 有较强的市场营销能力。
(4) 要有较高的经营管理素质。

三、集中性营销策略

即企业在市场细分的基础上，选择一个或几个细分市场作为目标市场，制订营销组合方案，实行专业化经营，把企业有限的资源集中使用，在较小的目标市场上拥有较大的市场占有率。

如果企业资源有限；企业开发产品的能力有限；营销力量不足，企业宜采用集中性营销策略。

集中性营销策略由于能够在较小的市场上切实满足一部分消费者的特殊需

求,有利于在市场上追求局部优势,因而能够在较小的市场上取得较大的成功。特别是对于某些暂时财力较弱的中小企业来说,恰当地采用这种策略,既可以在较小的市场上形成经营特色或商品信誉,获得消费者的信任,提高投资收益率,又可以伺机在条件成熟时迅速扩大生产,提高市场占有率。但也应意识到这种策略具有较大的风险,由于目标市场比较单一和狭小,一旦市场需求发生急剧变化或出现强大的竞争者,而企业又不能随机应变时,就有可能造成巨大的损失。所以采用这种策略,必须对市场有较深刻的了解,必须对可能发生的风险有比较充分的应变措施。

企业选择集中性营销策略一定要进行调查研究,定准方向,且企业要有出奇制胜的专门人才或专门技术,足以吸引细分市场的目标顾客或用户。

以上三种营销策略之间有明显的相同点和区别点:

无差异营销策略与差异营销策略、集中性营销策略的区别在于它不进行市场细分。而其他两种策略都是在市场细分的基础上进行的。但它与差异性营销策略最终满足的都是全部市场需求。而集中性营销策略最终满足的只是局部市场需求。

2.2.3 目标市场进入策略的选择

一般企业在选择目标市场进入策略时,主要考虑五个因素:

一、企业实力

主要是指企业的人、财、物力,技术能力、创新能力、竞争能力、销售能力、应变能力、公关能力等。如果企业实力雄厚,就可以采用无差异营销策略或差异性营销策略;反之,宜采用集中性营销策略。

二、市场需求特点

主要考虑顾客需求和爱好的类似程度。如果顾客的需求比较类似或爱好大致相同,对促销刺激的反应差别不大,就可以采用无差异营销策略;反之,宜采用差异性或集中性营销策略。

三、产品生命周期

一般来说,企业的新产品在投入市场初期或处于成长期,竞争者不多时,宜采用无差异营销策略,以探测市场需求和潜在顾客情况,也有利于节约市场开发费用。当产品进入成熟期以后,竞争者增多时,宜采用差异性营销策略,以开拓新的市场,或者实行集中性营销策略,以维持或延长产品生命周期。

四、产品性质上的差异

一般是产品自然属性的差异和选择性的大小。初级产品，虽有自然品质的差异，但消费者并不过分挑选，竞争焦点一般在价格上，经营者就可采用无差异营销策略。反之，选择性强的产品，宜采用差异性或集中性营销策略。

五、竞争者的策略

在市场竞争激烈的情况下，企业究竟采取哪种营销策略，往往还要考虑竞争者的策略并权衡其他因素而定，不能一概而论。如竞争者实力较强并实行无差异营销策略时，本企业可反其道而行之，实行差异性营销策略或集中性营销策略；假若竞争者已采取差异性营销策略，则可实行更为有效的市场细分，去争夺更为有利的子市场；当竞争者实力较弱时，也可以采取无差异营销策略，在整体市场或大面积市场区争夺优势。

技能训练

观察服装市场需求，假设你将创办一家服装店，你如何选择目标市场？

任务三：市场定位

任务布置

从百事的广告语看其不同时期的市场定位。

百事可乐由药剂师布莱德汉姆发明并于1903年上市。2004年4月，美国《福布斯》杂志公布了"全美最有价值公司品牌"，百事公司以561亿美元的品牌身价位列第十，而老对手可口可乐公司则名列第十三位，品牌身价456亿美元。这是以品牌价值为傲的可口可乐公司首次落后于百事公司。请问：不同时期的百事的广告语是如何体现其不同时期的市场定位的？

技能目标及素质目标

技能目标
（1）掌握市场定位的概念；
（2）掌握市场定位的步骤；
（3）了解市场定位的原则；
（4）掌握市场定位的方法。

素质目标：

（1）要求学生能够在市场细分的基础上，进行目标市场选择后的市场定位；

（2）要求学生能够将市场细分、目标市场选择、市场定位视为企业营销行为的一个整体进行思考。

教学实施建议

要求教师能够将市场细分、目标市场选择、市场定位通过企业的具体营销案例串联到一起进行讲解；要求学生能够联系有关项目，为某一产品进行市场定位。

解决方案

以下是百事可乐在不同时期的广告语，从这些广告语体现了百事不同时期的不同市场定位，详见表2-3-1。

表2-3-1　百事可乐不同时期的广告语与市场定位

年份	广告语	定位
1903	布莱德饮料	价廉物美
1920	喝百事可乐，它会令您满意	价廉物美
1941	花钱少，人人爱，瓶子高；花5分，赚一杯	价廉物美
1950	爱社交，喝百事	年轻、时尚
1961	今天的百事，是为那些想年轻的人设计的！	（心态）年轻
1973	做百事人，体验自由	最求自由
1982	新一代的选择	现代
1993	年轻、快乐，喝百事	健康、活力
2002	想年轻，喝年轻	健康、活力
2005	突破渴望	激情

广告语的目的是要传达品牌宣传的主题，即产品的定位。不同时期，经济与社会环境不同，会影响消费者购买产品的动机。企业必须非常清楚地了解当时的消费者的需求，准确地进行市场定位，这样才能紧紧抓住消费者。否则，企业的产品就不能打动消费者。百事之所以成功，并超越老对手，正是其市场定位准确，紧紧抓住了每个时期消费者的心理的结果。

"第二次世界大战"以前，由于人们收入水平不高，同时为了与可乐第一品牌可口可乐竞争，百事可乐将市场定位于"价廉物美"；到了19世纪50年代，战后美国经济繁荣，人们收入水平提高，而"价廉物美"的市场定位容易使百事这个品牌被误认为"厨房产品"，因此百事对其产品重新定位于"年轻、时尚"；19世纪60年代，考虑到战后新生的那代年轻人在消费总体的比重日益增加，而那些上了年纪的人又不服老，因此百事定位于心态年轻的人；1973年，个人主义在美国盛行，百事于是将市场定位于"追求自由"的消费群体；19世纪80年代，结合现代性的主题，推出"新一代的选择"；1993年，百事以篮球明星奥尼尔为形象代言人推出"年轻、快乐"的主题；2001年，《流星花园》风靡华裔年轻人的世界，百事抢先在广告中借推出健康、活力的形象；2005年，百事借贝克汉姆等足球巨星推出充满激情的"突破渴望"主题。

相关知识点

确定目标市场后就要在目标市场上进行产品的市场定位。市场定位是开拓市场、占领市场、战胜竞争对手、取得立足点和进一步发展的不可缺少的重要一步。

2.3.1 市场定位的概念及步骤

一、市场定位的概念

市场定位是指企业根据竞争者现有产品在市场上所处的位置，针对该产品某种特征或属性的重要程度，塑造出本企业产品与众不同的个性或形象，并把这种形象传递给消费者，从而使该产品在目标市场上确定适当的位置。

市场定位是通过为自己的产品创立鲜明的特色或个性，塑造出独特的市场形象来实现的。产品的特色或个性，有的可以从产品实体上表现出来，如形状、成分、构造、性能等；有的可以从消费者心理上反映出来，如豪华、朴素、典雅等；有的表现为质量水准等。企业在进行市场定位时，一方面要了解竞争对手的产品具有何种特色，另一方面要研究顾客对该产品的各种属性的重视程度，然后根据这两方面进行分析，再选定本企业产品的特色和独特的形象。这样，就可以塑造出一种消费者或用户将之与别的同类产品联系起来而按一定方式去看待的产品，从而完成产品的市场定位。

二、市场定位的步骤

市场定位一般有三个步骤：判断消费者或用户对产品属性的重视程度；识别据以定位的竞争优势；传播市场定位。

（一）判断消费者对某种产品属性的重视程度，找出产品在消费者心目中的"理想点"

市场定位的关键是找出产品在消费者或用户心目中理想的位置，每个消费者群对所需产品都有一个综合性要求，包括消费者对该产品实物属性的要求和心理方面的要求。而各种要求产生的根本原因来自于消费者的购买动机。只有通过研究并认清消费者对本企业产品的真正购买原因，才能为产品市场定位找到科学依据。

通过市场调查可以找到消费者购买产品的真正目的和动机。如对购买食品的消费者进行调查可发现有以下几种动机：为了充饥，这类消费者并不太重视食品的营养，而较为重视食品的数量；为了防病，这类消费者比较重视食品的药用价值；为了改善身体现状，这类消费者比较重视食品的营养价值和科学搭配；为了送礼，这类消费者比较重视食品的包装和食用价值。

（二）确定产品在同类产品范围中的地位，明确竞争优势

企业所面临的竞争对手大致包括四个种类：第一类是愿望竞争者，即满足消费者目前各种不同愿望的竞争者；第二类是一般竞争者，即满足消费者某种愿望而采取不同方法的竞争者；第三类是产品形式竞争者，即满足消费者某种愿望的同类商品，而在质量、价格上相互竞争的竞争者；第四类是品牌竞争者，即能满足消费者对同种产品具有不同品牌愿望的竞争者。

其实，竞争者不仅存在于同行业之间，不同行业之间也存在着相互竞争的问题。这种竞争有两种表现形式，一是某种新兴行业、新产品对老行业、老产品的替代。因此企业除了要对同行竞争对手进行了解外，还应注意新兴行业的竞争者；另一种形式是看起来毫不相干的行业之间也同样存在着隐性的，甚至激烈的市场竞争。因为消费者的购买力是有限的，倘若哪一个产品做出了能"蛊惑"人心的促销宣传，购买力就会冲向那里。所以，对非同行企业的种种行为亦不可视而不见或漠然视之，需要注意他们的动态。

在了解竞争对手之后，就要在与竞争对手比较的过程中建立自己的优势，以寻找占领市场的最佳立足点。这些优势可以是资源优势、规模优势、管理优势、营销优势、产品优势、技术优势或品牌优势。当然企业无须也不可能面面俱到，只要有其中一方面的胜人之处，就可以从这里入手，进行定位。

（三）传播和送达选定的市场定位

一旦选择好市场定位，企业就必须采取切实步骤把理想的市场定位传达给目标市场。

要积极宣传企业产品的市场定位，使目标顾客了解并接受企业产品的市场定位，引发顾客的兴趣；使目标顾客对企业产品的市场定位能够认同、喜爱并产生偏好。

市场定位的三个步骤，是在企业了解到竞争对手的产品具有何种特色，消费者对企业产品的各种属性的重视程度，然后根据这两个方面进行分析，选定本企业产品的特色和独特形象并进行传播。至此，就可以塑造出一种消费者把它与别的同类产品联系起来并以一定方式去看待的产品，从而完成产品的市场定位。

2.3.2 市场定位的原则

一、受众导向原则

屈特和瑞维金在 1996 年的《新定位》一书中，一再强调定位的重心在于消费者心灵，对消费者的心灵把握得越准，定位策略就越有效。成功的定位取决于两个方面：一是企业如何将定位信息有效地传达到消费者脑中；二是定位信息是否与消费者需要相吻合。也就是说，市场定位必须为消费者接收信息的思维方式和心理需求所牵引，必须遵循受众导向原则。

消费者接收信息的思维方式有其共同的特点。消费者的心智是一个不大的容器，他们接收的信息是有限的。在这样一个信息爆炸的年代，很多信息相互"撞车"和"堵塞"，真正进入人脑的信息是极少数的。企业进行定位时没有新的记忆点，就容易遭到消费者抗拒和排斥。

因此，要突破信息沟通的障碍，打开消费者的心智之门，关键是要想消费者所想，要千方百计使传播的信息变成消费者自己想说的话，让他们在听到企业的宣传和使用产品的过程中感觉满意，由此认为：这正是我所需要的，这正是为我专门设计的。只有这样，才能让他们产生亲切感、认同感、信任感，从而接受产品，最后形成依恋以至养成购买习惯。

二、差别化原则

随着科技的发展，新媒体不断涌现，广告的空前泛滥，消费者每天接触到信息难以计数。面对潮水般涌来的信息，消费者往往会产生一种抵触、排斥心理，即使接受也很快会被其他更新的信息所取代。在这种成千上万的信息海洋中，如何才能把你的产品信息输入消费者脑中，并留下深深印象呢？唯有差别化，追求与众不同的市场定位广告语，使消费者易于将你的产品与其他品牌区别开来，才能占据其心中一隅。

市场定位就是通过各种媒体和渠道向消费者传达组织或品牌的特定信息，使差异性清楚地凸显在消费者面前，从而引起消费者注意你的品牌、产品，并使其产生联想。如果定位所体现的差异性与消费者的需要相吻合，那么你的产品或品牌就能留驻消费者心中。

定位中的差异性可能来自你的产品与竞争对手之间的区别，也可能来自你与众多品牌之间的区别。当然定位中的差别因素远不止这些，它还包括很多有形或无形的因素，或是服务最优良，或是质量最可靠，或是技术最先进等。只要做到了以上中的一点，你就能在众多的产品中脱颖而出。

如香港的几大报社，无不是通过差别化策略形成自己的特色来确立其竞争优势。《明报》定位于政治性，在读者心目中，它的政论性文章分析时事更为深入、透彻，是关心政治的读者首选；而《信报》则将重点放在财经、金融、贸易上，给商人和有志于从商、投资者提供了最新商业信息；《东方日报》是普通市民、居家主妇的首选，它告诉你如何将家庭生活安排得更诱人；《星岛日报》是闲暇人打发时光、年轻人了解潮流的最佳读物。

可见，不管你是销售某一产品，还是提供某一服务，或是经营某一文化事业，要想在消费者心中留下深刻印象，唯有一种途径——与众不同。

三、个性化原则

产品与产品之间的某种差别，是可以通过调整经营策略和不断努力来缩小和同化的。有差别只意味着有距离，而距离是可以拉近的，无法拉近的却是产品之间所形成的个性，个性往往是无形因素，你知道它的存在，而无法追随。因此，市场定位还应遵循个性化原则，即赋予产品或品牌独有的个性，以迎合相应的顾客的个性。

20世纪50年代末，福特公司在促销福特牌汽车和雪佛兰汽车时就强调个性的差异。人们认为，购买福特牌汽车的顾客有独立性，易冲动，有男子气概，敏于变革并有自信心；而买雪佛兰牌汽车的顾客保守、节俭，重名望，缺乏阳刚之气，恪守中庸之道。

定位是在"卖概念"，而不是其他。这个概念就是它的个性。而个性可能与产品的物理特性和功能利益毫无关系。我们可以从产品的物理特性和功能利益发展出一个定位，但定位并不仅仅是产品物理特性和功能利益的综合，它还含有另外一些完全属于精神上的东西。如万宝路香烟以西部牛仔和马定位于消费者心中的自由、奔放、粗犷、帅气、强劲有力量。这完全是从消费者出发，让消费者吸万宝路时自然而然地产生这样的心理感受。至于烟本身的特性和功能却与这种心理感受关系不大，企业所做的只是将产品的包装、广告和其他手段与其定位相配合。

可见，个性化原则要求市场定位要有创意，要与众不同，即使这种个性与产品本身并无关联，是人为赋予的，但只要得到消费者认同，它就将是企业战胜对手，赢取消费者芳心的最有力的武器。

四、动态调整原则

今天的社会是个变化的社会。技术在变化，竞争在变化，消费者也在变化。企业是社会这个大系统中的一个子系统，它的一切经营活动都受环境的制约。在变化的环境中，企业只有不断调整自己的经营目标、产品种类、技术水平、管理方式、营销策略，才能适应环境，焕发生命力。

动态调整原则就是要求企业在变化的环境中，抛弃过去传统的以静制动、以不变应万变的静态定位思想，对周围环境时刻保持高度的敏感，即时调整市场定位策略。或是开发产品的新性能来满足消费者的新需求，或是对原有的定位点偏移或扩大，以做到驾驭未来。成功的经验告诉我们，在动态的市场环境中，每一家企业都应该严密监视市场环境，随时审时度势，依据环境变化、竞争对手变化、顾客观念态度变化、政府宏观政策的改变，重新定位自己的产品和企业，修正企业的营销策略，以适应不断变化的新的市场需要。

2.3.3 市场定位方法

一、根据属性和利益定位

产品本身的"属性"以及由此而获得的"利益"能使消费者体会到它的定位。如在国际汽车市场上，德国的大众汽车是有"货币的价值"的美誉，日本的丰田汽车则侧重于"经济可靠"，而瑞典的沃尔沃汽车具有"耐用"的特点。在有些情况下，新产品应强调一种属性，而这种属性往往是竞争对手所无暇顾及的，这种定位往往容易收敛。

二、根据价格和质量定位

价格与质量两者创造不同的地位，在有些情况下，质量的定位是取决于制造产品的原材料，或者取决于精湛的工艺。而价格也往往反映其定位，两者结合使用，往往可在消费者心目中产生"一分钱一分货"的效果。

三、根据产品的用途定位

赋予老产品新的用途或扩大其使用范围，可以实现其新的市场定位。如过去把烘焙用的小苏打，广泛使用为刷牙剂、除臭剂、烘焙原料等。现在作为冰箱除臭剂使用。

四、根据使用者定位

企业常常试图把某些产品指引给适当的使用者或某个分市场，以便根据分市场的特点创建起恰当的形象。如各种品牌的香水，是针对各个不同分市场的，分别定位于雅致的、富有的、时尚的妇女。

五、根据竞争者的情况定位

一种做法是定位于其竞争对手的产品附近，以便消费者的比较与挑选，通过强调与同档次产品相同或不同的特点来进行市场定位。如新科 VCD 强调"三碟连放"，步步高则强调"三年包换"等。

另一种做法是定位于竞争者产品直接有关的不同属性或利益。如七喜汽水在广告中称它是"非可乐"饮料，暗示其他可乐饮料中含有咖啡因，对消费者健康有害。

六、根据产品档次定位

产品可以定位为与其相似的另一种类型的产品档次，以便与之对比，如麦淇淋广告宣传为与奶油味道一致；产品定位目的强调与其同档次的产品并不相同，特别是当这些产品是新产品或独特产品时，如不含铅的汽油等。

七、各种方法组合定位

企业可使用上述多种方法组合定位。如太阳神营养液为创建一个美好的形象，宣传其成分是生物天然（质量定位），各种引用、佐餐均相宜（用途定位），适合于儿童、青少年及成年人等服用（使用者定位）。

2.3.4 市场定位策略

一、避强定位策略

避强定位策略即避免与竞争者直接对抗，将本企业的产品定位于某处市场的"空隙"或薄弱环节，发展目标市场上没有的产品，开拓新的市场领域。

二、迎头定位策略

迎头定位策略即与最强的竞争对手"对着干"的定位策略。采用这种策略的企业应具有比竞争对手强的实力。

三、重新定位策略

如果竞争者的产品定位于本企业产品的附近，侵占了本企业的部分市场或消费者及用户偏好发生了变化，转移到竞争者的产品上时，企业就必须考虑为自己的产品重新定位，改变市场对其原有的印象，使目标顾客对其建立新的认识。

技能训练

观察服装市场需求，假设你将创办一家服装店，你该怎样进行市场定位？

项目三
制定产品策略

任务一：新产品设计

任务布置

在激烈的买方市场环境下，市场细分已经达到无孔不入的地步，市场竞争日益激烈，消费需求不断变化，因此，企业要在市场上立足，就必须不断挖掘与利用市场机会，对产品进行研发、改进与革新，做到不断推陈出新。

在现实生活中，在校学生虽然不直接接触企业的生产经营实践，但均是产品的消费者。要求学生利用自己的消费经验与已有的理论知识，为某企业设计一款虚拟的新产品，任务主要涉及三个部分：以科学的程序组织和实施产品的研发、品牌策略的选择、包装策略的选择。

技能目标及素质目标

技能目标：
（1）掌握新产品研发的主要程序；
（2）了解新产品的含义与类型；
（3）从企业的经营实践与产品特点出发，为产品选择适用的品牌策略；
（4）从产品的理化性质以及产品推广的角度为产品设计包装，选择包装策略。

素质目标：
（1）具有一定的创造性及丰富的想象力；
（2）具有良好的团队协作精神；
（3）具有踏实勤奋、永不言败的敬业精神。

教学实施建议

要求学生运用前面所学的市场分析的相关知识，以组为单位，选择熟悉的某一行业，通过分工协作，共同调研、分析与讨论，在提出设计思路的基础上，明确设计产品的类型、特色，并形成虚拟的产品。

通过该任务的训练，使学生能够深入理解企业营销运作的过程，掌握新产品开发的程序，理解品牌与包装策略的深刻内涵。学生根据任务要求，寻求完成任务的有效途径与方法，运用前面所学的营销知识与产品策略的相关知识解决遇到的问题，从而有效锻炼学生的实际操作技能。

在完成任务的过程中，要求教师首先对任务的目标、完成程序作充分的说明，保证学生能够对将要完成的任务有深刻的理解；其次，教师在学生关于市场分析、行业选择等方面进行必要的指导，并在完成任务过程中为学生提供可以借鉴的解决方案与建议；此外，教师必须对相关知识点进行讲解，使学生掌握完成任务必需的理论知识。

解决方案

新型儿童牙刷的产品设计。

少年儿童市场在中国因独有的人口政策而成为吸引力很大的市场，根据这一群体需求的特点、行业竞争状况的分析以及市场上现有产品特点的研究，设计一款虚拟的儿童牙刷产品，从而使企业在这一细分市场占得先机。

相关知识点

3.1.1 市场分析

一、市场需求分析

牙刷是人们日常使用的生活必需品，产品就其功能而言同质化程度较高，不同品牌、不同企业的产品竞争激烈，在这种情况下，以年龄为主要细分变量，发现市场上多数产品还是主要针对成年人市场，这就使少年儿童市场成为发展潜力较大的一个细分市场。因此，从少年儿童的需求特点出发，进行产品的设计研发，是保证产品具有足够的试销性的关键。

（一）少年儿童市场的需求规模分析

收集到的资料显示，在全国人口中，居住在城镇的人口56 157万人，占总人口的42.99%；居住在乡村的人口74 471万人，占总人口的57.01%。与第五次全国人口普查相比，城镇人口占总人口的比重上升了6.77个百分点。全国人口中，0～14岁的少年儿童人口为26 478万人，占总人口的20.27%；

据此，以居住在城镇的少年儿童为目标市场，估计80%的目标市场的消费者有对产品的需求，同时，按照牙刷的平均使用周期计算，每人每年需要使用

2.4 支牙刷，可以计算出全国儿童牙刷的市场容量：26 478 万×42.99%×80%×2.4 支/年=21 855.15 万支/年，这是一个需求规模较大的市场。

（二）少年儿童的需求特点分析

通过研究发现，儿童牙齿成长最重要的三个阶段，即2～4岁的幼儿期、5～7岁的学龄前与8岁以上的学龄儿童，这三个阶段因牙齿的成长情况各有不同，手部肌肉的发达情况也各不相同。主要表现为：

2～4岁此时期的宝宝常用奶瓶喝奶，最容易发生奶瓶性龋齿，且正处于牙齿发育初期，手掌与口腔也较小，初次刷牙；5～7岁第一颗恒齿已长出，因此要特别注意牙齿清洁；8岁后儿童因处换牙阶段，乳齿与恒齿同时存在，又加上齿缝间隙较大，需要格外留意其刷牙习惯，否则极易形成蛀牙。

进一步研究发现，少年儿童因其年龄特点，使其在购买行为方面表现出特殊性，即使用者与购买者的相对分离，研究发现：首先，不同年龄的儿童对父母购买决策的影响不同，一般而言，年龄越大，儿童的行为对父母的影响就越大见下表；其次，从儿童心理的特征的反映上看，不同类型的儿童在购买过程中对产品的关注点不同，如表3-1-1、表3-1-2所示。

表3-1-1 不同年龄的儿童影响比重

年龄	2～4岁	5～7岁	8岁	9岁	10岁
影响（占被调查者的比重）	38	62	63	63	64

表3-1-2 不同类型的儿童的购买行为的关注点

类型	顺从型	自由型	乖巧型	反叛型
行为的关注点	购买时不产生冲突；注重品牌、产品的利益点	购买时一般不产生冲突；注重产品的质量、产品的视觉效果等	父母扮演主要支配角色；注重产品的品牌、价格、口味、产品视觉效果等	孩子扮演主要的支配角色；注重产品视觉效果、赠品等

二、竞争产品的对比分析

在调研阶段，主要查找了高露洁、宝洁、今晨公司的相关资料与数据。

（一）高露洁

高露洁通过收购三笑牙刷，使其不断完善企业的核心能力。此前，三笑牙刷已在二三级的市场占有相当大的市场份额及庞大的通路设置，且厂区位于中国牙刷之都——扬州，具有密集的生产劳动力、二三级市场的占有率。

高露洁公司的牙刷产品的产品线：成人牙刷、儿童牙刷、三维动力电动牙刷。

产品的特点定位：中国口腔护理专家选用的品牌。

产品的档次定位：中档偏低、中档、中档偏高产品性的定位："我们的目标，没有蛀牙"。

品牌性的定位:"甜美的微笑,光明未来"。

产品的区间:清除舌苔、弯头型的刷头等。

推动口腔护理业务发展的成功新产品包括 Colgate Max Fresh、Colgate Propolis 和 Darlie Tea Care 牙刷。

(二) 宝洁(欧乐 B)

宝洁对吉列收购,使宝洁拥有了著名的欧乐 B 品牌,并完善了其产品线,使其成为全球唯一一家拥有两个销售额过 10 亿美元口腔护理品牌的公司。宝洁凭借该品牌及经销网络的类型与高露洁在牙刷市场展开"角力"。

欧乐 B 牙刷产品的产品线:多动向牙刷、全接触多效能牙刷、儿童牙刷、电动牙刷。

产品的特点定位:更多口腔护理专家选用的品牌。

产品的档次定位:中档偏低、中档、中档偏高。

产品性的定位:"秉承特有专业品质"。

品牌性的定位:"专业护齿、关爱一生"("健康自信笑容传中国")。

产品的区间:显示刷毛:随磨损而由蓝色变白色时,提醒使用者及时更换牙刷,以增加使用频率扩大使用量,达到扩大销量。

(三) 今晨公司的产品

今晨公司牙刷产品的产品线:洁莹晶彩牙刷、JC 系列、多诳保健系列、Y 系列、极护系列。

产品的特点定位:更多中国消费者选用的品牌。

产品的档次定位:中档偏低、中档。

产品性的定位:"高品质"。

品牌性的定位:"好生活、从今晨开始"。

产品的区间:采用跟随策略。

由资料不难看出,市场上消费者认可度较高的产品的生产企业多数都有儿童牙刷产品,且已在市场上塑造了鲜明的产品个性与形象。

三、市场对现有产品的反应

(一) 调查发现,消费者认为市场上的儿童牙刷存在较多问题

1. 刷头设计不合理

市面上的儿童牙刷大多不是保健型,刷头大小不一,容易损伤牙根黏膜与牙齿本身,不符合儿童牙齿发育的要求,有的刷毛选材不好,过硬的刷毛会损伤牙齿表面与牙龈。吸水性过强的刷毛容易导致细菌的滋生。

2. 刷头不可拆卸,设计不够灵活

市场上销售的大多数儿童牙刷的刷柄造型设计都非常新颖美观,也正因为这一点,导致儿童牙刷的价格较高。但是通常牙医建议每三个月要更换一次牙刷,

才能保证牙刷的卫生与安全，这些价格不菲的牙刷三个月就不能再使用了，形成了较大的浪费。

3. 牙刷在材质的选用上参差不齐

市面上的儿童牙刷在材质选用上很多缺乏安全性，刷柄的塑料，刷毛的软硬等，让人不是特别放心，有的甚至被查出使用有毒塑料，对儿童健康造成威胁。只注重外观，不注意材料，是一个不容忽视的问题。

4. 功能设计单一，缺乏创新

市场上出售的儿童牙刷大多功能较为单一，只注重刷柄外观的设计，而在牙刷的功能设计上则较为单一，缺乏能吸引儿童的附加功能的设计。

（二）设计虚拟的新型儿童牙刷产品

1. 构思的征集

根据以上对市场反响的分析，在对儿童牙刷的购买主体即年轻的父母的调查过程中，发现他们希望为孩子选购的牙刷主要为：

（1）为不同年龄段的孩子设计不同的牙刷，刷毛软硬度的设计必须与牙齿不同发育阶段的特点相符合。

（2）儿童牙刷的刷柄的弧度的设计，应考虑到孩子刷牙时肌肉运动的特点，最好能够教导正确的刷牙姿势。

（3）为儿童设计具有独特功能的牙刷，鼓励孩子刷牙。

（4）外观设计受孩子喜欢的牙刷。

2. 构思的筛选

在对构思的筛选过程中重点主要考虑不同的产品构思与企业的发展目标是否一致，分析利润目标、销量目标、顾客信誉目标以及企业的资源状况、发展产品的费用状况、企业自身的营销优势与分销力量等因素。在筛选的方法上在此运用评分法进行选择，如对以上第（3）种构思的评分如表3-1-3所示：

表3-1-3 构思评分

产品成功的必要因素	相对权数（A）	公司能力水平（B）									评分（A×B）
		0.1	0.2	0.3	0.4	0.5	0.6	0.7	0.8	0.9	
公司信誉	0.2						√				0.12
营销能力	0.2								√		0.18
研究与开发能力	0.2							√			0.14
人力资源优势	0.15								√		0.12
财务能力	0.1								√		0.08
生产能力	0.05					√					0.025
地理位置与设备	0.05					√					0.025
采购与供应	0.05			√							0.015
总计	1.0										0.705

分等标准：0.00～0.40 为差；0.41～0.75 为中等；0.76～1.00 位为佳。最低接受标准：0.70。

通过对不同的构思进行评分，可以对收集到的构思进行优选。可以看出，第（3）种构思的评分在 0.70 以上，因此第（3）种产品的构思是可以据以进一步研发的。

3. 产品构思形成产品概念

一种构思能够形成不同的产品概念，在多种产品概念中再进一步做出优选，优选的方法通常为对最终消费者的问卷调查，例如产品概念的测试。最终在对概念优选的基础上进一步通过分析讨论细化为概念性的产品，并清晰地描述出来。

产品概念的问题测试

（1）该概念清晰易懂吗？
（测试人们是否真正理解概念产品的含义）
（2）你是否觉察到这种产品比竞争品有明显的好处？
（测试人们在将这种产品与同类替代品比较过程中认可的优势）
（3）你是否认为该概念和声称是可信的？
（测试人们是否对概念产品存有怀疑与疑虑）
（4）与它的主要竞争品相比，你是否更喜欢这种产品？
（测试人们是否真正偏好这种产品）
（5）你想买这种产品吗？
（测试真正具有购买这种产品意图的人是否达到足够的比例）
（6）你愿意用这种新产品替代你现有的产品吗？
（测试人们是否想试用并长期使用这种产品）
（7）这种产品符合你的真正需要吗？
（测试人们的真实需要与购买意图）
（8）你能否提供一些有关改进该产品各种属性的建议？
（测试人们对产品的期望）
（9）你是否经常性地购买这种产品？
（测试人们购买行为发生的频率，作为日用品还是特殊品）
（10）你会使用该产品？
（测试主导目标群体）
（11）你认为这种产品的价格应是多少？
（测试人们对产品的理解价值）

4. 为产品设计品牌并选择品牌策略

（1）设计品牌。

根据品牌设计与命名的要求为新产品设计品牌名称与品牌标志。品牌的设计应与少年儿童的需求特点相符合,具有鲜明的儿童产品的品牌特性。

(2) 选择品牌策略。

从企业与产品长远发展出发,考虑新产品鲜明的个性,并与其他企业的产品相区别,为新开发的产品选择品牌。

5. 为产品设计包装并选择包装策略

(1) 设计包装。

从产品特点出发,结合包装设计的要求,为产品选择适用的包装。

考虑到产品陈列的要求与产品本身的特点,为产品选择适用的包装形式、包装材料,设计造型与图案。包装设计应符合儿童的心理特点。

(2) 包装策略的选择。

根据儿童在购买过程中的行为关注点,为产品选择包装策略。如可以选择一支牙刷一个独立包装,包装内附送孩子喜欢的谜语故事、迷你画册的包装策略。

3.1.2 产品与产品组合

一、产品的整体概念

营销学中所指的产品实际上是指企业能够提供给市场,满足消费者某种需要和利益的有形物品、无形服务及意识、观念的总和,是一个整体产品的概念,主要由三个层次构成,即核心产品、形式产品与附加产品,见图3-1-1。

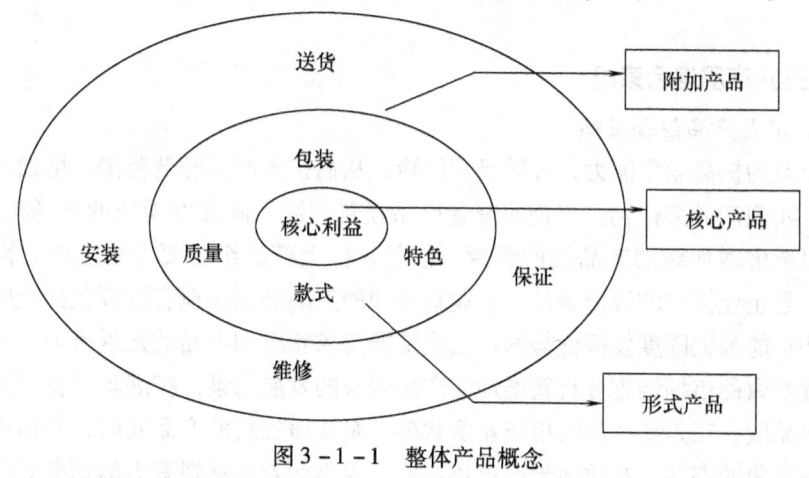

图3-1-1 整体产品概念

二、产品组合

(一) 产品组合的相关概念

1. 产品项目

产品项目是指列入企业产品目录的每一个在规格、型号、式样或价格上有所差别的特定产品的品种。例如，某电器生产企业生产的 29 吋电视机就是该企业生产的众多产品项目中的一个。

2. 产品线

产品线也称产品大类或产品系列，是指一组具有类似功能，能满足同类需求的产品项目。如某电器生产企业生产的各种尺寸、规格、型号的电视机就构成一条产品线。

3. 产品组合

产品组合又称为产品搭配、产品结构，是指一个企业在一定时期内生产经营的各种不同产品的质的结构和量的比例关系及其构成的整体。

（二）产品组合的四个维度

产品组合的宽度——指企业的产品线数目的多少。产品线越多，产品组合就越宽，反之就越窄。如日本的索尼公司存在多个产品系列，产品组合的宽度较大，而可口可乐公司即使面向全球市场，也只生产几个系列的标准化产品，相对来说，产品组合在宽度上较窄。

产品组合的长度——指企业所有产品线中的产品项目的总和。

产品组合的深度——指一个企业一条产品线内有多少不同的产品项目数。项目越多，深度越深，反之越浅。

产品组合的密度——也称关联度，是指各条产品线的产品在最终用途、生产条件、分销渠道等方面的关联程度，联系越密切，产品组合的密度越大，反之就越小。

（三）产品组合策略

1. 扩大产品组合策略

企业为提高竞争能力，分散经营风险，从而扩大产品经营范围，增加新的产品线，实现产品多样化。当企业现有产品经营利润下降或发现新的市场机会时，都可以考虑增加新的产品线的经营。但是，扩大产品组合要考虑三个方面的条件：一是企业拥有的资源条件。企业新增加的产品必须是现有资源条件能够实现的，并且能最大限度发挥优势的；二是市场需求状况和产品的发展潜力。企业必须经过细致的市场调查分析新增加的产品未来的发展前景，扩展具有良好发展机会的产品线；三是新产品的市场竞争状况。企业增加新的产品线时，必须充分考虑市场竞争的态势，有效地规避市场竞争，因为如若遇到强有力的竞争对手，会增加利润的不确定性。

2. 缩小产品组合策略

企业通过缩减产品线，减少产品项目，缩小经营范围，实现产品专业化。当市场疲软或原材料供应紧张时，企业就需考虑调整产品组合，剔出那些获利小的产品项目或产品线，通过集中力量经营获利性高的产品项目和产品线，进行大批量生产，使生产效率得以大大提高，实现规模经营，从而降低成本，提高产品的市场竞争力。

3. 产品线延伸策略

企业依据市场变化，部分或全部改变原有产品线的市场地位，对原有产品线进行延伸，分为三种形态：向下延伸、向上延伸和双向延伸。向下延伸可以利用原有高档产品的形象与生产低端产品的企业展开竞争，但是也可能使原有高档产品的市场缩小；向上延伸可以以高档产品提高整条产品线的档次，但是因为原有低档产品已在消费者心中形成特定形象，增加高档产品的项目，容易增加消费者的疑虑，因此企业在进行延伸时应该非常慎重，并通过有效的营销措施消除消费者的疑虑心理；双向延伸，在一定条件下，有助于扩大市场占有率，加强企业的市场地位。

3.1.3 新产品开发策略

一、新产品的含义与类型

营销学中的新产品不是狭义的而是广义的，即不仅仅指技术新产品，还包括市场新产品。凡是产品整体概念中任何一部分的创新、变革、改进，能给消费者带来某种新的感受、满足和利益的相对或绝对新的产品，都属于新产品之列。按照产品的变革程度、新颖度，新产品可分为以下几类：

（一）全新新产品

全新新产品是指采用新原理、新结构、新技术、新材料制造的前所未有的产品。这类新产品都是源于科学技术的重大发明和创造，代表了科学技术的新突破。例如：电话、飞机、计算机、电视机等刚出现时，就属于全新新产品。这类新产品需要企业投入大量的人力和财力，从研制到生产需经过相当长的时间，且开发风险较大。

（二）换代新产品

换代新产品也称部分新产品，是指在原有产品的基础上，部分采用新技术、新材料制成的性能有显著提高的新产品。例如，计算机从问世以来，已经经历了电子管、晶体管、集成电路、大规模或超大规模集成电路和具有人工智能功能的计算机五代产品，每一代计算机相对其前一代，都是换代型新产品。

（三）改进型新产品

改进型新产品指对现有产品在质量、结构、品种、材料等方面做出改进的产品，主要包括质量的提高、用途的增加、式样的更新等，如单卡收录机改为双卡收录机。

(四) 仿制新产品

仿制新产品又称企业新产品，是企业模仿市场上正在销售产品的性能、工艺而生产的产品，是在不侵犯他人知识产权的条件下进行模仿、稍加改变或不做改变的产品。这类产品对整个市场而言，已不是新产品，但对企业来说，是企业第一次生产的产品。在开展营销中，很多技术落后的企业引进和仿制其他企业的新产品，能大大节约研发费用，并能缩短与行业先进技术水平之间的差距。

二、新产品设计与开发的程序

在开发新产品的过程中，企业应按照科学的方式和程序组织和实施。

(一) 新产品开发的方式

新产品开发的途径主要有四种方式：一是企业自行研制；二是与其他科研机构或企业合作，三是技术引进，四是自行研制与技术引进相结合。

在实际运作中，究竟采用哪种方式，主要取决于企业自身的实力和科研能力。一般来说，独创性的研究通常用于开发独创性的新产品，采用这一方式的大多是一些科研技术较强的企业。相比之下，技术引进有利于节省时间和费用，缩短与先进技术之间的距离，减少产品开发的风险，比较适用于一些技术实力不够强的企业。但对企业来说，从长远考虑，根本的还是要培植企业自己的技术开发能力，把技术创新建立在自身技术开发力量的基础上。

(二) 新产品开发的程序

新产品开发涉及许多技术与实践问题，同时产品开发究竟能否成功还依赖于企业目标、资源、市场机会和产品研制计划之间的有机配合以及产品开发过程的组织和管理。应该说，新产品开发的风险很大，多种因素都可能导致新产品开发失败。概括起来，新产品开发失败的原因主要有：对潜在市场容量的错误估计、对市场竞争的激烈程度预计不足、生产成本过高、缺乏有效管理等原因。因此，新产品开发不但要有严密的组织和管理，还必须有一套完善、科学的程序，以避免和减少失误。新产品开发的程序如图3-1-2所示，主要分为八个阶段。

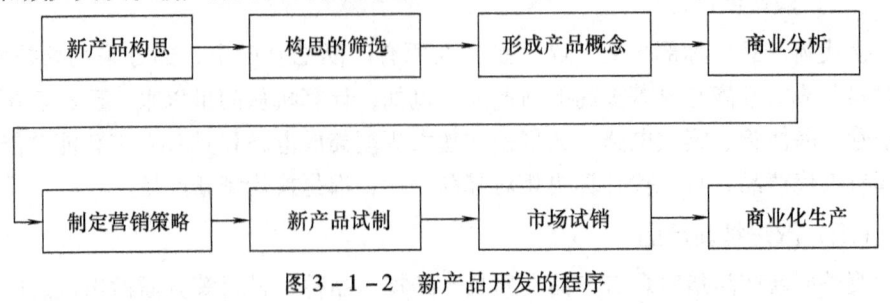

新产品构思 → 构思的筛选 → 形成产品概念 → 商业分析 → 制定营销策略 → 新产品试制 → 市场试销 → 商业化生产

图3-1-2　新产品开发的程序

1. 新产品构思

形成构思是新产品开发的第一阶段。构思是企业为满足市场需要而提出的产品设计的构想。

新产品构思的来源主要有：

（1）企业内部的技术人员与业务人员。

主要包括设计、制造、管理和促销人员等。据调查，在美国 55% 的新产品构思来源于企业内部。

（2）顾客。

营销人员通过调查、了解顾客对产品的批评、建议，广泛搜集信息，并进行分析，作为改良现有产品或开发新产品的构思。

（3）竞争者。

通过分析竞争者的广告等资料或者购买竞争者的产品用于研究，启发构思。

（4）中间商。

企业可以利用中间商同时经销多家企业产品的有利条件，将中间商作为企业的信息收集者，反馈顾客的意见和要求作为构思来源。

（5）其他来源。

如可从专业杂志、报刊、影视、专家讲座、营销调研公司和科研机构等获取新产品的构思。

总之，获取新产品构思的途径有很多，企业要善于搜集，并积极利用各种信息，有效寻求和鼓励新产品构思。但是，企业在征求构思之前，必须明确新产品的行业范围、目标市场、产品定位、资源分配和投资收益率等，使构思者有所遵循。

2. 新产品构思的筛选

筛选就是对大量的新产品构思进行优选，及时选出好的构思，同时剔除不好的构思，使之不得进入下一个阶段，以免造成浪费。

正确的筛选必须根据企业内、外部的具体条件，全面分析、衡量，审慎地决定取舍。外部条件主要是指市场需求、竞争状况、营销环境、资源条件等；内部条件主要指企业资金、设备、技术及经营管理能力等。此外，还要考虑构思与企业的整体目标以及长期战略是否一致。经初步筛选出来的构思，还要进一步评估，以定取舍。

3. 产品概念的形成和评估

经过筛选的新产品构思，还要进一步形成比较完整的产品概念，即把新产品的构思具体化，用文字或图像描述出来，这样就形成一种产品形象。一个构思有时可形成几个产品概念。将产品概念拿到目标消费者手中，通过问卷调查的方式进行测试，可以了解哪种产品概念最受欢迎。

4. 商业分析

详细分析新产品开发方案在商业上的可行性，将新产品概念发展为具体的商业计划，即详细审核预计销售量、成本、利润和投资收益率等是否符合企业既定目标，如果符合就可进一步开发。

5. 制定营销策略

设计新产品的营销策略方案与规划，内容主要包括：

（1）目标市场的规模、结构和消费者的行为特点、产品的市场定位、短期预计销售量、市场占有率、利润率等。

（2）预定价格、分销渠道和促销预算等。

（3）长期的预计销售量、投资收益率和营销组合等。

6. 新产品试制

经过分析、论证后选定的最佳产品概念转交生产部门试制，形成产品的原型。完成产品原型的设计研制后，为保证技术上的可行和消费者满意，通常要对产品在实验室内或实际使用中进行安全测试，也要调查消费者对产品的试用、鉴别和评价。

7. 市场试销

对于市场范围广阔的企业而言，市场试销是一个非常关键的环节，因为新产品的使用地点可能与研制地点不同，从而必须对实际的使用条件和市场进行试销，收集顾客和中间商的反馈意见。通过市场试销，可以进一步减少失败的风险。新产品试销要解决以下几个问题：

（1）试销市场的数目。

试销市场的数目主要取决于各市场差别的大小、企业对市场环境的了解程度、竞争者参与干扰的可能性、营销费用等因素。

（2）试销市场的确定。

任何一个市场都不能完全代表整个市场，因此企业只能选择某些具有其他市场较多共性的特定地点。例如，由于比利时的人口年龄特征、家庭平均规模和产品消费结构与整个欧洲的这些特征十分相近，因此，在西欧常常将比利时作为市场试销的地点。

（3）试销时间的长短。

主要取决于商品的平均再购周期和试销费用。

（4）试销的方式和方法。

通常有三种方式：标准市场试销、控制市场试销和模拟市场试销。

试销的重点在"试"不在"销"，对于经常购买的消费品，应注意分析两个比率即首次购买率和再购率，作为正式上市的依据，如表3-1-4所示。

表3-1-4　新产品试销分析

试用率	再购率	分析	决策
高	高	成功产品	迅速上市
高	低	有缺陷产品	产品改进
低	高	有前途产品	加大促销
低	低	失败产品	放弃

市场试销中企业所面临的最大困难是在某一市场试销取得成功，并不一定该产品在其他市场的销售前景同样看好，这主要是由于企业在不同市场可能面临着不同的宏、微观营销环境，这就决定了试销市场的确定至关重要。此外，还需注意，市场试销容易泄露新产品的信息。

8. 商业化生产

经试销成功的新产品，可进行新产品的全面生产和销售。企业在向市场投入新产品时，还需经过综合分析多种因素，合理选择上市的时机和地点。上市时机的选择要视产品自身的特点，企业的新老产品的交替及竞争者推出类似产品的时间表而定。上市地点的选择则要考虑企业自身的实力，并对不同市场的重要性进行研究，有的大企业可同时在主要市场投入新产品，如柯达公司的一次成像功能的照相机就曾在世界8个市场同时投放，而实力较弱的公司可在某市场先投放产品，站稳市场后再向其他市场铺开。

3.1.4 包装与包装策略

一、包装的含义与类型

（一）包装的含义

包装是产品构成的关键因素，其原因有两个：首先，产品在储运过程中需要较多的实体保护，以避免造成产品的损坏。其次，包装是产品在市场销售中影响消费者作出购买决策的关键因素。与众不同的包装能够帮助消费者迅速记住品牌，传达产品的功能信息以满足其需求。

因此，市场营销学中所指的产品包装不仅包括盛载商品的容器，还包括各种信息及设计装潢。

（二）包装的类型

包装可以具有多种分类方法，但最通用的是按包装的目的和功能进行分类，主要分为：

1. 首次包装

首次包装又称内包装，是产品的直接包装，即产品的直接盛载器具，与产品实体紧密相结合。如牙膏皮、盛化妆品的瓶瓶罐罐等。

2. 销售包装

销售包装又称中层包装或商业包装，是以销售为目的，与消费者在销售过程中直接接触的包装，包装上承载着大量的与商品有关的信息，诸如商品的功能、成分、使用方法、注意事项、生产厂家、保质期等，具有促进销售的功能。如牙膏盒、化妆品的纸盒等。

3. 运输包装

运输包装又称外包装或工业包装，是以运输为目的，主要功能在于保护产品在运输途中不会受到损坏。运输包装上承载的信息包括货物的名称、运输注意事项和标志等。如盛化妆品或牙膏的纸箱就属于运输包装。

二、包装的功能

包装之所以受到高度重视，是因为包装具有以下功能：

（一）保护商品

包装首要的也是最基本的功能在于保护产品在流通环节中完好无损，使用价值不会受到损害。

（二）识别产品

专门设计的包装可作为产品的特定标志，以便于消费者选择产品，并与竞争的产品相区别。如美国的可口可乐的包装就拥有专用权。

（三）美化商品

包装可以起到美化产品，提高产品档次的作用。我国以往出口到国外的产品，就有"一流的产品，二流的包装，三流的价格"的形象说法。可见，在为产品设计包装时，一定要使商品包装与产品的档次相一致。

（四）促进销售

有人说，包装是无声的推销员，这主要是因为，在消费者作出购买决策的过程中，对不同商品的比较、选择的信息来源都是从包装上获取的。一项试验表明，消费者受包装吸引而实施的购买占到60%以上，尤其是随着超级市场的兴起，自助式的购物形式使商品包装在销售过程中发挥的作用越来越大。

三、包装设计的基本要求

包装设计的总的要求是以包装的基本功能和作用为转移，符合产品的特性，符合目标市场消费者的消费要求，并符合法律法规。

（一）包装设计要符合商品的理化性质且便于储存和运输

包装的设计应符合商品的理化性质。在为商品选择包装材料和包装工艺时，要结合商品本身的特点。如饮料采用深颜色的瓶装，虽然有特色，但由于深颜色的瓶子较易吸热，就会缩短保质期，因此不如透明的瓶子更能突出产品本身并有利于产品的保护。此外包装还要考虑运输便利的需要，比如，塑料包装就比玻璃包装更轻便，更易于运输。

（二）包装设计要独具特色且与产品价值相统一

包装设计应力求新颖别致，富于特色，区别于同类产品的包装，便于消费者识别，从而对消费者的购买形成重要影响。同时，包装的设计还须与产品的价值相一致。消费者在购买过程中往往基于产品的包装形成对产品价值的判断，粗制滥造的包装会影响消费者对产品的正确评价，而过于华美的包装易于使消费者形成过高的消费预期，在实际使用中降低满意度。

（三）包装设计要符合消费者的审美情趣且与消费者的消费习惯相一致

包装的造型、图案、色彩要给消费者以美感，并符合消费心理和消费时尚。同时，包装的设计也要突出以人为本的思想，便于携带、使用和保存，包装规格的设计要符合消费者的消费习惯。如可口可乐公司曾试图向西班牙推出 2 公升（1 公升 = 0.001 立方米）的塑料瓶装可乐，但购买的人很少，原来西班牙一般家庭用的冰箱门上没有这么大的格子可以放得下 2 公升的瓶子，不符合当地消费者的消费条件，只能改变包装的大小。

四、包装策略

（一）类似包装策略

类似包装策略又称家族包装策略。企业对所有产品在包装造型、色彩、图案上采用一种形式或共同特征，形成统一的视觉形象，这样不仅能节省包装设计成本，还能加深消费者对产品的印象，起到良好的宣传作用。对于刚进入市场的新产品，采用类似包装策略，可以运用老产品的信誉，取得消费者的信任，为迅速打开销路创造条件。如日本资生堂的男用化妆品，十几个品种，采用相似的包装，格调一致，收到了良好的效果。

（二）配套包装策略

将几种相关联的产品置于同一包装容器中，便于消费者购买、携带和使用，如化妆品礼盒、套装等。配套包装还有利于企业以老产品带动新产品销售，但需注意从消费者实际需要出发，不能强行搭售。

（三）附赠品包装策略

附赠品包装策略即在产品包装中附带某些赠品，如在儿童食品中附赠玩具等，其目的在于诱导消费者购买，促进销售。

（四）等级包装策略

等级包装策略是把不同等级的产品进行不同的包装。这一策略的好处在于产品的包装成本比较适宜，不会因为使用同样的包装而使中低档产品承担过高的包装成本，而且不同档次产品使用不同档次包装，与产品的本身价值也一致，对于满足不同购买力水平和不同需要的消费者尤为有效。

（五）多重用途包装策略

多重用途包装策略是指产品的包装容器可多次使用或移作他用，以包装物带给消费者的附加价值吸引消费者购买，还能起到长久的宣传作用。但是使用这种策略会增加产品包装的设计费用和材料费用,如果设计不合理,不但不能促进销售,反而会因为费用增加,价格较高难以打开销路。

(六) 改变包装策略

改变包装策略是在原有产品不变的情况下,对产品的包装进行更新,以适应市场需求的变化。随着包装材料和工艺的不断提高,消费者对包装的要求也在发生变化,在这种情况下,改变包装能使产品以新的形象出现,体现潮流和时尚,吸引消费者购买。

技能训练

请同学们结合自己的消费实践,分析讨论某一产品的品牌与包装的设计以及策略的选用,并写出结论。

任务二:分析产品的市场生命周期

任务布置

分析三轮汽车的产品生命周期

表3-2-1与表3-2-2是全国三轮汽车的产销量数据。在1998—2008年十年期间三轮汽车产销量均衡的情况下,分析三轮汽车的产品生命周期,并给出营销建议。

表3-2-1 1984—1997年全国三轮汽车的产量　　　　　(万辆)

年份	1984	1985	1986	1987	1988	1989	1990	1991	1992	1993	1995	1996	1997
产量	1.7	3.6	3.8	8.1	13.4	19	40	60	100	107	140	200	205

表3-2-2 1998—2008年全国三轮汽车的产销量　　　　　(万辆)

年份	产量	销量
1998	246.18	244.27
1999	267.91	267.36
2000	247.47	246.67
2001	244.19	243.72
2002	220.39	219.46
2003	222.80	223.14
2004	165.37	165.47

续表

年份	产量	销量
2005	147.69	147.62
2006	164.05	163.67
2007	170.04	169.61
2008	158.44	158.38

技能目标及素质目标

技能目标：

（1）掌握产品生命周期的相关理论知识，并能够有效运用；
（2）理解产品生命周期各阶段的特点；
（3）掌握基本的分析方法，并能够据以提出营销建议。

素质目标：

（1）在收集数据资料的过程中要具有吃苦耐劳，踏实勤奋的精神；
（2）在分析研讨过程中要有耐心细致、思维缜密的职业素养；
（3）在营销策划过程中要有开拓创新的意识。

教学实施建议

教师给定或由学生收集某三轮车产品的数据，由学生分组对数据进行分析，绘制产品生命周期曲线，经过讨论形成结论。教师在课堂教学中给学生留出充足的时间阐述自己的观点。

将产品数据汇总到以销量为纵轴，以时间为横轴的坐标系中，见图3-2-1。

图3-2-1 1984—2008年三轮汽车销量图

由上图不难看出，三轮汽车目前从全国销售状况分析，已处于衰退期。但从销量下降的趋势分析，下降速度缓慢，表明在全国衰退过程还要延续一定的时间段，在未来一定时期内三轮汽车还有很大的市场需求。但是，生产三轮汽车的企业在经营过程中也应注意市场范围的选择，根据我国经济发展的地区不均衡的特点，将目标市场向中西部地区欠发达的广大农村市场转移，在生产投资与分销费用上做好控制。

相关知识点

产品生命周期

一、产品生命周期的含义

产品生命周期是指一种产品从投入市场开始，到最终被市场淘汰为止的全过程，主要经过投入、成长、成熟以及衰退四个阶段，见图3-2-2。产品市场生命周期与产品的自然寿命周期无关。

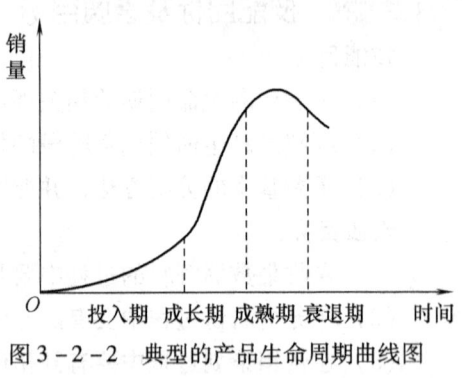

图3-2-2 典型的产品生命周期曲线图

二、产品生命周期各阶段的特点与营销策略

（一）投入期

投入期又称导入期、介绍期。此时产品刚刚进入市场，消费者对新产品不了解，销售量少，销售增长缓慢，产品生产的效率低，废次品率高，造成生产成本较高，加上为打开市场、提高产品的知名度，需投入大量的促销费用，企业往往微利经营，甚至亏损。此时，市场上的竞争不激烈，没有竞争者或竞争者很少。

在这个阶段，营销策略要突出一个"准"字。即市场定位和营销组合要准确无误。如果把价格和促销两个因素结合起来考虑，可分为四种策略见图3-2-3：

		促 销	
		高	低
价格	高	快速撇脂策略	缓慢撇脂策略
	低	快速渗透策略	缓慢渗透策略

图3-2-3 四种投入期营销策略

1. 快速撇脂策略

即高价高促销策略。企业可迅速为新产品建立知名度，并尽快收回投资。采用这一策略的条件是：新产品知名度不高，有一定的市场潜力；新产品有特点，有吸引力，目标消费者愿出高价购买；企业面临潜在的竞争威胁，急需树立品牌。

2. 缓慢撇脂策略

即高价低促销策略。企业可以较低的促销投入获得最大限度的收益。采用这一策略的条件是：市场规模有限；产品已经具有一定的知名度；目标消费者愿出高价购买；潜在竞争的威胁较小。

3. 快速渗透策略

即低价高促销策略。企业可以低价迅速占领市场，然后随销量和产量的扩大，使单位成本降低，取得规模经济效益。采用这一策略的条件是：市场规模大；消费者对新产品不了解，但对价格十分敏感；市场竞争威胁较大；新产品单位成本可因大批量生产而降低。

4. 缓慢渗透策略

即低价低促销策略。可以低价扩大销售，而少量促销可降低营销成本，增加盈利。采用该策略的条件是：市场规模大；消费者对产品比较了解；消费者对价格敏感；存在潜在竞争但威胁不大。

（二）成长期

成长期又称发展期、增长期。在这一阶段，消费者已对产品有了一定的了解和认识，购买者迅速增加，销售增长迅速；生产技术趋于成熟，生产效率提高，同时大量生产带来了规模效益，生产成本下降；促销费用相对减少，有了盈利，且利润增长较快；竞争对手开始进入，竞争日益激化。

这一阶段营销的重点突出一个"好"字，即保持良好的产品质量和服务质量。营销策略为：

（1）产品策略：努力提高产品质量，增加新的款式、特色和功能。

（2）分销策略：积极开拓新的细分市场和增加新的分销渠道。

（3）促销策略：改变广告的内容和形式，重点应从建立产品知名度转向提升产品美誉度，从而提升产品形象，塑造品牌。

（4）价格策略：在适当时机降低价格，吸引对价格敏感的消费者，并能有效应对竞争。

（三）成熟期

成熟期又称为饱和期。在这一阶段，消费者对产品已完全熟悉并为绝大多数人所接受；销售量大但销售增长缓慢，到后来停止增长，销量达到最大，潜在消费者减少，市场趋于饱和，到成熟期后期，销量开始下降；生产技术完善，实现规模生产，总成本降到最低，企业利润达到最高，且较稳定；市场竞争空前激烈。

这一阶段，营销的重点突出一个"改"字，即改变营销策略，争取稳定的市场份额，延长产品生命周期。可供选择的营销策略有：

1. 调整市场

寻找新的细分市场和市场机会，包括市场广度上的新地域的细分市场，市场深度上的新领域、新用途等。

2. 改进产品

主要包括改善产品的性能，增加产品的功能和改进产品的款式等，以保持和提高产品对消费者的吸引力。

3. 调整营销策略组合

如适当降价、改变分销渠道，扩大附加利益和增加服务项目等提高产品的竞争力，有效应对激烈的市场竞争。

（四）衰退期

衰退期又称衰落期。在此阶段，消费者对产品的兴趣开始降低并发生转移；销量下降迅速；生产技术老化，生产效率下降，生产成本上升；促销费用增加，总成本上升，利润持续降低；竞争者纷纷退出市场。

这一阶段营销的重点应突出一个"转"字，即有计划、有步骤地转产新产品。企业可以集中经营，有限度地生产一定量的产品，有时大多数企业退出某一市场，少数留下的企业销售额可能有所增加，可以选择性地撤出某些市场，继续在仍有利可图的某些细分市场经营，或者依照企业经营的实际，立即撤出老产品，将有限的资金投入到新产品的经营上。

技能训练

查找你熟悉的某产品的数据资料，绘制其生命周期曲线图，并据此分析其各阶段的特点与营销策略。

项目四
制定价格策略

任务：制定价格策略

任务布置

某品牌洗发水，欲打开天津市场。该产品的市场定位是：①功能定位为具有去屑、养护功能的洗发水；②规格定位为每瓶 200ml；③质量定位为与知名品牌××公司的产品质量相当。

那么该产品的价格应该定位在什么位置？

该企业为打开天津市场，应采用何种价格策略？

技能目标及素质目标

技能目标：
（1）了解影响定价的主要因素；
（2）掌握定价的流程和主要方法，能够为企业产品确定合理价格；
（3）能够灵活应用定价策略；
（4）正确使用价格调整手段，预测价格变动后顾客、竞争者的反应。

素质目标：
（1）具备良好的分析能力和判断能力；
（2）具备灵活的应变能力。

教学实施建议

将学生进行分组，每组人数以 3~5 人为宜，小组要求分工合理，职责明确。小组采用实地调查为主、间接调查为辅的方法，采集相关产品价格资料和数据，并对采集的数据资料进行充分的分析与讨论，最后形成实训报告，确定合理的价格区间，并根据实际情况为企业制定合理的价格策略。

具体产品定价流程见图 4—1—1。

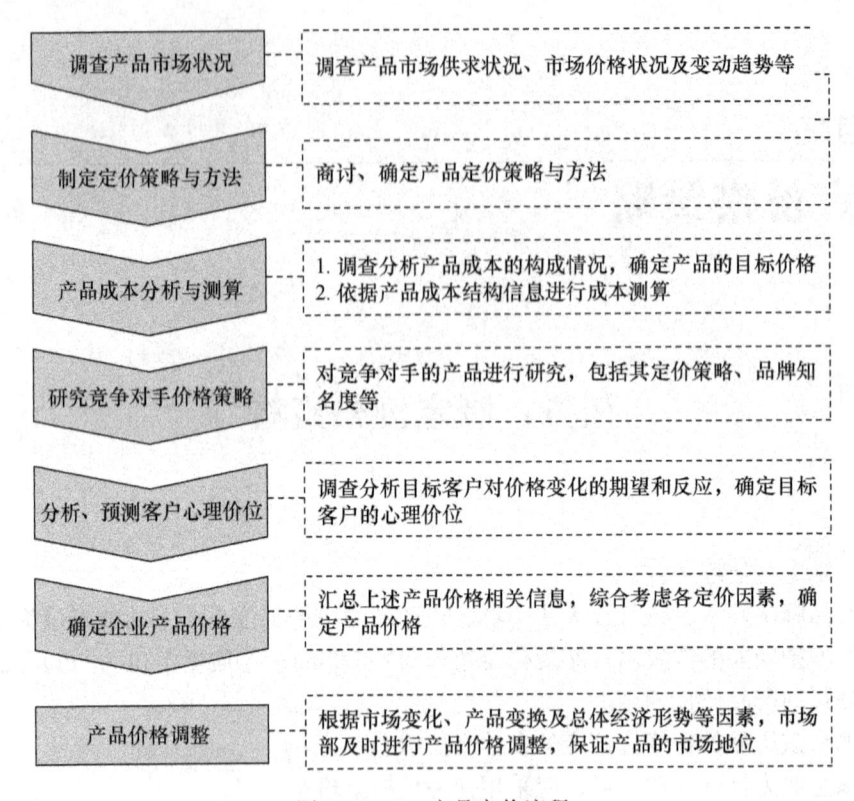

```
调查产品市场状况        →  调查产品市场供求状况、市场价格状况及变动趋势等

制定定价策略与方法      →  商讨、确定产品定价策略与方法

产品成本分析与测算      →  1. 调查分析产品成本的构成情况,确定产品的目标价格
                         2. 依据产品成本结构信息进行成本测算

研究竞争对手价格策略    →  对竞争对手的产品进行研究,包括其定价策略、品牌知
                         名度等

分析、预测客户心理价位  →  调查分析目标客户对价格变化的期望和反应,确定目标
                         客户的心理价位

确定企业产品价格        →  汇总上述产品价格相关信息,综合考虑各定价因素,确
                         定产品价格

产品价格调整            →  根据市场变化、产品变换及总体经济形势等因素,市场
                         部及时进行产品价格调整,保证产品的市场地位
```

图4-1-1　产品定价流程

解决方案

一、企业产品定位

① 功能定位为具有去屑、养护功能的洗发水。
② 规格定位为每瓶200ml。
③ 质量定位为与知名品牌××公司的产品质量相当。

二、同类产品市场调查分析

为确保此项产品定价合理,成功进行市场运作,我们针对同类产品(去屑功能、200ml装)及消费者进行了为期三天的市场调查,搜集到许多相关产品的数据,得出了以下结论。

(一)同类产品价格调查结果分析

经过调查,市场上主要品牌的洗发产品,根据地域的不同,其价格也不相同,具体如表4-1-1所示。

表4-1-1 不同品牌同类产品市场价格表

品牌	价格范围/(元/瓶$^{-1}$)	品牌	价格范围/(元/瓶$^{-1}$)
A产品	8.9~9.3	E产品	18.3~18.9
B产品	18.72	F产品	17.2~17.8
C产品	13.5~13.9	G产品	18.6~19.2
D产品	18.1~18.6		
结论	不同的地域同一产品的价格虽不同，但总体的范围为8.9~19.2元之间，绝大多数为17~19元。		

（二）消费者调查结果分析

（1）消费者购买产品时，36%的人注重价格，46%的人注重品牌。因此，我们在产品上市前着重做好产品的广告宣传，争取获得"品牌效应"，同时顾及产品的价格。

（2）消费者使用产品时，其价格在17元以上的占50%，价格在13~16元的占30%。因此，我们的产品可以将价格定为13~19.2元。

（3）消费者选购产品时，50%的人对包装持不在乎态度。因此，我们对产品的包装不用下大力气，以控制产品成本为原则。

（4）38%的消费者在打折的情况下愿意购买新产品，而且有60%的消费者愿意在商场内的促销点购买。60%的消费者会购买产品价格在13.5~15.5元的新的洗发产品。因此，我们产品的定价可在17~19元，而打折促销时间段的价格可以定位于13.5~15.5元。

（5）消费者在选择产品时，有38%的人受广告的影响，42%的人不受广告的影响。因此，我们的产品上市前应适当进行广告宣传配合打折促销活动，激发消费者的购买欲望，使之关注产品，从而忠诚于我们的产品。

三、本企业产品定价策略

通过上述调查结果分析，我们企业的洗发产品定价为每瓶17.0~17.9元，原因如下：

（1）因地域的不同，消费者选择产品总体范围在8.9~19.2元/瓶，但绝大多数的消费者选择产品的价格都在17~19元。消费者有50%的人所购买的产品的价格在17元/瓶以上。

（2）洗发水属于日常用品，人们对产品的价格比较深刻，易于比较，但质量就需要通过使用来感受。公司的产品虽然与××品牌的产品质量相当，但没有其那么长的市场年度，也没有它那样的消费者的信赖度。因此，想要抓住消费者的心，使其成为我们的忠实客户，必须采用渗透价格策略，定价要定为18.2~18.6元/瓶。

（3）由于绝大多数的产品价格在 17～19 元/瓶，因此，我们的市场价格应该定为 17～18.2 元/瓶，而且 58% 的人在打折期间都有购买产品的欲望，所以如果我们的产品商场定价在 17～18.2/元瓶，其打折价格应定于 13.5～15.5 元/瓶。

（4）依据心理定价策略原理，我们也会在价格上留下尾巴，如 17.8 元的价格与 18 元的价格虽然只相差几毛，但消费者就会觉得有一种实惠感。

相关知识点

4.1.1 影响定价的主要因素

影响产品定价的因素很多，有企业内部因素，也有企业外部因素；有主观的因素，也有客观的因素。概括起来，主要包括定价目标、产品成本、市场需求、竞争者和消费者价格心理因素五个方面。

一、定价目标

定价目标企业在对其生产或经营的产品制定价格时，有意识地要求达到的目的和标准。企业的定价目标从属于企业的经营目标。企业的定价目标是以满足市场需要和实现企业盈利为基础的，它是实现企业经营总目标的保证和手段。同时，又是确定企业定价策略和定价方法的依据。企业面临的市场环境和竞争条件不同，企业的目标就会有差别。不同的企业有不同的目标，就是同一企业在不同的发展时期也有不同的目标。因此，任何企业都不能孤立地确定价格，而是必须按照企业的目标市场战略及市场定位战略的要求来进行。企业的定价目标主要有以下几种：

1. 维持生存

如果企业产量过剩，或面临激烈的竞争，或试图改变消费者的需求，则需要把维持生存作为主要目标。为了确保工厂继续开工和使存货出手，企业必须制定较低的价格，并希望市场是价格敏感型的。此时，利润比生存要次要得多，只要其价格能弥补可变成本和一些固定成本，企业便可以得以生存。

2. 当期利润最大化

部分企业希望制定一个能够使当期利润最大化的价格。在准确地估计成本和需求的基础上，企业选择具体价格，可以使当期利润、现金流量或者投资报酬率达到最大。如果企业对成本函数和需求函数充分了解，则可以按照边际成本等于边际收益这一"利润最大化原则"，即可求出能使企业获得最大利润的产品价格。但要注意以利润最大化为定价目标并不意味着要制定最高的价格。

3. 市场占有率最大化

企业制定尽可能低的价格来追求市场占有率的领先地位。当具备下列条件企业就可以考虑通过低价来实现市场占有率的提高。

（1）市场对价格高度敏感，低价能刺激需求的迅速增长。

（2）生产与分销的单位成本会随着生产经验的积累而下降。

（3）低价能吓退现有的和潜在的竞争者。

4. 产品质量最优化

当市场上存在数量较多的关心产品质量胜于关心价格的顾客时，企业就可以考虑产品质量领先的定价目标。这就要求用高价格来弥补高质量所需的高成本，同时辅以相应的优质服务。

5. 以维护企业形象为定价目标

企业在定价时，首先考虑价格水平是否为目标消费群所认可，是否有利于维护企业或以物美价廉或以优质高档而立足市场的企业形象。良好的企业形象是企业长期勤恳积累的结果，是企业宝贵的无形资产与财富。企业在定价时要从全局和长远利益出发，配合营销组合的整体思路与策略，维护企业在消费者心中的良好形象，以获取长期、稳定的利润收入。

6. 以应付和防止竞争为定价目标

这是竞争性较强的企业所采用的定价目标。在定价之前，对同类产品的质量和价格资料等进行分析比较，从有利于竞争的目标出发制定价格，以低于、等于或高于竞争者的价格出售产品。但究竟制定什么价格，还要看竞争者的情况。一般来说，竞争能力弱的，大都采取跟随或者低于强者的价格；竞争能力强的，对市场具备某些优越条件，可采取高于竞争者的价格出售产品。

7. 以保持良好的分销渠道为定价目标

大部分企业在销售商品时，都要借助中间商。保持分销渠道畅通是保证企业正常运营的一个重要条件。为了在激烈的竞争中保持良好的分销渠道，促进销售，企业有时会以保持良好的分销渠道为定价目标，充分考虑中间商的利润，以激发中间商推销本企业产品的积极性。

企业的定价目标受到企业的市场定位决策的制约。当企业选择了目标市场和进行了市场定位之后，价格策略也就明确了。例如，京广线上加挂的豪华软卧包厢，其目标顾客是高收入、高消费阶层，其票价甚至超过飞机票价，但平均乘坐率仍高达80%以上。

二、产品成本

成本是产品价格构成中最基本、最重要的因素，也是产品价格的最低经济界限。从长期来看，任何产品的价格都应高于所发生的成本费用，在生产经营过程中的耗费需从销售收入中得到补偿，企业才能获得利润，生产经营活动才能继续进行。在一般情况下，产品的成本高，其价格也高，反之亦然。

1. 产品成本的相关概念

研究影响定价的成本因素，必须了解以下几个有关的概念。

(1) 固定成本（FC）。

固定成本是指成本总额在一定时期和一定业务量范围内，不受业务量增减变动影响而能保持不变的成本。这里是就总业务量的成本总额而言的。固定成本主要包括折旧费、保险费、管理人员工资、办公费等，这些费用每年支出相等，即使产销量在一定范围内变动，他们也保持固定不变。若从单位业务量的固定成本来看，则情况有所不同，它是变动的，与业务量的增减成反向变动。

(2) 变动成本（VC）。

变动成本是指成本总额随着业务量的变动而成正比例变动的成本。这里的变动成本是就总业务量的成本总额而言。若从单位业务量的变动成本来看，它是固定的，即它不受业务量增减变动的影响。变动成本包括原材料费、燃料、辅助材料、储运费用以及员工的工资等。

(3) 总成本（TC）。

总成本是全部固定成本与变动成本之和。当产量为零时，总成本等于未开工时发生的固定成本。

(4) 平均固定成本（AFC）。

平均固定成本是指每一单位产品中所包含的固定成本，是全部固定成本与总产量之比。固定成本不随产量增减而变动，但是平均固定成本随产量的增加而减少。

(5) 平均变动成本（AVC）。

平均变动成本是指每一单位产品中所包含的变动成本，是全部变动成本与总产量之比。通常在生产的初期，平均变动成本较高，随着工人的熟练度提高呈下降趋势，但是达到某一限度之后，由于报酬递减作用转而上升。

(6) 平均总成本（ATC）。

平均总成本是总成本与总产量之比，是单位产品所包含的平均成本。

(7) 边际成本（MC）。

边际成本是指在一定产量水平下，增加或减少一个单位产量所引起成本总额的变动数。当实际产量未达到一定限度时，边际成本随产量的扩大而递减；当产量超过一定限度时，边际成本随产量的扩大而递增。这是因为，当产量超过一定限度时，总固定成本就会递增。

(8) 机会成本（OC）。

生产一单位的某种商品的机会成本是指生产者所放弃的使用相同的生产要素在其他生产用途中所能得到的最高收入。研究机会成本的实践意义在于企业在面临几种机会时，应认真权衡，衡量其中的最佳方案，以使企业有限的资源得到最合理的利用。

2. 企业定价的依据

企业定价时应以何种成本为依据，是价格决策的重要内容。就长期而言，产品价格不应低于平均总成本，否则企业将难以生存；不过就短期而言，产品价格必须高于平均变动成本，否则，亏损额将随着产品销售量的增长而增加。因为边际利润等于价格减去边际成本，当价格高于边际成本时，企业增加销量所带来的边际利润是正值，从而带来利润的增加。于是企业会不断增加销售量，但随着销售量的增加，边际成本会提高，最后将导致成本支出大于价格收入，那么这时边际利润就是负值，于是企业的利润就会开始下降。这样，只有当价格等于边际成本，企业的利润才是最大的。

在短期竞争条件下，有两种价格是非常重要的。一种是价格收入仍能弥补成本支出的最低价格，即价格等于最低总平均成本。另一种是价格等于最低平均可变成本，这种价格的总收入不能弥补总成本支出，但却可以弥补企业的变动成本支出。此时，尽管产品一旦卖出，就会发生亏损，不过由于固定成本在期初已经投入，企业的销售收入仍可维持日常经营。任何低于最低平均可变成本的价格都会导致企业维持日常运营的困难，因此，企业制定的价格必须等于或高于平均可变成本。

三、市场需求

产品价格除受成本影响外，还受市场需求的影响。当产品价格高于某一水平时，将无人购买，因此，市场需求决定了产品价格的最高限度。一般地，市场需求随着产品价格的上升而减少，随着价格的下降而增加。但是也有一些产品的需求和价格之间成同方向变化的关系，如能代表一定社会地位和身份的装饰品及有价值的收藏品等。

1. 供求与价格的双向影响

在市场经济条件下，市场供求决定市场价格，市场价格又影响市场供求。因此，制定产品营销价格时必须考虑市场的供求状况。

产品价格是在一定的市场供求状况下形成的，在一定时期内，某种产品的供求状况反映其供给总量与需求总量之间的关系。这种关系包括供求平衡、供小于求和供大于求三种情况。

供求平衡是指某种产品的供给与需求在一定时期内相等。在供求平衡状态时，某种产品的市场价格称为均衡价格。

假定供求和价格以外的其他因素不变，当某种产品的价格高于均衡价格时，该产品的需求量就下降，供给量则上升，形成供过于求。显然，价格影响并决定了供求。当某种产品的需求减少且供给增多时，价格便会落至均衡价格或其以下，又表明供求影响并决定着价格。

当某种产品供小于求，则该产品的供给总量满足不了人们的需求，产品价格便会上涨，形成卖方市场。随着价格的上涨，企业的资金会转向该产品的生产与销售，导致该产品的市场供给量剧增，从而卖方市场转化为买方市场，形成供大于求的局面，价格自动回落。

2. 需求价格弹性

在正常情况下，市场需求会按照与价格相反的方向变动。价格上升，需求减少；价格降低，需求增加。价格变动将影响市场需求总量，从而影响销售量，进而影响企业目标的实现。因此，企业制定产品营销价格时就必须考察价格变动对市场需求的影响程度。反映这种影响程度的一个指标就是产品的需求价格弹性。

需求价格弹性，简称需求弹性，是指在一定时期内，某种产品的价格变动的百分比与其需求变动的百分比的比值。通常可用下式表示：

需求价格弹性系数＝需求量变动百分比/价格变动百分比

由于是两个相对数的比值，故又称为需求价格弹性系数。当需求价格弹性系数大于 1 时，即价格变动对需求影响大；称为需求富有弹性；当需求价格弹性系数小于 1 时，即价格变动对需求影响小，称为需求缺乏弹性。

由于不同产品的需求弹性不同，因此，价格战并非时时奏效。对于需求富有弹性的产品，应该降低价格以刺激需求，扩大销售，增加收益，这就是所谓的"薄利多销"。这时虽然价格下降，单位产品的销售收入减少，但由于需求增加的幅度大于价格下降的幅度，需求增加、销售扩大而增加的收益在弥补价格降低减少的收益后还有剩余，企业的总收益会增加。如果提高价格，反而会造成总收益的减少。对于需求缺乏弹性的产品，企业可以适当提高产品售价，这时由于提价的幅度大于需求减少的幅度，会增加企业的总收益，降价反而会减少企业的总收益。

四、竞争环境

竞争环境是影响企业定价不可忽视的因素。不同的市场环境存在着不同的竞争强度，企业应该认真分析自己所处的市场环境，并考察了解竞争者提供给市场的产品质量和价格。企业获得这方面的信息后，就可以与竞争产品比质比价，更准确地制定本企业产品价格。

企业所面临的竞争环境一般有四种情况：完全竞争市场、垄断竞争市场、寡头竞争市场和纯粹垄断市场。

1. 完全竞争市场

完全竞争市场的特点在于：①产品完全相同；②企业进退自由；③生产同一种产品的企业很多；④每个企业在市场中的份额都微不足道，任何一个企业增加或减少产量都不会影响产品的价格；⑤卖主和买主对市场信息尤其是市场价格变动的信息完全了解；⑥生产要素在各行业之间有完全的流动性。

在完全竞争的市场情况下，竞争者很多，产品同质，市场消息灵通。这时，不降价也可卖出全部的产品，稍微提高价格就一件也卖不出去。

企业产品如果进入完全竞争市场，只能接受在市场竞争中形成的价格。卖主和买主只能按照由市场供求关系决定的市场价格来买卖商品。要获取更多的利润，只能通过提高劳动生产率，节约成本开支，使本企业成本低于同行业的平均成本。在完全竞争的市场，卖主无须花很多时间和精力去搞营销研究、产品开发、定价、广告、宣传、销售促进等营销工作。

2. 垄断竞争市场

垄断竞争市场的特点在于：①同行业务企业间的产品相似但不同，存在着质量、型号、分销渠道等方面的差异，如彩电；②行业进入比较容易，但不生产完全相同的产品；③就某个特定产品而言，生产企业很少甚至只有一个，但同类产品的生产者很多。

在这类市场，价格竞争和非价格竞争都很激烈，本企业产品价格受同类产品价格的影响很大。因此，企业可以根据其提供的产品或服务的差异优势，部分地变动价格来寻求高的利润。除此之外，产品差异是制造商控制其产品价格的一种主要战略。例如，不同企业所生产的电视机实质上都是一种东西，但不同品牌的电视机制造商千方百计地通过广告宣传和包装等来影响广大消费者，使消费者在心理上认为它们有差异。

3. 寡头竞争市场

寡头竞争市场的特征在于：①生产的产品相同或是很近似的替代品；②市场进入非常困难；③企业数目很少，每个企业的市场份额都相当大，足以对价格的制定产生举足轻重的影响；④市场价格相对稳定，在这种市场结构中，几家企业相互竞争又相互依存，任何企业都不能随意改变价格，因为任何一个企业的价格变动都会导致其他企业迅速而有力的反应而难以独自奏效。

在寡头竞争的条件下，各个寡头企业是相互依存、相互影响的。各个寡头企业对其他企业的营销战略和定价策略是非常敏感的，任何一个寡头企业调整价格都会马上影响其他竞争对手的定价政策，因而任何一个寡头企业作决策时都必须密切注意其他寡头企业的反应和决策。另外，由于彼此价格接近，企业应十分注重成本。

4. 纯粹垄断市场

纯粹垄断（或完全垄断）是指在一个行业中某种产品的生产和销售完全由一个卖主独家经营和控制，几乎没有竞争对手，通常有政府垄断和私人垄断之分。

形成垄断的原因有：①技术壁垒，如祖传秘方，若不外传便具有垄断性；②资源独占，如某一个单独的景区；③政府特许。由于垄断者控制了进入市场的种种障碍，因此它能完全控制市场价格。

在纯粹垄断条件下，整个行业只有一家企业，其市场经理有绝对权力来制定价格而不需要理会竞争者的反应。无论从长期还是短期来考虑，垄断企业都是根据边际成本等于边际收益的法则来决定其产量，根据平均收益曲线来确定其价格。

4.1.2 消费者的价格心理

价格心理是指消费者在购买过程中对价格刺激的各种心理反应及其表现。它是由消费者自身的个性心理和对价格的直觉判断共同构成的。消费者价格心理与价格心理功能两者之间是相互联系、相互作用的。充分发挥价格的心理功能，有利于促进销售，这就必须研究消费者在认识商品价格问题时的心理现象。消费者的价格心理特征主要分为以下几种：

一、习惯性心理

这种心理是由于消费者长期、多次购买某些商品，通过对某些商品价格的反复感知而逐步形成的。这种习惯性心理一旦形成，就会对消费者的购买行为产生直接的影响。一般的讲，在现代市场经济条件下，由于各种因素的影响，消费者很难对商品价格制定的客观标准有正确的了解，因此在多种情况下，消费者对商品价格的认知，只能根据他们多次购买体验来实现，特别是对于那些经常购买的日用商品，由于长期购买逐步形成对商品价格的某种习惯，这种习惯通常支配着消费者的购买行为，成为其衡量商品价格的一个心理尺度。如果商品在这个尺度之内即被认为是合理的，可接受的；反之，则被认为是不合理的，难以接受的。消费者这种习惯心理的形成，从心理学角度讲，就是由于人们的意识流反复通过同一路径之后，留下的痕迹逐渐加深，变得越来越易通过的缘故。

消费者的价格习惯性心理一经形成，是比较难改变的，当商品价格变动时，消费者的心理会经历一个打破原有习惯，由不习惯、不适应到逐步习惯、比较适应的过程。为此，企业必须清醒地认识到价格习惯性心理对消费者购买行为的影响。对那些超出习惯价格的商品价格调整，要采取十分慎重的态度。必须调整时，要把调整幅度限定在消费者可以接受的范围内，同时做好宣传解释工作，以使消费者尽快接受并习惯新的价格。

二、敏感性心理

敏感性心理是指消费者对商品价格变动的反应程度。这种敏感性既有一定的客观标准，又有消费者在长期购买实践中逐步形成的一种心理价格尺度，具有一定的主观性。这两者共同作用，影响消费者对不同种类商品价格变动的敏感性。一般讲，与消费者日常生活密切相关的商品价格，特别是需求弹性系数较小的商品，消费者的敏感性高，如食品、蔬菜、肉类等，这类商品的价格略有变动，消费者马上就会做出反应；而对一般生活用品，特别是需求弹性系数较大的商品，如钢琴、组合音响、高档家具等，即使价格上调几百元，也不会引起消费者强烈的反应。即消费者对这类商品的价格敏感性低。不过，消费者对价格变动敏感性心理的反应强度，会随着价格变动的习惯性适应的提高而降低。

三、倾向性心理

倾向性心理是指消费者在购买过程中，对商品价格选择所表现出的倾向。商品的价格有高、中、低档的区别。一般的讲，价格高的商品质量优异；价格低的商品质量较差。由于消费者的社会地位、经济收入、文化水平、个性特点、价值观念等方面存在较大的差异，不同类型消费者在购买商品时呈现出多元化特征，既有追求商品款式新颖、功能先进、高档名贵的高价格倾向心理，又有讲求经济实惠、价格低廉的低价格倾向心理。把以上消费心理按高、中、低分成三个需求档次，消费者的价格倾向泾渭分明，他们会根据自己的价格倾向心理，作出不同的价格选择。

四、感受性心理

价格感受性，是指消费者对商品价格及其变动的感知强弱程度。它表现为通过某种形式的比较所出现的差距，对消费者形成刺激的一种感知。价格的高与低，昂贵与便宜，都是相对的。一般来说，消费者对价格高低的认识不完全基于某种商品价格是否超出或低于他们心目中的价格尺度，还根据于同类商品的价格比较，以及购物现场的不同类商品的价格比较来认识的。比较结果的差异大小，形成了消费者对价格高低的不同感受。这种感受会直接影响消费者的价格判断。

4.1.3 定价方法

图4-1-2中左端点是产品成本，这是价格的最低限，如果定价等于成本，则企业将无利可图；图中的右端点是顾客认知价值，表示由于产品的特色所能引起的市场需求，该点可作为定价的最高限，如定价高达此点则将无市场需求。合适的定价应该是在上限与下限之间，这就是定价的变化范围。而竞争者的价格是企业定价时应考虑的一个调节因素，以确定价格在上下限范围内的具体位置。

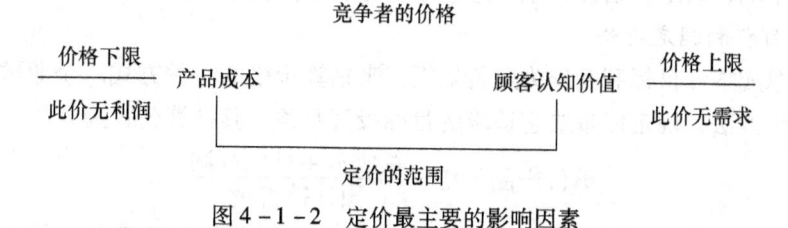

图4-1-2 定价最主要的影响因素

因此，需求、成本和竞争构成了定价时需考虑的最重要的3个因素。但在实际应用时，由于定价目标不同，需要选择其中的一个因素作为考虑的中心，同时适当兼顾其余两个因素作为确定具体价格的方法。据此，定价方法可分为3种基本类型，即成本导向、需求导向和竞争导向。

一、成本导向定价法

成本导向定价法是一种主要以成本为依据的定价方法，主要包括成本加成定价法和目标利润定价法两种。

1. 成本加成定价法

所谓成本加成定价法就是在单位产品成本上附加一定的加成金额作为企业赢利的定价方法。它是成本导向定价法中应用最广泛的定价方法。成本加成定价法的计算方法有两种。

一是在成本上附加一个对成本而言的百分数，作为出售价格。其计算公式为：

单位售价 = 单位成本 × （1 + 成本加成率）

二是售价中已包含了一定的加成率作为企业的收益，其计算公式为：

$$产品售价 = \frac{单位产品成本}{1 - 售价中包含的利润}$$

上述两种计算方法的区别在于对加成率的判定方式不同。

第一种是以成本为基础的加成率，即：

$$加成率 = \frac{加成金额}{单位成本}$$

第二种是以售价为基础的加成率，即：

$$加成率 = \frac{加成金额}{价格}$$

一般所说的成本加成定价，是按第二种方法计算的。

由以上的计算方法可知，加成率的确定是采用成本加成定价法定价的关键。加成率的大小与商品的需求弹性和企业的预期盈利有关。一般情况下，各行业均已形成约定俗成的成本加成率。

加成定价法具有计算简单、简便易行的优点，缺点是忽视了市场竞争和需求状况的影响，缺乏灵活性，难以适应市场竞争的变化形势。

2. 目标利润定价法

以总成本和目标利润作为定价依据，来估算价格的一种方式。企业试图通过这种定价方法，确定能带给它追求的目标投资收益。其计算公式为：

$$单位产品价格 = \frac{总成本 + 目标利润}{预计销售量}$$

例如，假定某产品的预测销售量为 10 万件，总成本是 30 万元，该产品的总投资额是 50 万，投资回收率为 20%，则该产品的价格应该是：

$$单位产品价格 = \frac{30 + 50 \times 20\%}{10} = 4（元）$$

这种方法也比较简单，但是只有在预测的销售量和估算的总成本都比较准确的情况下，目标利润定价法才能保证达到预期的目标利润率。但是销售量往往会受到价格弹性和竞争者价格的影响。如此倒推价格的方法，显然不合乎逻辑。为弥补这一缺点，采用目标利润定价法的企业，一方面应考虑几个不同的价格，以测算价格变动对销售量和利润所能产生的影响，并据此对按此法制定的价格进行适当调整。另一方面，制造商也应努力降低其固定成本和变动成本，以降低产品的保本销售量，为保证目标利润的实现创造有利条件。

3. 边际贡献定价法

边际贡献是指产品销售收入与产品变动成本的差额。单位产品边际贡献指产品单价与单位产品变动成本的差额。边际贡献弥补固定成本后如有剩余，就形成企业的纯收入；如果边际贡献不足以弥补固定成本，那么企业将发生亏损。基本公式为：

$$边际贡献 = 价格 - 变动成本$$
$$利润 = 边际贡献 - 固定成本$$

例如某企业某产品的生产能力为年产 70 万件，年固定成本为 50 万元，单位产品变动成本为 1.80 元，产品单价为 3 元，现在企业只接到订单 40 万件。按此计划生产，边际贡献弥补部分固定成本后企业仍亏损 2 万元。如果有客户追加订货 20 万件，每件报价为 2.40 元，根据边际贡献定价法原则，这一报价是可以接受的。接受此订单后，企业将实现盈利 10 万元。

边际贡献定价法的原则是：产品单价高于单位变动成本时，就可以考虑接受。因为不管企业是否生产、生产多少，在一定时期内固定成本都是要发生的，而产品单价高于单位变动成本时，销售收入弥补变动成本后的剩余可以补贴固定成本。若坚持以完全成本价格出售，而难以被消费者所接受，会出现滞销、积压，甚至导致停产、减产，不仅固定成本无法补偿，就连变动成本也难以收回。边际贡献定价法适用于竞争十分激烈、市场形势严重恶化等情况。因为在企业经营不景气和销售困难时，生存比获取利润更重要，降低售价能扩大销售，采用边际贡献定价法，可以减少企业的亏损，增加企业的盈利。

二、需求导向定价法

（一）认知价值定价法

认知价值定价法，即以顾客对本企业产品的认知价值，而不是以该产品的成本作为定价基础的定价法。换句话讲，是指企业以消费者对商品价值的理解度为定价依据，运用各种营销策略和手段，影响消费者对商品价值的认知，形成对企业有利的价值观念，再根据商品在消费者心目中的价值来制定价格。

某公司为其生产的冰箱定价为 3 000 元，虽然竞争者的同类产品定价只有 2 000元，但该公司的冰箱却比竞争者具有更大的销售量。为什么顾客愿意多付 1 000元来购买该公司的产品呢？该公司作出如下解释：

　　2 000 元　　所产冰箱与竞争产品相同的价格
　　　800 元　　能有更长的使用寿命
　　　700 元　　提供更优良的服务所带来的溢价

500 元　　　有更长的零配件保用期所带来的溢价

4 000 元　　　该公司所产冰箱的价值

因此，该公司所产冰箱售价 3 000 元对买主来说，不是比竞争产品贵 1 000 元，而是比应有价值还便宜 1 000 元。这就是销售量反而增大的原因。

采用认知价值定价法的关键步骤，是通过市场调查对买主心目中的认知价值有正确的估计和判断，并且企业有能力通过沟通让消费者感受到这样的价格合乎情理；否则，就会发生定价过高或过低的失误。

（二）反向定价法

反向定价法也称为逆向定价法。企业先确定一个消费者能够接受的最终销售价格，再推算自己从事经营的成本和利润，然后逆向推算出中间商的批发价和生产企业的出厂价格。这种定价方法不以实际成本为主要依据，而是以市场需求为定价出发点，力求使价格为消费者所接受。

这种方法的优点是：价格能反映市场需求情况，有利于加强与中间商的良好关系，保证中间商的正常利润，使产品迅速向市场渗透，并可根据市场供求情况及时调整，定价比较灵活。

（三）差别定价法

差别定价法就是指同一产品对不同的细分市场采取不同的价格，是差异化营销策略在价格制定中的体现，是一种较为灵活的定价方法。这种差价可以因产品的需求情况、产品的型号和式样，以及时间、地点等因素而采用不同的形式。例如，以产品式样为基础的差别定价，同一产品因花色款式不同而售价不同，但与改变式样所花费的成本并不成比例；以场所为基础的差别定价，虽然成本相同，但具体地点不同，价格也有差别；以时间为基础的差别定价，公用事业（如电话、电报等）在不同时间（白天、夜晚、节假日、平日等）的收费标准不同。

三、竞争导向定价法

竞争导向定价法通常有两种方法，即随行就市定价法和密封投标定价法。

（一）随行就市定价法

随行就市定价法是指企业按照行业的平均现行价格水平来定价。以下几种情况经常采用这种定价方法：难以估算成本；企业打算与同行和平共处；如果另行定价，很难了解购买者和竞争者对本企业价格的反应。

该方法是竞争导向定价方法中广为流行的一种，适用于竞争激烈的均质产品，在完全竞争和寡头垄断市场条件下最为普遍。在完全竞争市场上，销售同类产品的各个企业在定价时实际上没有多少选择余地，只能按照行业的现行价格来定价。在纯粹的寡头垄断市场下，企业也倾向于和竞争对手出价相同。因为在这种条件下，市场上只有少数几家大公司，彼此十分了解，顾客对市场行情也很熟悉，因此如果各公司的价格有些许差异，顾客就会转向价格较低的企业。

（二）密封投标定价法

密封投标定价法在需要通过投标方式取得承包工程合同的场合被广泛采用。所谓投标价格是指企业以竞争者可能的报价为基础，兼顾本身应有的利润所确定的价格。

投标价格是投标企业根据对竞争者的报价估计确定的，而不是按企业自己的成本费用或市场需求来制定。一般而言，它的报价应低于竞争对手的报价，这样才更具竞争力。

企业经常通过计算期望利润的办法，来确定投标价格。所谓期望利润，即某一投标价格所能取得的利润与估计中标的可能性的乘积。期望利润最大的投标价格，即为企业最佳的投标报价。

现假定有一投标项目，某企业根据自身情况及对其他对手的了解和对客户招标文件的细致研究，推算出在各种投标价格下的企业利润和中标概率。经过计算，得出不同方案的期望利润，如表 4-1-2 所示。

表 4-1-2　不同投标价格的期望利润

被选投标方案	投标价格（a）	企业利润（b）	估计的中标概率（c）	期望利润（d）：（b）×（c）
1	950	10	0.81	8.1
2	1 000	60	0.36	21.6
3	1 050	110	0.09	9.9
4	1 100	160	0.01	1.6

很显然，表中期望利润最高为 21.6 万元，所以企业应报的投标价格为 1 000 万元。

以期望利润法作为投标定价的标准，对经常有机会参加投标的大企业更有价值。如果只是偶尔参加投标，或者急需取得合同以维持开工的企业，则以中标概率作为定价的标准为宜。

4.1.4　定价的基本策略

一、新产品定价策略

一种新产品初次上市，能否在市场上打开销路，并给企业带来预期的收益，价格因素起着重要的作用。常见的新产品定价技巧和策略有撇脂定价策略、渗透定价策略和满意定价策略三种。

（一）撇脂定价策略

撇脂定价策略是指在新产品上市初期，把价格定得高出成本很多，以便在短期内获得最大利润。这种策略如同把牛奶上面的那层奶油撇出一样，故称之为撇脂定价策略。

这种定价策略的优点在于：新产品上市，需求弹性小，竞争者尚未进入市场，利用高价不仅能满足消费者求新、求异和求声望的心理，而且还可获得丰厚的利润；价格高，为今后降价留有空间，为降价策略排斥竞争者或扩大销售提供可能。其缺点是：价格过高不利于开拓市场，甚至会受到抵制，同时高价投放形成旺销，容易使众多竞争者涌入，从而造成价格急降。

从市场营销实践来看，在以下条件下企业可以采用这种定价策略：市场有足够的购买者，他们的需求缺乏弹性，即使把价格定得很高，市场需求也不会大量减少；高价使需求减少一些，因而产量减少一些，单位成本增加一些，但这不至于抵消高价所带来的利益；在高价情况下，仍然独家经营，无其他竞争者，如受专利保护的产品；为了树立高档产品形象。

（二）渗透定价策略

渗透定价策略和撇脂定价策略相反，它是以低价为特征的，即把新产品的价格定得较低，使新产品在短期内最大限度地渗入市场，打开销路。就像把水倒入泥土一样，很快地从缝隙里渗透到底部。

这种定价策略的优点在于：能使产品凭价格优势顺利进入市场，并且能在一定程度上阻止竞争者进入该市场。其缺点是：投资回收期较长，且价格变化余地小。

新产品采用这一定价策略应具备以下条件：新产品的价格需求弹性大，目标市场对价格极敏感，一个相对低的价格能刺激更多的市场需求；产品打开市场后，通过大量生产可以促使制造和销售成本大幅度下降，从而进一步做到薄利多销；低价打开市场后，企业在产品和成本方面树立了优势，能有效地排斥竞争者的介入，长期控制市场。

（三）满意定价策略

这是介于上面两种策略之间的一种新产品定价策略，即将产品的价格定在一个比较合理的水平，既能使顾客比较满意，又能让企业获得适当利润。这是一种普遍使用、简便易行的定价策略，因其兼顾生产者、中间商、消费者等多方面的利益而广受欢迎，但此种策略过于关注多方利益，反而缺乏开拓市场的勇气，仅适用于产销较为稳定的产品，而不适合需求多变、竞争激烈的市场环境。

二、折扣定价策略

所谓折扣定价，是指企业为了鼓励顾客及早付清货款、大量购买、淡季购买等而酌情降低其基本价格。常见的折扣定价有以下几种。

（一）现金折扣

企业对及时付现的顾客通常给予现金折扣，典型的折扣条件如"货款必须在

30 天内付清，如果客户能在 10 天内付款，则给予 2% 的现金折扣"。可见，现金折扣的条件包括 3 个因素：现金折扣率、给予现金折扣的期限和付清货款的期限。现金折扣定价的好处是增加企业的变现能力，减少坏账损失。

（二）数量折扣

数量折扣即根据顾客购买货物数量或金额的多少，按其达到的标准，给予一定的折扣。购买数量愈多，金额愈大，给予的折扣愈高。数量折扣可分为累计与非累计数量折扣。

累计数量折扣，规定在一定时期内顾客购买商品达到或超过一定数量或金额时，按其总量的多少，给予不同的折扣。这种策略鼓励顾客长期向本企业采购，与顾客建立长期、稳定的关系，因而有助于企业掌握销售规律，预测销售量。它还适宜于推销过时的和易腐、易坏产品。

非累计数量折扣，即顾客一次购买的数量或金额达到一定标准时，给予一定的折扣优待。采用这种策略不仅对顾客有利，企业也可以节省销售费用。典型的数量折扣条件如"购买 100 单位以下者，每单位售价 9.95 元，购买 100 单位及以上者单价 8.95 元"。数量折扣的幅度一般不宜超过因大量销售而节省的成本，包括销售费用、存货成本及运输成本。

（三）中间商折扣

中间商折扣也称功能折扣，是生产商给予批发商和零售商的折扣。由于中间商在分渠道中的地位，对生产企业产品销售的重要性，完成的促销功能，承担的风险，服务水平及履行的商业责任等方面有所不同，给予折扣的比例也不尽相同。

（四）季节折扣

有些商品的生产是连续的，而其消费却具有明显的季节性。为了调节供需矛盾，这些商品的生产企业便采用季节折扣的方式，对在淡季购买商品的顾客给予一定的优惠，从而使企业的生产和销售在一年四季能保持相对稳定。如果是批发商、零售商受此诱惑，早期购货，还可以减少自己的资金负担和仓储费用。例如，酒店和航空公司经常在旅游淡季给顾客季节折扣的优惠。

（五）折让或津贴

折让或津贴是间接折扣的一种形式。例如，比较多见的一种形式就是以旧换新，即顾客以旧货折价抵换购买同类新货时，销售者在新货品价格上给予一定的减让。以旧换新多见于一些耐用品的交易中。再如促销折让，即制造商给参与产品促销活动的经销商的一种津贴，如广告津贴、展览津贴等。

三、心理定价策略

针对消费者购买心理来进行定价被称为心理定价。

（一）尾数定价

依据消费者有尾数价格比整数价格便宜的消费心理而采取的一种定价技巧。例如，一件商品定价为49.5元，就给顾客的感觉是还不到50元钱，比较便宜，同时又因标价精确给人以信赖感，从而乐意购买。这样就达到促进顾客购买、企业增加销售的目的。

（二）整数定价

整数定价是把商品定为一个整数，不带尾数。高档商品、奢侈品常采用整数定价。

例如，一辆价值49.9万元的小轿车定价50万元，这样使价格上升到较高一级档次，借以满足消费者的高消费心理。

（三）声望定价

声望定价是一种利用企业和产品的声誉，对产品进行定价，其产品价格比一般商品价格要高。这种策略有利于提高企业和产品的形象。

（四）招徕定价策略

这是一种利用消费者求廉的心理，将少数几种商品暂时降低价格，吸引和招揽顾客购买的一种技巧。这种定价有助于在招揽顾客购买特价品的同时，促使其选购非特价商品。

四、差别定价策略

差别定价的要点是对某种产品根据其需求强度的不同定出不同的价格。差别定价主要有以下4种形式。

（一）以顾客为基础的差别定价

企业对同一项产品根据顾客的需求强度不同和对产品熟悉程度的不同而定出不同的价格。例如，美国轮胎工业卖给汽车厂的产品价格便宜，而卖给一般用户的价格贵。

（二）以产品改进为基础的差别定价

这种定价策略就是对一项产品的不同型号确定不同的价格，但是，价格上的差别并不和成本成比例。例如，洗衣机厂生产3种型号的洗衣机：A型是普及型的单筒洗衣机，成本为150元，售价为180元；B型是带有甩干装置的双筒洗衣机，成本为200元，售价为400元；C型是带有甩干筒的全自动洗衣机，成本为400元，售价为850元。这3种型号的洗衣机，因为成本不同，当然售价也不同，但是后面两种型号，较高的售价不仅反映了更多的生产成本，而且反映了更大的顾客需求强度。但是有时候，这种差别价格也可以反过来，越是成本高的高档型号的产品，售价只比成本高出较小的百分数，而简易型的售价却比成本要高出一个较大的百分数。

(三) 以地域为基础的差别定价

如果同一种商品在不同地理位置的市场上存在不同的需求强度，那么就会定出不同的价格。但定价的差别并不和运费成比例。例如，我国传统出口的产品，茶叶、生丝、猪鬃在国际市场上需求十分强烈，我们的定价就比国内高得多；再如，戏院里座位的票价，前排、中排、后排、边座的票价是不同的，有时可以相差若干倍。旅游景点和名胜古迹地区的旅馆、饮食的定价通常也高于一般地区。

(四) 以时间为基础的差别定价

当商品的需求随着时间的变化而变化时，对同一种产品在不同时间应该定出不同的价格。需求随时间的变化而出现显著变化的情况有很多，例如，不同季节的应季商品的需求量有很大的变化，夏季对电扇、冷饮、凉鞋的需求量增大，冬季就大减；电报、长途电话白天用户多，定价高，晚上用户少，定价低；电视广告在晚餐前后，黄金时刻播出收费最高，其余时间收费较低。

值得注意的是，企业采取差别定价是有前提的，它必须具备以下条件：市场必须是可以细分的，而且各个市场部分须表现出不同的需求程度；以较低价格购买某种产品的顾客没有可能以较高价格把这种产品倒卖给别人；竞争者没有可能在企业以较高价格销售产品的市场上以低价竞销；细分市场和控制市场的成本费用不得超过因实行价格歧视而得到的额外收入；价格歧视不会引起顾客反感而放弃购买，影响销售；采取的价格歧视形式合法。

五、产品组合定价策略

当产品只是某一产品组合的一部分时，企业必须对定价方法进行调整。这时候，企业要研究出一系列价格，使整个产品组合的利润实现最大化。因为各种产品之间存在着需求和成本的相互联系，而且会带来不同程度的竞争，所以定价十分困难。

(一) 产品大类定价

通常，企业开发出来的是产品大类，而不是单一产品。当企业生产的系列产品存在需求和成本的内在关联性时，为了充分发挥这种内在关联性的积极效应，需要采用产品大类定价策略。在大类定价时，首先，应确定某种产品的最低价格，使它在产品大类中充当领袖价格，以吸引消费者购买产品大类中的其他产品；其次，确定产品大类中某种商品的最高价格，它在产品大类中充当品牌质量和收回投资的角色；再者，产品大类中的其他产品也分别依据其在产品大类中的角色不同而制定不同的价格。

(二) 选择品定价

许多企业在提供主要产品的同时，还会附带一些可供选择的产品或特征。汽车用户可以订购电子开窗控制器、扫雾器和减光器等。但是对选择品定价却是一件棘手的事。汽车公司必须确定价格中应包括哪些产品，又有哪些产品可作为选择对象。汽车制造商只希望对简便型汽车做广告，来吸引人们到汽车展示厅参观，而将展示厅的大部分空间用于展示昂贵的、特征齐全的汽车。饭店也面临同样的定价问题，其顾客除了订购饭菜外也买酒类。许多饭店的酒价很高，而食品的价格相对较低。食品收入可以弥补食品的成本和饭店其他的成本，而酒类则可以带来利润。这就是为什么服务人员极力要求顾客买饮料的原因。也有饭店会将酒价制定得较低，而对食品制定高价，来吸引爱饮酒的消费者。

（三）补充产品定价

有些产品需要附属或补充产品，如打印机墨盒、剃须刀片和胶卷。制造商经常为主要产品（打印机、剃须刀架和照相机）制定较低的价格，而为附属产品制定较高的加成。例如，柯达照相机的价格很低，原因是它从销售胶卷上盈利。而那些不生产胶卷的照相机生产商为了获取同样的总利润，不得不对照相机制定高价。但如果补充产品的定价过高，就会出现问题。例如，卡特匹勒公司对其部件和服务制定了高价格，以便在售后市场中获取高额利润。该公司设备的加成率为30%，而部件的加成率有时候达到300%。这就给"非法仿制者"带来了机会。仿制者仿制这些部件，然后将它们销售给那些不老实的负责安装的技师。这些技师仍以原价计算，而不把节省的成本转让给顾客。这样，卡特匹勒公司的销售额下降了很多。卡特匹勒公司为了控制这种情况，劝说设备所有者只从被许可的经销商处购买部件，以保证设备的性能。但是，很显然，该问题是由于制造商对售后市场的产品定价过高造成的。

（四）分部定价

服务性企业经常收取一笔固定费用，再加上可变的使用费。例如，电话用户每月都要支付一笔最少的使用费，如果使用次数超过规定，还要再交费。游乐园一般先收门票费，如果游玩的地方超过规定，就再交费。在新加坡，新车的价格包括两个部分：第一部分是包括进口税在内的汽车成本；第二部分是获取驾驶执照的价格——拥有新车的权利。后者在拍卖行可以购得，拍实行每月都提供一定数量的用于不同车辆的驾驶执照。成功的驾车执照投标人要为享有买车的权利支付费用。服务性公司面临着和补充产品定价同样的问题，即应收多少基本服务费和可变使用费。

（五）副产品定价

在生产加工肉类、石油产品和其他化工产品的过程中，经常有副产品。如果副产品价值很低，处理费用昂贵，就会影响到主产品的定价。制造商确定的价格必须能够弥补副产品的处理费用。如果副产品对某一顾客群有价值，就应该按其价值定价。副产品如果能带来收入，将有助于公司在迫于竞争压力时制定较低的价格。

（六）产品组合定价

企业经常以某一价格出售一组产品，如化妆品、计算机、假期旅游公司为顾客提供的一系列活动方案。这一组产品的价格低于单独购买其中每一产品的费用总和。因为顾客可能并不打算购买其中所有的产品，所以这一组合的价格必须有较大的降幅，以此来推动顾客购买。有些顾客不需要整个产品组合，而要求将产品组合拆开。例如，一家医疗设备公司免费提供送货上门和培训服务，某一顾客可能要求免去送货和培训服务，以获取较低的价格。在这种情况下，如果企业节约的成本大于向顾客提供其所需商品的价格损失，则公司的利润会上升。例如，供应商不提供送货上门可节省 100 美元，这时向顾客提供的价格的减少额为 80 美元，则它的利润就增加了 20 美元。

4.1.5 价格调整策略

企业处在一个不断变化的环境之中，为了生存和发展，有时候需主动降价或提价，有时候又需对竞争者的变价作出适当的反应。

一、企业降价与提价

（一）企业降价

有几种情况会促使企业考虑降低价格：

（1）生产能力过剩，需要扩大销售，但是企业又不能通过产品改进和加强销售工作等来扩大销售，在这种情况下，企业就需考虑降价。

（2）在强大竞争者的压力之下，企业的市场占有率下降。例如，1996 年彩电行业出现降价风潮，当时长虹的降价幅度高达 30%，TCL 曾试图以保持原有价格，提高产品质量，加大宣传力度，扩大与竞争者的差异来应对，但因产品的价格弹性较强，未能奏效。为保持其市场占有率，TCL 也被迫采取了降价策略。

（3）企业的成本费用比竞争者低。企图通过降价来控制市场或提高市场占有率，从而扩大生产和销售量，降低成本费用。

在市场营销实践中，有实力的企业率先降价往往能给弱小的竞争者以致命的打击。

（二）企业提价

虽然提价会引起消费者、经销商和企业推销人员的不满，但是一次成功的提价可以使企业的利润大大增加。企业提价的主要原因与方法如下：

（1）物价上涨，企业的成本费用提高，因此不得不提高产品价格。在通货膨胀条件下，许多企业往往采取各种方法来调整价格。诸如：

第一，采取推迟报价定价的策略。即企业暂时不规定最后价格，等到产品制成时或交货时方规定最后价格。工业建筑和重型设备制造等行业一般采取这种定价策略。

第二，在合同上规定调整条款。即企业在合同上规定在一定时期内（一般到交货时为止）可按某种价格指数来调整价格。

第三，采取不包括某些服务的定价策略。即在通货膨胀、物价上涨的条件下，企业决定产品价格不动，但原来提供的某些服务要计价，这样一来，原来提供的产品的价格实际上提高了。

第四，降低价格折扣。即企业决定削减正常的现金和数量折扣，并限制销售人员以低于价目表的价格拉生意。

第五，取消低利产品。

第六，降低产品质量，减少产品特色和服务。企业采取这种策略可保持一定的利润，但会影响其声誉和形象，失去忠诚的顾客。

（2）产品供不应求，不能满足其所有顾客的需要。提价方式包括：取消价格折扣，在产品大类中增加价格较高的项目，或者开始提价。为了减少顾客不满，企业提价时应当向顾客说明提价的原因，并帮助顾客寻找节约途径。

（3）采用其他方法来弥补增加的成本和满足加价的需求。例如，按件定价的糖果、饼干，减少产品的实际数量；以便宜的配料代替价格上涨的配料；去掉产品的某些特色或服务等。

二、顾客对企业变价的反应

企业无论提价或降价，这种行动必然影响到购买者、竞争者、经销商和供应商，而且政府对企业变价也不能不关心。在这里，首先分析购买者对企业变价的反应。

（一）顾客对企业降价的反应

顾客对于企业的某种产品的降价可能会这样理解：
（1）这种产品的式样老了，将被新型产品所代替。
（2）这种产品有某些缺点，销售不畅。
（3）企业财务困难，难以继续经营下去。
（4）价格还要进一步下跌。
（5）这种产品的质量下降了。

（二）顾客对企业提价的反应

企业提价通常会影响销售，但是购买者对企业的某种产品提价也可能会这样理解：
（1）这种产品很畅销，不赶快买就买不到了。
（2）这种产品很有价值。
（3）卖主想尽量取得更多利润。

一般来说，购买者对于价值高低不同的产品价格的反应有所不同。对于那些价值高、经常购买的产品的价格变动较敏感，而对于那些价值低、不经常购买的小商品，即使单位价格较高，购买者也不大注意。此外，购买者虽然关心产品价格变动，但是通常更关心取得、使用和维修产品的总费用。因此，如果卖主能使顾客相信某种产品取得、使用和维修的总费用较低，那么，它就可以把这种产品的价格定得比竞争者高，取得较多的利润。

三、竞争者对企业变价的反应

企业在考虑改变价格时，不仅要考虑购买者的反应，而且必须考虑竞争对手的反应。当某一行业中企业数目很少，产品同质性强，购买者颇具辨别力与知识时，竞争者的反应就愈显重要。竞争者对调价的反应有以下几种类型：

（一）相向式反应

即"你提价，我也涨价；你降价，我也降价"。这样一致的行为，对企业影响不太大，不会导致严重后果。企业坚持合理营销策略，不会失掉和减少市场份额。

（二）逆向式反应

即"你提价，我降价或维持原价不变；你降价，我提价或维持原价不变"。这种相互冲突的行为，影响很严重，竞争者的目的也十分清楚，就是乘机争夺市场。对此，企业要进行调查分析，首先摸清竞争者的具体目的，其次要估计竞争者的实力，再次要了解市场的竞争格局。

（三）交叉式反应

即众多竞争者对企业调价反应不一，有相向的，有逆向的，有不变的。情况错综复杂。企业在不得不进行价格调整时应注意提高产品质量，加强广告宣传，保持分销渠道畅通等。

四、企业对竞争者变价的反应

企业经常也会面临竞争者变价的挑战。如何对竞争者的变价作出及时、正确的反应，是企业定价策略的一项重要内容。竞争对手在实施价格调整策略之前，一般都要经过长时间的深思熟虑，仔细权衡调价利害得失，但是，一旦调价成为现实，则这个过程相当迅速，并且在调价之前大多要采取保密措施，以保证发动价格竞争的突然性。企业在这种情况下，贸然跟进或无动于衷都是不对的，正确的做法是尽快迅速地对以下问题进行调查研究：

（1）为什么竞争者变价？
（2）竞争者打算暂时变价还是永久变价？
（3）如果对竞争者变价置之不理，将对企业的市场占有率和利润有何影响？
（4）其他企业是否会做出反应？
（5）竞争者和其他企业对于本企业的每一个可能的反应又会有什么反应？

在回答以上问题的基础上，企业还必须结合所经营的产品的特性来确定对策。一般来说，在同质产品市场上，如果竞争者降价，企业必须随之降价，否则顾客就会购买竞争者的产品，而不购买本企业的产品；如果某一个企业提价，且提价会对整个行业有利，其他企业也会随之提价，但是如果某一个企业不随之提价，那么最先发动提价的企业和其他企业也不得不取消提价。

在异质产品市场上，企业对竞争者变价的反应有更多的选择余地。因为在这种市场上，顾客选择卖主时不仅考虑产品价格因素，而且考虑产品的质量、服务、性能、外观、可靠性等多方面的因素。因而在这种产品市场上，顾客对于较小的价格差异并不在意。

面对竞争者的变价，企业不可能花很多时间来分析应采取的对策。事实上，竞争者很可能花了大量的时间来准备变价，而企业又必须在数小时或几天内明确、果断地作出明智反应。缩短价格反应决策时间的唯一途径是预料竞争者的可能价格变动，并预先准备适当的对策。

4.1.6　产品价格调整流程（图4-1-3）

价格信息反馈	客户、经销商、销售人员及下属营销机构等及时将产品、竞争对手产品的价格等信息反馈给市场部
信息整理、分析	市场部将信息汇总、整理，汲取有效信息进行分析，结合企业营销现状、市场状况等对市场价格的反馈意见进行探讨，判断企业产品价格是否符合企业营销的实际，是否符合市场要求等
讨论研究是否调整价格	市场部通过对市场信息的初步讨论后，组织生产、产品管理、财务等部门对市场价格信息研究论证，初步判断价格是否需调整
价格调整决策	经过研究，若不需调整，则由市场部反馈给客户等；若需调整，则上报营销总监审批确定
进一步分析产品价格信息	营销总监审批通过价格调整建议，由市场部进一步收集市场信息，并将价格调整信息传递给客户及相关部门，广泛征求意见
制定价格调整方案并上报	根据上述分析研究结果，综合各部门、客户等的意见，市场部制定价格调整方案，上报营销总监审批，其权限外则上报总经理
修订价格调整方案	若营销总监、总经理审批未通过，则市场部根据领导意见，进一步分析市场信息等，修订价格调整方案，直到最终定案
落实方案，价格调整	经领导审批通过的价格调整方案由市场部组织落实，其他部门给予配合
汇总价格调整后的市场信息	新的产品价格方案实施，客户、销售人员、下属营销机构等定期反馈产品市场状况、价格信息等，市场部汇总信息并分析

图4-1-3　产品价格调流程

技能训练

（1）根据校园超市的实际情况，选择几种商品作为样本，有针对性地在市场上调研相关产品的价格竞争状况。

（2）分析影响校园超市定价的主要因素，为商品制定一个合理的价格做准备。

（3）分析不同定价策略的优缺点，以及给消费者带来的不同心理反应。

项目五
制定渠道策略

任务一：分销渠道的设计

任务布置

随着国民经济的发展，农村的生活水平、消费水平也在不断提高，加之农村市场具有人口多、消费潜力大等特点，快消品企业争相抢占，农村市场已经成为其角逐的主战场，因为只有拥有了最大市场的主动权才能在激烈的市场竞争中立于不败之地。

目前农村的分销渠道一般有三种方式：

① 零售终端到乡镇批发部或县城批发部提货。

② 由乡镇批发部送货上门。

③ 县城批发部直接送货到农村店（这种范围比较小，一般存在于城市近郊）。

当前乡镇分销模式一般为：

生产企业→县城经销商→县城二批和乡镇大二批→乡镇二批→零售终端。

由此可见，乡镇批发在乡镇分销渠道中具有承上启下的作用，是农村终端的咽喉，做好批发渠道的控制是在农村市场竞争中取胜的关键所在。

某一快消品公司现有分销模式分析：

(1) 优势与劣势。

① 方便公司管理和掌控客户，但对县城下一级的客户缺乏了解和沟通。

② 由于经销商配送、人力有限，所以只能覆盖到县城和部分大乡镇的客户。

③ 可以有效地执行公司的相关政策，对县城市场有很好的销售控制作用。

④ 经销商代为配送，减少公司人力、物流、市场成本，可以合理安排区域业务人员。

⑤ 销售终端无任何品牌显现，如POP、围栏纸等，完全依靠品牌效应的自然流通，销量增长缓慢。

(2) 机会与挑战。

① 国家政策的支持，农民收入水平的提高，增强了消费潜力，乡镇市场的销量不断增长，占县城整体销量的40%以上。

② 公司产品在乡镇市场的规格小、数量少，影响整体销量。

③ 行业内大多数企业对乡镇渠道的操作过于简单，没有更深层次挖掘乡镇市场，寻求适合的营销模式。但很多企业开始向此市场投入大量的人力、物力。

④ 人们的品牌意识逐步提高，该公司的牙膏产品将有很大的上升空间。

请同学们根据上述材料，为该公司设计一套合理的乡镇分销渠道。

技能目标及素质目标

技能目标：

（1）培养和提高学生对分销渠道的认知；

（2）运用所学知识，能够结合市场的具体情况和企业基本状况，选择合适的分销渠道。

素质目标：

（1）培养学生用营销思维分析问题、解决问题的能力；

（2）良好的沟通与协调能力。

教学实施建议

将学生进行分组，6~7人为一组，各组选一个组长负责组内工作，组员团结协作。小组根据分销渠道设计流程，分析产品的特性及营销环境，评估既存渠道，并设计出符合企业未来发展的最佳分销渠道。小组要进行充分的分析与讨论，最终形成实训报告。

制定渠道策略的流程如图5-1-1所示：

一、分销渠道设计考虑的因素

① 产品。农民的收入水平相对较低，使得农村消费注重价格便宜、实惠，看起来物有所值。

② 顾客。我国乡镇具有人口多、消费潜力大的市场特点，客户经常采取小批量的购买。

③ 中间商。农村特别是山区农村的交通不太发达，乡村终端店主要以乡镇批发部辐射为主。

④ 竞争。农村终端产品主要以日用生活品为主，且产品大多为当地小品牌，终端网点较分散。

⑤ 环境。开发农村市场，提高市场份额是大势所趋。

二、新的分销渠道设计

① 新的分销渠道模式。根据市场分析，公司在乡镇市场中存在较大优势和

机会，同时也存在着劣势与不足。结合乡镇营销渠道的诸多因素，我们可建立乡镇分销商渠道模式，通过对渠道中间商的相关激励措施，更快、更好地提高公司产品在乡镇市场的终端到达率，并能有效地提高公司全系列产品的铺货率和市场掌控能力，从而提高公司的整体销量。

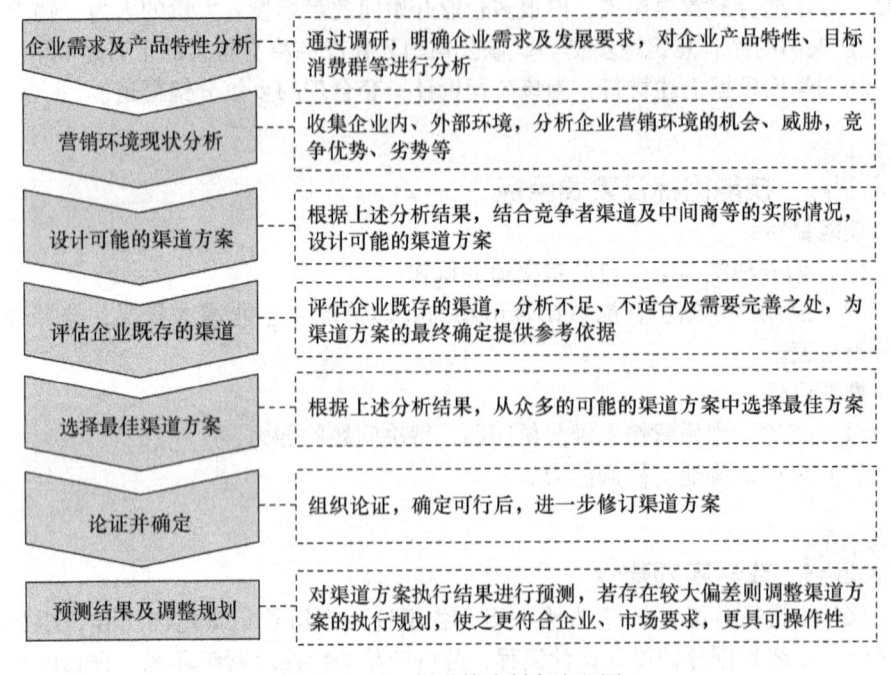

企业需求及产品特性分析	通过调研，明确企业需求及发展要求，对企业产品特性、目标消费群等进行分析
营销环境现状分析	收集企业内、外部环境，分析企业营销环境的机会、威胁，竞争优势、劣势等
设计可能的渠道方案	根据上述分析结果，结合竞争者渠道及中间商等的实际情况，设计可能的渠道方案
评估企业既存的渠道	评估企业既存的渠道，分析不足、不适合及需要完善之处，为渠道方案的最终确定提供参考依据
选择最佳渠道方案	根据上述分析结果，从众多的可能的渠道方案中选择最佳方案
论证并确定	组织论证，确定可行后，进一步修订渠道方案
预测结果及调整规划	对渠道方案执行结果进行预测，若存在较大偏差则调整渠道方案的执行规划，使之更符合企业、市场要求，更具可操作性

图 5-1-1　渠道策略制定流程图

具体的营销模式有以下两种：

全渠道模式：公司→县级经销商→乡镇分销商→零售门店→消费者。

乡镇分销商模式：乡镇分销商→乡镇二批/零售门店→消费者。

② 新的分销模式的优势说明。解决了县城经销商由于人力和配送的不足，产品能够更方便、快捷地到达终端售点。

终端为王的渠道特点突出，增强了区域经销商的终端销售能力和信心。

能够更快地加强公司系列产品的铺货，提高铺货率，区域内产品的销量将会逐渐增大。

更直接地为乡镇消费者提供各类促销推广活动，能够更好地为乡镇客户提供服务。

加强了公司对四、五级市场的可控制能力。

三、与分销渠道模式相关项目工作说明

为适应新的分销渠道，更好地发挥此种分销模式的作用，公司还应从产品、价格、人员配置等方面努力，做好与分销渠道模式相关的各方面工作的配合，以

达到开拓乡镇市场、提高市场份额和销量的目的（详见表5-1-1）。

表5-1-1 与分销渠道模式相关的工作项目计划表

工作项目	具体实施计划说明
产品	1. 加大公司产品全系列的铺货率 2. 针对渠道客户的产品服务工作 3. 牙膏产品的推广、铺货 4. 做好各产品的政策执行
产品价格	总原则：执行好区域内的各渠道价格，维护好区域分销商和零售商的利益分配 1. 经销商、分销商要严格执行产品供价 2. 业务人员要监管区域内各渠道的产品价格，充分考虑零售终端客户的售卖利润 3. 关注竞品价格，及时提出有针对性的策略
人员配置与管理	1. 管理人员：实行团队管理模式，具体职责包括乡镇业务人员的管理、乡镇的终端网络建设、市场表现、促销计划、执行、乡镇相关数据统计并提供销售管理的相关表单、与公司相关部门的销售协调工作 2. 业务人员管理：实行助理业代模式和经销商业代模式，既能降低成本，又能做好营销管控，具体职责包括品牌显现、陈列、分销；开发和维护客户；执行公司相关政策；解决客户的问题；消费者资料收集；竞争对手市场活动、价格等了解
促销	根据乡镇消费的喜好来制订相关产品促销计划，提供与生活有关的促销品；另外注重产品包装，选择大气、喜庆的包装
渠道体系间协作	运作好这个大市场，需要公司各部门的通力配合，共同制定适合乡镇市场的管理和运作流程，例如销售部制订相关渠道中间商奖励及考核计划；市场部制订相关乡镇市场推广计划、人力资源部制订相关人员招聘、考核计划；财务部制定相关乡镇渠道中间商奖励发放流程等

相关知识点

5.1.1 分销渠道的职能与类型

一、分销渠道的含义与职能

（一）分销渠道与营销渠道

在市场营销理论中，有两个与渠道有关的术语经常不加区分地交替使用，这就是分销渠道和市场营销渠道。

所谓分销渠道，是指某种产品和服务从生产者向消费者转移的过程中，取得这种产品和服务的所有权或帮助所有权转移的所有企业和个人。因此，分销渠道包括商人中间商（因为他们取得所有权）和代理中间商（因为他们帮助转移所有权），此外，它还包括处于渠道起点和终点的生产者和最终消费者或用户。但是，它不包括供应商、辅助商。

所谓市场营销渠道，是指配合或参与生产、分销和消费某一生产者的产品和服务的所有企业和个人。也就是说，营销渠道包括某种产品产供销过程中的所有有关企业和个人，如生产者、供应商、代理商、辅助商以及最终消费者或用户等。

总之，无论是分销渠道还是营销渠道，通常来说可以分为三个部分：生产商（产品的提供者）、中间商（代理商、辅助商等）以及消费者。生产商在渠道中运用中间商的目的是为了更加有效地推动产品进入目标市场。中间商则凭借自己的各种联系、经验、专业知识和活动能力创造比生产商更高的效益。

（二）分销渠道的职能

分销渠道的职能在于它是联结生产者和消费者或用户的桥梁和纽带。企业使用分销渠道是因为在市场经济条件下，生产者和消费者或用户之间存在空间分离、时间分离、所有权分离、供需数量差异以及供需品种差异等方面的矛盾。分销渠道的意义表现在它能够提高企业的工作效率，降低企业的交易成本。

从经济理论的观点来看，分销渠道的基本职能在于把自然界提供的不同原料根据消费者的需要转换成有价值的产品。分销渠道对产品从生产者（原料—产品）转移到消费者（产品—商品）所必须完成的工作加以组织，其目的在于调节生产与消费数量、品种、时间和地点等方面的矛盾。具体来说，分销渠道的主要职能有如下几种：

1. 收集信息

收集信息即收集制订计划和进行交换所必需的信息。

2. 促销

促销即对中间商或者是消费者进行说服性、教育性的沟通。

3. 接洽

接洽即寻找潜在的中间商或者购买者，并与其进行有效的沟通。

4. 配合

配合即使所供产品符合购买者需要，包括制造、分等、装配、包装等过程。

5. 谈判

谈判即为了转移所供货物的所有权，而就其价格及有关条件达成最后协议的过程。

6. 物流

物流即从事产品的运输、储存、配送，将产品从分销渠道上游流通到下游的过程。

7. 融资

融资即为补偿分销成本而取得并支付相关资金，通常从第三方金融机构获得。

8. 风险承担

风险承担即承担与渠道工作有关的全部风险。

9. 预订产品

预订产品即通过分销渠道可以向供货商预订自己想要的产品。

10. 货物账款支付

货物账款支付即实现流通货物账款的结算。

（三）分销渠道的层次与宽度

1. 分销渠道的层次

分销渠道可根据其渠道层次的数目来分类。在产品从生产者转移到消费者的过程中，任何一个对产品拥有所有权或负有销售责任的机构，就叫做一个渠道层次。由于生产者和消费者都参与了将产品及其所有权带到消费地点的工作，因此，他们都被列入每一渠道中。通常用中间机构的级数来表示渠道的长度。

零层渠道通常叫做直接分销渠道。直接分销渠道是指产品从生产者流向最终消费者的过程中不经过任何中间商转手的分销渠道。也就是说，生产者直接销售给最终的顾客。直接分销的方式包括上门推销、家庭展示会、邮购、电话营销、电视营销、因特网销售和制造商自设商店等。这是因为，一方面，许多产业用品要按照用户的特殊需要制造，有高度技术性，制造商要派遣专家去指导用户安装、操作、维护设备；另一方面，用户数目较少，某些行业工厂往往集中在某一地区，这些产业用品的单价高，用户购买批量大。但是，由于广大消费者居住分散，只有一些零星的购买行为，因而许多生产者不能将其产品销售给广大消费者。

一层渠道含有一个销售中介机构。在消费者市场，这个中介机构通常是零售商；在产业市场，则可能是销售代理商。

二层渠道含有两个销售中介机构。在消费者市场，通常是批发商和零售商；在产业市场，则通常是销售代理商和批发商。

三层渠道含有三个销售中介机构。肉食类食品及包装类产品的制造商通常采用这种渠道分销其产品。在这类行业中，通常有一专业批发商处于批发商和零售商之间，该专业批发商从批发商进货，再卖给无法从批发商进货的零售商。

渠道一般是指产品的向前运动，不过也有人提出了后向的渠道，比如回收中心等。

更高层次的分销渠道较少见。从生产者的观点来看，随着渠道层次的增多，控制渠道所需解决的问题也会增多。除此之外，有些学者还把零级渠道、一级渠道定义为短渠道，而将二级渠道、三级渠道或者三级以上的渠道定义为长渠道。

另外，从不同层次的渠道系统中可以发现，产品从生产出来到消费的过程有多种多样的途径和方式。除了伴随着产品从生产者到消费者的转移过程外，还伴有其他物质形式的运动过程，如服务流等。

2. 分销渠道的宽度

分销渠道的宽度是指渠道的每个层次使用同种类型中间商数目的多少。它与企业的分销策略密切相关。分销渠道的宽度取决于渠道的每个层次中使用同种类型中间商数目的多少。这里的中间商包括：批发环节中的各种类型的代理商、批发商；零售环节中的各种类型的零售商。某种产品（如香烟）的制造商通过许多批发商、零售商将其产品推销到不同地区的广大消费者手中，这种产品分销渠道较宽。反之，如果某种产品（如小汽车）制造商只通过很少批发商、零售商推销其产品，或者在某一地区只授权一家批发商或零售商经销其产品，这种分销渠道较窄。企业的分销策略通常可分为三种，即密集分销、选择分销和独家分销。

所谓密集分销，是指制造商尽可能地通过许多负责任的、适当的批发商和零售商推销其产品。消费品中的便利品（如香烟、糖果、洗涤用品）和产业用品中的供应品（如企业办公用的文具等）等，通常都采取密集分销，使广大消费者和用户都能随时随地买到这些日用品。

所谓选择分销，是指制造商在某一地区仅仅通过少数几个精心挑选的、最合适的中间商推销其产品。选择分销适用于所有产品。相对而言，消费品中的选购品（如妇女服装、衣料、鞋帽等）和特殊品（如电冰箱、照相机、手表等）最宜于采取选择分销。

所谓独家分销，是指制造商在某一地区仅选择一家中间商推销其产品，通常双方协商签订独家经销合同，规定经销商不得经营竞争者的产品，以便控制经销商的业务经营，调动其经营积极性，占领市场。在西方国家，汽车等特殊品通常采取独家经销。

分销渠道结构是很复杂的。有些分销渠道是"较长而宽"，有些分销渠道是"较短而窄"，有些分销渠道是"较长而窄"，而有些分销渠道则是"较短而宽"。

二、分销渠道的类型

构成分销渠道的不同环节的企业和个人，叫做渠道成员。按渠道成员结合的紧密程度，分销渠道还可以分为传统渠道系统和整合渠道系统两大类型，如图 5-1-2 所示：

（一）传统渠道系统

传统渠道系统是指由各自独立的生产商、批发商、零售商和消费者组成的分销渠道。传统渠道成员之间的系统结构是松散的。由于这种渠道的每一个成员均是独立的，它们往往各自为政，各行其是，都为追求自身利益的最大化而激烈竞争，甚至不惜牺牲整个渠道的利益。几乎没有一个成员能完全控制其他成员。随着市场环境的变迁，传统渠道正面临着严峻的挑战。

（二）整合渠道系统

整合渠道系统是营销渠道的新发展。为了取得较好的效果，许多公司希望渠道组织能够更好地协调行动,并因此加强了对渠道的掌控力度。整合渠道系统就是这一类渠道结构,它是指渠道成员通过一体化整合形成的分销渠道系统,也可以说是渠道成员间更注重相互协作。整合渠道系统主要包括:

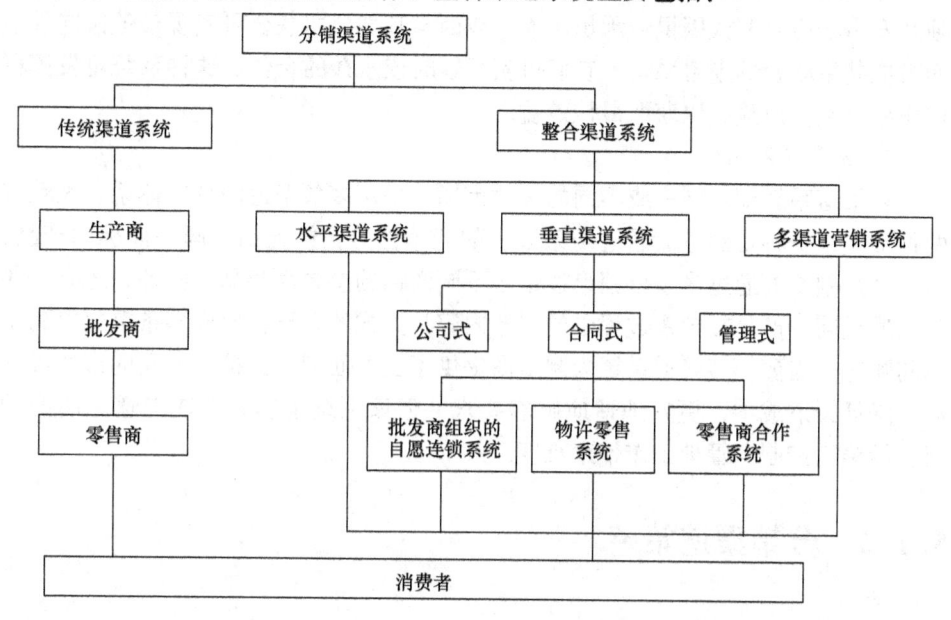

图 5-1-2 分销渠道系统

1. 垂直渠道系统

垂直渠道系统由生产商、批发商和零售商纵向整合组成,有一个具有实力的渠道成员能够对渠道进行控制,其成员要么是被授予属于同一家公司,要么是被授予专卖特许权的成员,或者被有足够控制能力的企业所控制。该系统有三种主要形式:

(1) 公司式。公司式即由一家公司拥有和管理若干工厂、批发机构和零售机构,控制渠道的若干层次,甚至整个分销渠道,综合经营生产、批发和零售业务。公司式垂直渠道系统又分为两类:一类是由大型工业公司拥有和管理的,采取一体化经营方式;另一类是由大型零售公司拥有和管理的,采取商工一体化方式。

(2) 管理式。管理式即制造商和零售商共同协商销售管理业务,其业务涉及销售促进、库存管理、定价、商品陈列、购销活动等。例如,名牌产品制造商以其品牌、规模和管理经验优势,出面协调批发商、零售商的经营业务和政策,共同采取统一的行动。

(3) 合同式。合同式即不同层次的独立的制造商和中间商,以合同为基础建立的联合渠道系统。例如,批发商组织的自愿连锁系统、零售商合作系统、特许零售系统等。

2. 水平渠道系统

水平渠道系统是由两家或两家以上的公司横向联合，共同开拓新的营销机会的分销渠道系统。这些公司或因资本、人力、生产技术、营销资源不足，无力单独开发市场机会，或因惧怕承担风险，或因与其他公司联合可实现最佳协同效益而组成共生联合的渠道系统。它们可实行暂时或永久的合作。这种系统可发挥群体作用，共担风险，以获取最佳效益。

3. 多渠道系统

多渠道系统即对同一或不同的细分市场，采用多条渠道的分销体系。大致有两种形式：一种是制造商通过两条以上的竞争性分销渠道销售同一商标的产品；另一种是制造商通过多条分销渠道销售不同商标的差异性产品。此外，还有一些公司通过同一产品在销售过程中的服务内容与方式的差异，形成多条渠道以满足不同顾客的需要。多渠道系统为制造商提供了三方面利益：扩大产品的市场覆盖面，降低渠道成本，更好地适应顾客要求。但该系统也容易造成渠道之间的冲突，给渠道控制和管理工作带来难度。

5.1.2 分销渠道策略

一、影响分销渠道选择的因素

影响分销渠道选择的因素很多，制造商在选择分销渠道前，应对产品、市场及企业本身的各种因素进行综合分析，以便作出正确的选择。

（一）产品因素

1. 产品的单位价值

低单位价值的产品，往往通过中间商来进行销售，让中间商承担部分销售成本，增加市场的覆盖面，其分销路线长，环节多，且每一个环节层次多，即渠道宽。反之，高单价产品，分销路线就短。

2. 产品的大小与重量

体积大、分量重的产品，往往意味着高的装运成本和高的重置成本，一般应尽量选择最短的分销渠道，如机械设备多数只通过一个环节，甚至取消中间环节由生产者直接供应给用户。

3. 产品的耐腐性

产品是否会迅速腐烂、容易损坏，是一个在实体运输和储存中非常关键的问题。易腐、易毁的产品，应尽量减少分销途径，迅速地把产品出售给消费者。鲜活产品的分销渠道一般都较短就是这个道理。

4. 产品的技术性和服务性

技术需求比较复杂、对售后服务要求较高的产品，如微机、现代办公用品、大型机电设备等，一般要求较高的技术性，生产企业要派出专门的人员去指导用户安装、操作和维修，这些产品一般由生产企业直接销售给用户，其分销渠道一般都是短而窄的。因为中间商可能对产品的各项性能不是很了解，有可能对顾客产生误导，为以后销售埋下隐患。

5. 产品的款式

时尚程度较高的产品，即式样或款式较容易发生变迁的产品，如各种新奇玩具、时装等，分销渠道应尽量缩短，以免因流转环节较多、周转时间较长，而过时或时尚性不强；款式不易发生变化的商品，分销渠道可以适当长一点，以便广泛销售。

6. 产品的标准化程度

一般而言，渠道的长度与宽度是与产品的标准化程度成正比的。产品的标准化程度越高，渠道的长度越长，宽度越宽。

7. 企业开发的新产品

为了尽快地把新产品投入市场，通常应采取强有力的推销手段去占领市场，生产企业往往不惜为此付出大量的资金组成推销队伍，直接向消费者推销。当然，在情况可以时，也应考虑利用原有的分销途径。

（二）市场因素

1. 市场范围的大小

在一般情况下，产品销售范围越大，则分销渠道就越长。如果产品在全国范围销售或进入国际市场，则要选择宽渠道，广泛利用中间商；如果产品销售范围很小，或就地生产就地销售，则应由生产者直接销售或通过零售商销售。

2. 潜在顾客的地理分布情况

如果某种产品的潜在顾客分散在全国各个地区，制造商就要通过若干不同的中间商转卖给潜在顾客，使用较长的分销渠道。如果某产品的潜在顾客集中在少数地区，制造商就可以直接销售而不用中间商，使用最短的分销渠道。

3. 消费者的购买习惯

消费者的购买习惯也会影响分销渠道的选择。一些日用生活必需品，其价格低，消费者数量大，购买频率高，顾客不必仔细挑选，随时随地都能买到，制造商应尽量多采用中间商扩大销售网点，其分销渠道应长而宽。对于一些耐用消费品，制造商一般只通过少数几个精心挑选的零售商去推销产品，甚至在一个地区只通过一家零售商去推销其产品，其分销渠道可以短而窄。

4. 市场上竞争者使用分销渠道的情况

一般来说，制造商要尽量避免和竞争者使用相同的分销渠道。如果竞争者使用和控制着传统的分销渠道，本企业就应当使用其他不同的分销渠道推销其产品。有时，同类产品也采取与竞争者相同的分销渠道，以便让顾客进行产品价格、质量等方面的比较。

5. 市场的其他特点

市场的其他特点如销售季节性的变化、节日商品等也都是企业选择分销渠道时应考虑的因素。

（三）制造商自身的因素

1. 制造商的声誉与资金

制造商的声誉越卓著，资金越雄厚，越可以自由选择分销渠道，甚至还可以建立自己的销售网点，采取产销合一的方法经营，而不经过任何其他中间商。如果制造商财力微薄，或声誉不高，则必须依赖中间商提供服务。

2. 制造商自身的销售力量和销售经验

一般来说，如果制造商自身有足够的销售力量，或者有丰富的销售经验，就可以少用或者不用中间商，否则，就只有将整个销售工作交给中间商。

3. 制造商对分销渠道的控制要求

如果企业的市场营销策略要求严格控制产品的价格和新鲜程度，或为了产品的时尚，则要选择尽可能短的，或尽可能窄的分销渠道，因为短而窄的分销渠道企业比较容易控制。

4. 制造商提供服务的态度和能力

如果制造商愿意为最终消费者或用户提供更多的服务，可采用较短的分销渠道；如果制造商愿意且有能力为中间商提供更多的服务，就会吸引更多的中间商来经营企业的产品。

（四）经济效益因素

经济效益的高低与分销渠道的长短密切相关。一般来说，缩短渠道能减少环节，加速流通，节约社会劳动，提高经济效益。但从某些商品的营销要求来看，只有增加渠道环节，才能拓展市场，扩大销售，提高市场占有率，从而提高经济效益。企业的产品往往可以通过不同类型的分销渠道进行销售，有的甚至可以同时使用几种分销渠道。企业究竟选择哪种分销渠道最好，要通过分析、比较、衡量采用各种渠道的利弊，视其综合经济效益的大小而进行决策。

（五）社会环境及传统习惯因素

社会环境这一因素主要是指政府的方针政策及对产品分销渠道的限制情况，如国家规定有些产品专营，对某些产品进出口加以限制等，在这些场合，企业没有选择分销渠道的权利。此外，传统的消费习惯、购买习惯、营销习惯等，也是影响分销渠道选择的重要因素。

二、分销渠道策略选择

当企业确认需要作出营销渠道设计的决策时，渠道管理者可以建立全新渠道或改进现有渠道来努力创建渠道结构，以实现企业的营销渠道目标。一般来说，要设计一个有效的渠道系统，需要明确渠道目标与限制、确定各种渠道选择方案和对可能方案进行评估、选择等。

（一）直接渠道与间接渠道的策略选择

直接渠道与间接渠道的选择，实际上就是决定是否采用中间商的决策。

直接渠道通常适用于大多数的生产资料产品；大型机械设备、专用工具；技术复杂、需要提供专门服务的产品；价格高的产品；用户对产品规格、配套、技术性能有严格要求的产品。

间接渠道通常适用于大多数的生活资料产品，如香烟、啤酒、饮料、儿童食品等；一部分应用面广、购买量小的生产资料；一些生产量大、销售面广、顾客分散的产品。

在消费品市场，直接渠道也有扩大的趋势，鲜活商品和部分手工制品、特制品，有着长期的直销习惯，但随着计算机的普及和网络技术的发展，网上销售这种直销方式得到迅速发展。

（二）分销渠道的"长度"策略选择

分销渠道的长度表示之间环节的多少，对生产厂商而言，渠道环节越多，商品流通周期越长，控制起来就越困难，所以要尽量减少不必要的分销环节，选择较短的分销渠道。但是，渠道的选择不是绝对的，要视具体的情况来定。分销渠道的"长度"策略选择，必须系统地、综合地考虑多种因素才能作出决断。

长渠道通常适用于生产与消费的时空距离较大的商品；消费者比较分散；生产和消费之间具有较强的季节性的商品；消费者每次购买数量不多、单价较低的商品；售中、售后服务技术要求不高的商品。

短渠道通常适用于生产者与消费者的距离很近的商品；消费者较多且集中或每次交易量较大的商品；生产者资金雄厚、产销量较大的商品；消费者购买数量少，但单价高的商品；鲜活易腐商品；标准化程度高的商品；品种变化快、需求变化大的商品。

（三）分销渠道的"宽度"策略选择

分销渠道的宽度，即市场覆盖面的大小。在分销渠道中，是以企业在分销同一层次上使用中间商的多少表示渠道的宽度。中间商的数目越多，渠道越宽，市场覆盖面越大；中间商的数目越少，渠道越窄，市场覆盖面越小。对渠道中间商数目的选择，应根据产品、市场、中间商和企业的具体情况而定。通常有以下三种选择形式：

1. 密集分销

又称普遍性销售，即生产企业对经销商不加任何选择，经销网点越多越好，力求使产品能广泛地和消费者接触，方便消费者购买。这种策略适用于价格低廉、无差异性的日用消费品或生产资料中的标准件、小工具等。

这种策略除了具有与购买者见面广泛的优点外，还可以通过全国范围的广告，使选择中间商更为方便。但这种渠道策略的缺陷是：经销商数目众多，企业需花费较多精力来保持联系，且不易取得经销商的合作。同时，生产企业几乎负担全部广告宣传费用。

2. 选择性销售

生产企业选择几家批发商或零售商销售特定的产品，如采取特约经销或代销的形式把经销关系固定下来。这种渠道策略大都适用于一些选择性较强的日用消费品、专用性较强的零配件以及技术服务要求较高的产品。企业选择这种策略可以获得经销商的合作，有利于提高经销商的经营积极性，也可以减少经销商之间的盲目竞争。

3. 独家销售

生产企业在特定的市场区域内，仅选择一家批发商或代理商经销特定的产品。这种策略一般适用于新产品、名牌产品以及有某种特殊性能和用途的产品。

独家销售对生产者和经销者双方都有利有弊。其优点是：生产者易于控制市场的销售价格和数量，能够获得经销商的有效协作与支持，有利于带动其他新产品上市。同时，在一个较大市场中的独家经销商，还愿意花一定投资和精力来开拓市场。其缺点是：生产者在某一地区过分地依赖经销商，易受经销商的支配并承受较高的失败风险。

三、选择渠道成员

选择渠道成员，指在确定渠道结构及其类别的基础上，企业择定具体构成渠道结构的每一个商业企业或机构。企业应全面考虑待选企业的状况。

第一，与目标市场接近度。这是选择渠道成员的首要问题。生产企业应考察待选渠道成员是否接近生产企业的目标市场。

第二，财务状况。财务状况是最重要的考察方面之一，这对于经销那些需要有相当投资支持的产品尤为重要。企业的财力雄厚与否，直接涉及企业地位的稳固度和竞争力。

第三，产品组合状况。产品组合状况指生产企业拟交付商业企业的产品与该商业企业现有产品线的关系。实践中，应考察拟选定的商业企业是否有完整的产品组合。

第四，市场覆盖率（或占有率）。商业企业市场占有率或覆盖程度应与生产企业的既定营销目标相符合。在专营性销售和选择性销售中，这一因素显得很重要。若商业企业市场覆盖能力小于生产企业的要求，则生产企业的预期目标就很难达到；反之，如某商业企业市场覆盖面太大，则其可能会对其他经销商形成威胁，容易出现渠道冲突。

第五，推销能力。生产企业应对商业企业推销人员的数目，已表现出的推销绩效，在同类企业中的推销力量的比较等进行认真考察。

第六，储藏、运输能力。如企业产品需冷藏，生产企业希望经销商能更多地担负产品实体的储藏、运输任务时，此时，储藏、运输能力便成为决定性的条件。这既包括对商业企业储藏、运输设备等物质条件的了解，又包括对其组织产品实体储运能力的考察。除此之外，企业还应考虑中间商的声望和信誉，中间商的经营历史及经销绩效，对生产企业的合作态度与对经营拟交付产品的积极性，中间商的未来发展状况估计等。

四、分销渠道方案评估

每一渠道方案都是企业产品送达最后顾客的可能路线。生产者所要解决的问题，就是从那些看起来似乎很合理，但又相互排斥的方案中，选择最能满足企业长期目标的一种分销渠道方案。因此，企业必须对各种渠道方案进行评估，然后选择。评估标准有经济性、控制性和适应性。

（一）经济性标准

经济性主要是指每一条渠道的销售额与渠道成本之间的关系。在正常情况下，不同的分销渠道方案会有不同的销售额与渠道成本，生产者应对此作出评估。生产者在利用自己的销售人员直接推销及利用代理商销售之间如何选择呢？

由图 5-1-3 可以看出，当销售额为 Sb 时，两种分销渠道的成本相等；销售额小于 Sb 时，利用代理商是较佳的分销渠道方案；销售额大于 Sb 时，则由生产者直接销售为佳。一般来说，规模较小的企业或在较小市场从事营销的大企业还是利用销售代理商为宜。

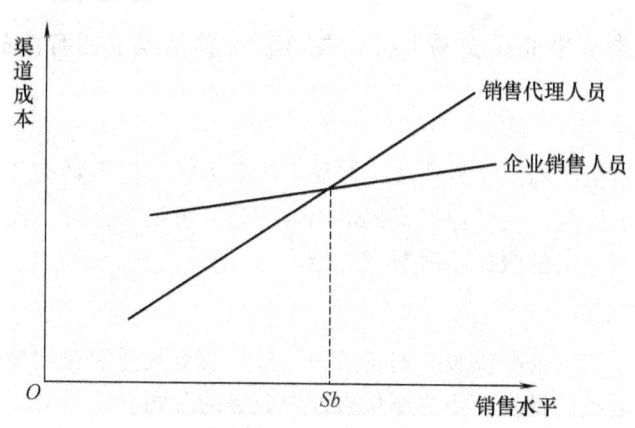

图 5-1-3 企业销售人员与销售代理商的经济性比较

（二）控制性标准

使用代理商无疑会增加控制上的问题。一个不容忽视的事实是，代理商是一个独立的企业，它所关心的是自己如何取得最大利润。它可能不愿与相邻地区同一委托人的代理商合作。它可能只注重访问那些与其推销产品有关的顾客，忽略对委托人很重要的顾客。代理商的推销员可能无心去了解与委托人产品相关的技术细节，或很难认真对待委托人的促销数据和相关资料。因此，在渠道控制方面，生产者自己直接销售肯定要高于利用销售代理商。

（三）适应性标准

在评估各渠道选择方案时，还有一项需要考虑的标准，那就是渠道是否有适应环境变化的能力。生产者利用销售代理商，可能与其签订几年的合同，如果在此期间市场环境发生变化，这些承诺将降低生产者的灵活性和适应性。例如，某一制造商决定利用销售代理商推销产品时，可能要签订5年的合同，这段时间，即使采用其他销售方式会更有效，制造商也不得任意取消销售代理商。所以，一个涉及长期承诺的渠道方案，只有在经济性和控制性都很适宜的情况下才可予以考虑。

五、中间商分析

所谓中间商是指处于生产者和消费者之间，参与商品流通业务、促进买卖行为发生和实现的组织或个人。根据不同的分类标准，可以对中间商从两个角度加以区分：按其是否拥有产品所有权，分为经销商和代理商；按其在流通过程中的地位和作用，分为批发商与零售商。

（一）经销商和代理商

经销商和代理商的区别在于是否取得商品所有权，经销商取得商品所有权，代理商不取得商品所有权。

1. 经销商

经销商是指从事商品交易业务，在商品买卖过程中拥有商品所有权的中间商。

2. 代理商

代理商是指从事商品交易业务，接受生产者委托，但不具有商品所有权的中间商。他们从事代购、代销业务或提供销售信息、咨询服务等，促成商品交易的实现，从而获得一定的服务手续费或佣金。

（二）批发商

批发是指一切将物品或服务销售给为了转卖或者其他商业用途而进行购买的个人或组织的活动。批发商指主要从事批发业务的公司。

1. 批发商的职能

（1）销售与促销。批发商通过其销售人员的业务活动，可以使制造商的产品有效地接触众多的小客户，从而促进销售。

（2）采购与搭配货色。批发商代替顾客挑选产品，并根据顾客需要，将各种货色进行有效搭配，从而节省顾客的时间。

（3）整买零卖。批发商可以整批买进商品，再根据零售商的需要批发出去，从而降低零售商的进货成本。

（4）仓储服务。批发商可将商品储存到出售为止，可降低供应商和顾客的存货成本和风险。

（5）运输。由于批发商一般距离零售商较近，可以很快将商品送到顾客手中。

（6）融资。批发商可以向客户提供信用条件，提供融资服务；另一方面，如果批发商能够提前订货或准时付款，也等于为供应商提供了融资服务。

（7）风险承担。批发商在分销过程中，拥有商品所有权时，可承担失窃、瑕疵、损坏或过时等各种风险。

（8）提供信息。批发商可向其供应商提供有关买主的市场信息，诸如竞争者的活动、新产品的出现、价格的剧烈变动等。

（9）管理咨询服务。批发商可经常帮助零售商培训推销人员、布置商店及建立会计和存货控制系统，从而提高零售商的经营效益。

2. 批发商的类型

批发商主要有三种类型：商人批发商、经纪人和代理商、制造商及零售商的分店和销售办事处。

（1）商人批发商。指自己进货，取得产品所有权后再批发出售的商业企业的独立批发商。商人批发商是批发商的最主要类型。

商人批发商按职能和提供的服务是否完全，可分为两类。

第一类，完全服务批发商。他们是执行批发商业的全部职能的批发商，主要包括保持存货、雇用固定的销售人员、提供信贷、送货和协助管理等。完全服务批发商又可分为批发商人和工业分销商两种。批发商人主要是向零售商销售，并提供广泛的服务；工业分销商向制造商销售产品。

第二类，有限服务批发商。他们为了减少成本费用，降低批发价格，只执行批发商业的一部分职能，提供一部分服务。它们包括：现购自运批发商（他们要求顾客自己准备货车去仓库选购商品，不准赊销，即时结清货款）、直运批发商（他们在接到顾客订单后再向生产者进货，并通知生产者把产品直接运给用户的批发商）、卡车批发商（他们从生产者处把商品装上卡车后，立即运送给零售商店、饭馆、旅馆等顾客，他们不需要仓库，经营的是易腐和半易腐商品）、货架批发商（指在超级市场和其他食品杂货店设置自己的货架或柜台，展销其经营的商品，商品售出后再向零售商收款的批发商）、邮购批发商（借助邮购方式开展批发业务的批发商）和农场主合作社（为农场主共同所有，负责将农产品组织到当地市场上销售的批发商，合作社点的利润在年终时分配给各农场主）等。

（2）经纪人与代理商。指从事购买或销售或两者兼备的洽商工作，但不取得产品所有权的商业单位。与商人批发商相似的是，它们通常专注于某些产品类或某些顾客群。经纪人和代理商主要分为：

商品经纪人。他们的主要作用是为买卖双方牵线搭桥，协助它们谈判，促成成交。成交后，由卖主把货物直接运送给买主，而经纪人向委托人收取一定的佣金。

制造商代表。指代表两个或若干个互补的产品线的制造商，分别和每个制造商签订有关定价政策、销售区域、订单处理程序、送货服务和各种保证以及佣金比例等方面的正式书面合同的批发商。

销售代理商。是指在签订合同的基础上，为委托人销售某些特定产品或全部产品的代理商。它与制造商代表的区别在于：首先，一个制造商只能使用一个销售代理商而不得再委托其他代理商销售产品；其次，销售代理商具有销售委托者全部产品的权力，而且不限定只能在一定的地区内销售，对价格条款及其他交易条件可以全权处理。而生产者可以同时使用多个制造商代表，销售价格、价格幅度及销售区域受委托人限制。

采购代理商。指一般与顾客有长期关系、代他们进行采购，往往负责收货、验货、储运的代理商、佣金商（是指对产品实体具有控制力并参与产品销售协商的代理商，大多数佣金商从事农产品的代销业务，佣金商通常备有仓库，替委托人储存、保管物品）。

(3) 制造商及零售商的分店和销售办事处。指生产者自己设立的从事批发业务的销售分店和办事处。有的分店持有自己的存货，如大多数经营木材和自动设备零件业等；有的销售办事处不持有存货，如纺织品和针线杂货业。

(三) 零售商

零售指的是直接向最终消费者销售商品或提供服务的活动。不论是制造商、批发商或是零售商都可以从事零售业务，但零售商仅指那些主要服务于广大消费者，是整个营销渠道的出口，是商品流通的最终环节。

零售商可以分为三种基本类型，即商店零售商、非商店零售商和零售组织，如图 5-1-4 所示。

1. 商店零售商

商店零售商又称零售商店，包括：

(1) 专用品商店。指商店经营的产品线较少，但产品的花色品种较为齐全的商店。又分为单一产品线商店，如服装商店；有限产品线商店，如男士服装店；超级专用品商店，如男士定制衬衫店。以上三类商店中，超级专用品商店的发展最为迅速，因为这方面可以利用的细分市场和产品专业化的机会将越来越多。

(2) 百货商店。百货商店一般经营多条产品线的产品，每一条产品线都作为一个相对独立的部门进行管理，有专门的采购员和营业员。

(3) 超级市场。超级市场是规模相当大、成本低、毛利低、销售量大的、顾客自我服务的经营单位，主要经营各种食品、洗涤用品和家庭日用品等。

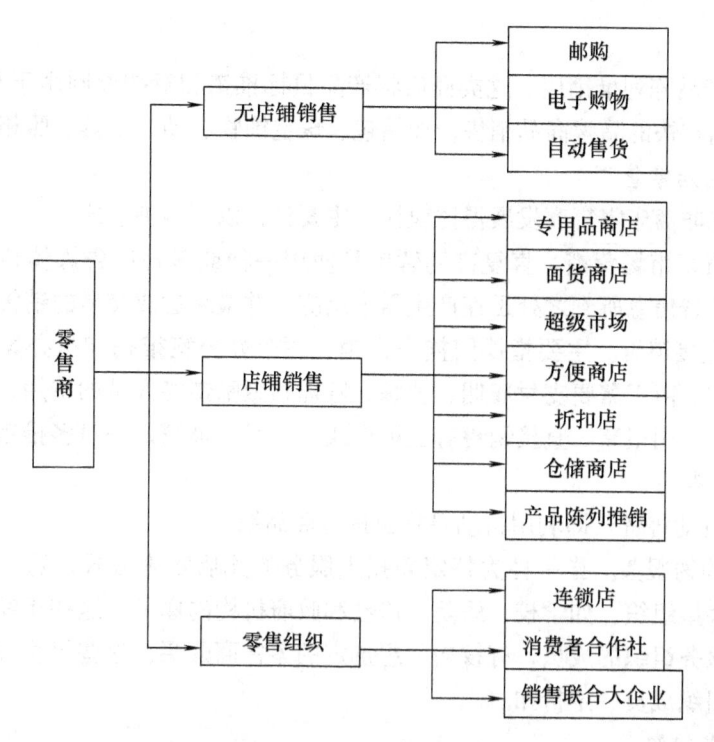

```
                    ┌─────────────┐   ┌──邮购
                    │  无店铺销售  ├───┼──电子购物
                    │             │   └──自动售货
                    └─────────────┘
                                     ┌──专用品商店
                                     ├──面货商店
          ┌──────┐  ┌─────────────┐  ├──超级市场
          │零售商├──┤  店铺销售    ├──┼──方便商店
          └──────┘  │             │  ├──折扣店
                    └─────────────┘  ├──仓储商店
                                     └──产品陈列推销
                    ┌─────────────┐  ┌──连锁店
                    │  零售组织    ├──┼──消费者合作社
                    │             │  └──销售联合大企业
                    └─────────────┘
```

图 5-1-4　零售商类型

（4）方便商店。方便商店是指设在居民区附近、营业时间长、销售品种范围有限、周转率高的小型商店。消费者主要利用它们作"填充"式采购，因此方便商店的价格要高一些。

（5）超级商店、联合商店和特级商场。超级商店比传统的超级市场大，主要销售各种食品和非仪器类日用品，同时也提供有关的服务项目。联合商店比超级商店大，呈现一种经营多元化的趋势。特级商场（又称大卖场）比联合商店还要大，综合了超级市场、折扣和仓储零售的经营方针，花色品种超出了日常用品的范围，包括家具、大型和小型家用起居、服装以及其他品种。

（6）折扣商店。折扣商店经常以低价销售商品，突出销售全国性品牌，在自助式、设备最少的基础上经营，店址设置主要着眼于吸引较远处的顾客。

（7）仓储商店。仓储商店是一种以大批量、低成本、低售价和微利方式经营的连锁式零售商业。仓储商店的特点：以工薪阶层和机关团体为主要服务对象，旨在满足一般居民的日常性消费需求，以及机关团体的办公性与福利性消费需求；从厂家直接进货，尽可能降低经营成本，销售价格低廉；从所有商品门类中挑选最畅销的商品大类，然后再从中精选出最畅销的商品品牌并在经营中不断筛选；根据销售季节等具体情况随时调整经营商品的品种，保证商品的顺畅流转，以使销售的商品占有较大的市场份额；注意发展会员和会员服务，加强与会员之间的联系，以会员制为基本的销售和服务方式；采用先进的计算机管理系统。

(8) 产品陈列推销店。这类商店将产品目标推销和折扣原则用于品种繁多、加成高、周转快的品牌商品销售，如箱包、珠宝饰物、动力工具、照相器材等。

2. 非商店零售商

近年来非商店零售商发展得比较快，主要包括以下四种形式：

(1) 直复市场营销。直复市场营销是使用一种或多种广告媒体传递商品信息，以使广告信息所到之处迅速产生需求反应，并最终达成交易的销售系统。

(2) 直接销售。主要指挨门挨户推销、逐个办公室推销和举办家庭销售会推销等形式。由于需要支付雇佣、训练、管理和激励销售人员的费用，因而直接销售的成本费用很高。直接销售有三种形式：一对一推销，一对多推销和多层次（网络）推销。

(3) 自动售货。即利用自动售货机进行商品销售。

(4) 购物服务。指一种为特定委托人服务的无店零售方式，这些委托人通常是一些大型组织，如学校、医院、协会和政府机构的雇员。这些组织的成员就成为购物服务组织的成员，有权向一组选定的零售商购买，这些零售商同意给予购物服务组织成员一定折扣。

3. 零售组织

零售组织主要有连锁商店、消费者合作社、销售联合大企业等几种类型。

(1) 连锁商店。其经营有三种形式：

正规连锁。指总店对分店拥有资产所有权，对人、财、物实行统一管理，各分店不是独立的法人。

自由连锁。总店和分店都是独立的法人，两者依靠契约关系进行连锁。

特许连锁（也称为特许经营）。这种形式介于正规连锁和自由连锁之间，以总店向分店提供的特定商品和服务规范为基础进行连锁。

连锁店能够在市场竞争中取得成功的根本原因，就在于连锁经营形式能够促使其实现成本优势、价格优势、品牌效应、大销售量良性循环。

(2) 消费者合作社。消费者合作社是一种消费者自发组织，自己出资、自己拥有的零售单位。

(3) 销售联合大企业。销售联合大企业是一种组合形式的类公司，它以多种所有制的形式将不同类型、不同形式的零售商组合在一起从事多样化零售，并通过综合性、整体性的管理运作，为所属零售商创造良好的经营环境与条件。

技能训练

具体任务：

将学生分组，每个小组从以下产品中任选一个，为其设计多种分销渠道：

(1) 价值 500 元的 MP4 播放器。
(2) 高档化妆品。
(3) 价值 1 500 元的手机。
任务要求：
(1) 注意分销渠道的基本功能。
(2) 影响分销渠道策略选择的因素。
(3) 熟悉可能出现中间商的基本特点和类型。
(4) 对分销渠道的长度和宽度作出必要的说明。
(5) 形成文字描述。

任务二：分销渠道的管理

任务布置
为某企业制定《分销商管理控制方案》。

技能目标及素质目标
技能目标：
(1) 掌握分销商的选择、激励以及分销渠道评估的方法；
(2) 掌握分销渠道冲突的解决方法；
(3) 能够有效处理窜货问题；
(4) 能够撰写《分销商管理控制方案》。
素质目标：
(1) 具备良好的分析问题、解决问题的能力；
(2) 具备良好的文字表达能力。

教学实施建议
将学生进行分组，3~5 人为一组，各组选出一个组长负责组内工作。小组从以下几个方面，通过讨论的方式进行分析，并最终形成报告：
(1) 管理分销商的组织；
(2) 分销商选择控制，包括：分销商的选择标准、流程；
(3) 分销商的日常维护；
(4) 分销商的分级管理。
由于不是特定企业，所以报告内容可以较为概括。

解决方案

一、方案规划

目的：为进一步加强对公司分销商的管理、控制，提高分销商的盈利能力，促进公司各类产品的销售量，以实现公司的营销战略目标，特制定本方案。

适用范围：本方案适用于公司经销商、代理商、零售商、加盟商等分销商的管理工作。

二、管理分销商的组织

① 销售部业务员负责开发各种分销商，业务员根据客户情况可申请开发终端大客户。

② 合同管理员负责各种分销商档案及合同管理，并初步审核各种分销商的合同。销售部经理（区域销售经理）负责分销商合同的最终确定工作。

③ 业务员负责分销商的日常合作维护，销售部经理（区域销售经理）负责监督、指导业务员的分销商开发和维护工作，并对业务员进行工作评价和提出改善建议。

④ 业务员负责收集和提供分销商信息变化，并将相关信息及时提供给合同管理员，由合同管理员对分销商档案进行更新。

三、分销商选择控制

（1）分销商的选择标准。

① 经营同类产品或同业经营经验达××年以上。

② 分销商的固定资产达×××元以上（或年营业额达×××元以上）。

③ 法人代表道德品质好。

④ 建有客户档案管理制度和风险评估办法。

（2）销售渠道规划及片区销售渠道规划。

① 销售部每年×月1日下发年度销售渠道规划。

② 销售部经理（区域销售经理）根据销售渠道规划内容，结合本区域特点规划本区域销售渠道。

③ 销售部经理（区域销售经理）于×月5日将片区渠道规划、合格分销商名录以及分销商的选择标准下发给业务员。

（3）寻找、开发分销商。

① 业务员根据片区渠道规划、合格分销商名录和分销商的选择标准，寻找、确定符合企业要求的分销商，并与分销商签订相应的合同。

②业务员将合同提交销售部经理（区域销售经理）审核，经销售部经理（区域销售经理）审核后，编制新的分销商名录，并与合同一起传递给合同管理员。

（4）分销商档案归档。

合同管理员接到合同后，依据相关合同管理流程对合同进行评审，并对分销商的合同和档案进行编号、归档和记录。

四、分销商日常维护

（1）业务员根据销售订单处理及跟踪流程、销售计划管理流程和销售产品发货管理流程等相关制度规定，安排相应的工作，为分销商提供良好的服务。

（2）业务员应定期对分销商进行拜访，了解分销商的库存情况、订货情况以及经营状态变更情况。拜访结束后，需要对分销商的相关信息进行记录、汇总，同时将相关信息提交给销售部经理（区域销售经理）；销售部经理（区域销售经理）将分销商的信息变化内容汇总后，传给合同管理员，合同管理员进行归档并更新分销商档案。

（3）业务员接到分销商的投诉后，根据投诉类别和重要程度进行区分。如果业务员能够解决，则由业务员解决，否则提交销售部（或区域销售部）进行解决。

（4）财务部定期将分销商对账单提供给业务员，由业务员与分销商进行对账，开展货款催收工作；业务员判断应收账款可能存在的风险，将相应的信息提供给财务部。

五、分销商档案管理

（1）分销商档案维护。

①业务员提交分销商信息，合同管理员建立分销商档案。

②业务员定期提供分销商的变化信息，合同管理员及时更新分销商档案。

③合同管理员负责分销商档案的保管、调阅等管理工作。

④财务管理部提供分销商信用变更情况，合同管理员更新分销商信用状况。

（2）分销商档案查询。

相关的业务部门提出申请，经销售部经理（区域销售经理）审批后，合同管理员提供相应分销商档案，并负责合同档案的回收工作。

六、分销商分级管理

（1）分销商分级管理的目的。

①确定分销商对公司销售的贡献程度。

②对不同等级的分销商采取不同的策略，保证公司资源集中投放于贡献率较高的分销商。

（2）分销商分级管理的内容。

①根据分销商对公司销售的贡献程度，将其分为三个等级（AAA级分销商、

AA级分销商、A级分销商），实行三级管理制度。

②分销商分级管理应用。

AAA级分销商，公司与其建立战略合作关系，并在促销资源上优先支持。

AA级分销商公司采用重点维护策略，提供更多指导，努力促使分销商向AAA级分销商转变。

A级分销商统一采取现款交易，提供一般的维护。

（3）分销商分级管理调整。

公司每年开展一次分销商等级评定工作，并根据公司的发展提高或者降低分销商的评价标准。

（4）分销商信用管理。

分销商的信用由业务员提出申请，经相关部门联合评审后，供给分销商使用。具体操作请参考《分销商信誉管理制度》。

相关知识点

前面已述及，当企业选择渠道方案后，必须对中间商加以选择和评估，并根据条件的变化对渠道进行调整。另外，生产商与分销商是一种委托与代理的关系，这中间牵涉到各个分销商与生产商目标不一致的问题，这一切将会影响分销渠道的顺利运行，从而引发出一个问题：生产商或者是上游企业应该如何选择合适的分销成员，如何对他们进行控制和管理，以使得渠道的运行能够与自己的分销渠道目标所一致。通常来说，分销渠道管理主要涉及分销渠道的建设、分销渠道的评估以及分销渠道的改进。

5.2.1 分销渠道的建设

企业管理人员在进行分销渠道设计之后，还必须进行分销渠道的建设，主要包括对渠道成员的选择、激励以及激励方式的选择。

一、渠道成员的选择

生产者在选择中间商时，常面临这两个问题：一是如何找到渠道成员；二是如何考评渠道成员是否适合加盟。

对于第一个问题，通常生产商会通过内部信息源（包括销售队伍、内部人员的推荐介绍等）和外部信息源（包括行业协会、商会、广告等）途径来解决。

对于第二个问题，生产商一般需要通过各种途径来评价加盟分销商的历史记录、清偿能力、合作态度、声望等。当中间商是销售代理商时，生产者还须评估其经销的其他产品大类的数量与性质、推销人员的素质与数量。当中间商打算授予某家百货商场独家分销时，则生产者还须评估该百货商场的位置、未来发展潜力以及经常光顾的顾客类型。

不过，为了保证生产商和分销商委托代理关系的坚实可靠，选择渠道成员一般可以遵循以下原则：

（一）进入目标市场原则

生产商选择的分销商经营的产品要和自己销售产品的目标市场保持一致。比如，作为家庭消费品的生产商希望其分销商经营的产品至少一个大类的目标市场和其是一致的。

（二）形象匹配原则

生产商选择的分销商的形象应该和生产商或者生产商的产品相匹配，尤其不能选择与自己产品形象相左的分销商。

（三）突出产品销售原则

分销商销售产品的过程应该和生产商突出产品销售的原则是一致的。

（四）同舟共济原则

所选的分销商应明确自己的利益是和生产商联系在一起的。

二、渠道成员的激励

（一）渠道成员的激励与激励内容

生产商在选择确定了分销商之后，为了更好地实现企业的营销目标，还要经常激励中间商，使之恪尽职责，就必须采取各种措施不断对中间商给予激励，以此来调动中间商经销企业产品的积极性，并通过这种方式与中间商建立一种良好关系。

激励包括的主要内容有：研究不同分销商的需要、动机与行为；采取措施调动积极性；解决各种矛盾等。激励方法有很多，不同企业所用方法不同，即使是同一企业，在不同地区或销售不同产品时所采取的激励方法也可能不同。研究不同分销商的需要、动机和行为意味着激励方式的选择要具有针对性。如果不分析中间商的需求情况随便采取一种激励手段，其激励效果可能不会很好，有时甚至起负面效果。企业还要确定好合理的激励水平，避免激励过分或激励不足的问题，因为激励可能带来销售量增加，但也需要花费生产商的人力、财力。

采取措施调动积极性时，需要注意采用多元手段。如果激励手段过于单一，当产品市场不稳定，出现利润下降甚至没有利润时，分销商就可能流失。而如果相互之间的关系多元化，就可以化解很多危机。例如，现在有的企业在自身发展的同时，不惜花较多的时间扶持起一大批一流经销商，与之相随，企业对中间商的影响力也随之扩大。

另外，在分销渠道运作过程中，也常常会出现制造商与分销商之间、分销商与分销商之间的矛盾。出现这些矛盾的关键在于利益的得失或者利益的侵犯，比如分销商之间的窜货行为。因此，生产商除了要从协议上防止利益侵犯行为的出现，还要在运作过程中经常性地调查、了解、解决各种矛盾。

总之，生产商必须小心观察中间商如何从自身利益出发来看待、理解这些措施，因为在渠道关系中存在着许多潜伏的矛盾点，拥有控制权的生产商很容易无意识地伤害到中间商的利益。

（二）激励方式的选择

生产商在处理自己与经销商的关系时，采取的激励方式通常有四种：合作、合伙、分销规划和合理运用自己的势力。

1. 合作

生产商应当得到分销商的合作。不少生产者认为，激励的目的就是取得中间商的合作，因此应多采用积极的激励手段，如给予较高的销售佣金、交易中给予特殊照顾、给予促销津贴等，如果行不通，偶尔应采用消极的制裁办法，诸如扬言要减少销售佣金、推迟交货、终止关系等。这些方法的根本问题是生产者从未认真研究过经销商的需要、困难及优缺点，相反，他们只依靠草率地应用刺激—反应式的思考，把很多繁杂的手段直接拼凑起来而已。

2. 合伙

生产商与分销商在销售区域、产品供应、市场开发、财务要求、市场信息、技术指导、售后服务等方面彼此合作，按分销商遵守合同程度给予激励。一些企业往往试图与经销商建立长期合伙关系。这就要求生产商必须深入了解它能从经销商那里得到些什么，以及经销商可从生产商那里获得些什么。例如，某企业不直接付给经销商25%的销售佣金，而是按下列标准支付：①如保持适当的存货，则付5%；②如能达到销售配额，则再付给5%；③如能有效地为顾客服务，则再付5%；④如能及时报告最终顾客的购买水平，则再付5%；⑤如能对应收账款进行适当管理，则再付5%。

3. 分销规划

所谓分销规划，是指建立一个有计划的，实行专业化管理的垂直营销系统，把生产商的需要与经销商的需要结合起来。生产商可在营销部门专设一个分销关系规划处，负责确认经销商的需要，制订交易计划及其他各种方案，以帮助经销商以最佳的方式经营。该部门和经销商共同确定交易目标、存货水平、商品陈列计划、销售训练要求、广告与销售促进计划。

4. 合理运用自身的势力

生产商对分销商的控制除了合作、合伙、分销规划外，还可以合理地利用自己的某些势力来赢得中间商的合作，进行激励。这些势力包括：

（1）强制力。强制力是指生产商对违反前期协议、损害自身利益的分销商采取威胁撤回某种资源或中止关系而形成的势力。分销商对生产者的依赖性越强，这种势力的效果越明显。

（2）奖赏力。奖赏力是指生产商为了鼓励分销商的某些突出贡献而采取的奖励措施。奖赏力的负面效应是每当生产商要求中间商执行某种职能时，中间商往往要求更高的报酬。

（3）法定力。法定力是指生产商要求分销商按照双方达成的合同履行义务而执行某些职能的势力。

（4）专长力。专长力是指生产商因拥有某种专业知识而对分销商构成的控制力。如果中间商得不到这些专业服务，其经营很难成功。而一旦将专业知识传授给分销商，这种专长力就会削弱。

（5）感召力。感召力是指分销商对生产者深怀敬意并希望与之长期合作而形成的势力。像 IBM、微软、柯达、摩托罗拉等国际知名公司都有很强的感召力，分销商都愿意与之建立长期、稳定的合作关系。

5.2.2 分销渠道的评估

生产商除了选择和激励渠道成员外，还必须定期检查和衡量分销商的销售业绩，如销售量完成情况、平均库存水平、向顾客交货的时间、促销计划的执行以及分销商向顾客提供的服务保证等。生产商应该定期或者不定期地对这些指标的执行情况进行考核，以确定激励机制和具体措施。如果某一渠道成员的绩效过分低于既定标准，则需找出主要原因，同时还应考虑可能的补救方法。当放弃或更换分销商将会导致更坏的结果时，生产商则只好容忍这种令人不满的局面；当不致出现更坏的结果时，生产商应要求工作成绩欠佳的中间商在一定时期内有所改进，否则，就要终止合作。对分销商的评估通常采用两种办法，契约式的约束评估以及定期的衡量绩效评估。

一、契约式的约束与销售配额

契约式的约束是指生产商与分销商一开始就签订了有关绩效标准与奖惩条件的契约。在契约中应明确分销商的责任，如销售强度、绩效与覆盖率、平均存货水平、送货时间、次品与遗失品的处理方法、对企业促销与训练方案的合作程度、分销商对顾客须提供的服务等，并且明确了生产商对分销商的奖励机制。这样在中期评估的时候就可以避免许多的摩擦，防止矛盾的产生。需要注意的是，在衡量分销商的绩效时，不仅要看各分销商销售水平的绝对值，而且还需考虑到他们各自面临的各种不同可控程度的变化环境，考虑到生产商的产品大类在各中间商的全部产品组合中的相对重要程度。另外，其他分销商窜货等现象也可能影响部分分销商的销售水平，这样就需要在契约中明确一些责任的归属问题。

二、衡量分销商绩效的主要方法

除了契约式约束外，还可以采取定期的衡量绩效评估。测量分销商的绩效，主要有两种方法可供使用。

第一种测量方法是将每一中间商的销售绩效与上期的绩效进行比较，并以整个群体的升降百分比作为评价标准。对低于该群体平均水平的中间商，必须加强评估与激励措施。如果对后进中间商的环境因素加以调查，可能会发现一些可原谅因素，诸如当地经济衰退，某些顾客不可避免地失去，主力推销员的流失或退休等。其中某些因素可在下一期予以补救。这样，生产商就不必因这些因素而对经销商采取任何惩罚措施。

第二种测量方法是将各分销商的绩效与该地区的销售潜量分析所设立的配额相比较。即在销售期过后，根据分销商的实际销售额与其潜在销售额的比率，将各分销商按先后名次进行排列。这样，企业的调查与激励措施可以集中于那些未达既定比率的分销商。

下面是某企业分销渠道信誉评价方案，供读者参考。

分销渠道信誉评价方案

一、目的

为完善我公司所有分销渠道信誉的评价体系，引导渠道加强信誉建设，从而进一步细化我公司产品渠道销售的规范，加强市场秩序管理力度，特制定本方案。

二、适用对象

1. 本财政年度内所有产品的签约分销商。

2. 本公司所有产品的签约分销商在销售过程中，涉及向公司申请特殊资源或销售公司产品的行为。

三、信誉评价有效期

2008 年 11 月 1 日至 2009 年 10 月 31 日。

四、管理办法

1. 对一级分销商进行单项奖惩，增减销售奖励并统计信誉分。

2. 对二级分销商进行单项奖惩，增减销售奖励通过其上一级分销商发放或扣罚。

3. 二级分销商的信誉分统计在其上一级分销商的信誉得分中。

五、渠道信誉评价体系

（一）信誉评价体系的指标

通过三个方面来评价各级分销商在与公司合作过程中的信誉等级。

1. 各级分销商在提交订单申请时的规范性。

2. 各级分销商在执行销售规范时的自律性。

3. 各级分销商在维护市场秩序方面的积极性。

（二）信誉评价方式

信誉评分采用年度累计的方式计算。渠道信誉评价基础分为 100 分，最低分为 0 分，最高分不设上限。

（三）评分标准

详细的评分标准请参考下面的"信誉评分标准表（表 5-2-1）"。

表 5-2-1 信誉评分标准表

类型		行为标准	减少/增加销售奖励	分数
订单申请的规范性（最高得分 20 分，最低得分 0 分）				
1. 申请规范性		① 价格支持（投标）申请表填写不规范	无	减 5 分/次
		② 申请用户不规范	无	减 5 分/次
		③ 订货合同备案不规范	无	减 5 分/次
2. 操作规范性		① 最终用户变更不规范	无	减 5 分/次
		② 紧急调货说明不规范	无	减 5 分/次
销售规范执行的自律性（最高得分 80 分，最低得分 0 分）				
外流	3. 结果虚假	① 投标订单外流	减少销售奖励____万元，收回全部支持折扣	减（15×夹单系数）分/次
		② 价格支持订单外流	减少销售奖励____万元，收回全部支持折扣	减（10×夹单系数）分/次
		③ 同一用户代理____次外流	参照上述标准，加倍处理	减（15×夹单系数）分/次
	4. 过程虚假	① 投标申请过程中，发现用户需求虚假	减少销售奖励____万元	减 10 分/次
		② 价格支持申请过程中，发现用户需求虚假	减少销售奖励____万元	减 5 分/次
		③ 以虚假合同或复制合同申请相关支持	减少销售奖励____万元	减 10 分/次
		④ 未及时填写最终用户变更说明及紧急调货说明	参照外流（结果虚假）执行	参照外流（结果虚假）扣分
	5. 专项虚假	① 政府采购中心统一采购虚假	参照外流（结果虚假）执行	参照外流（结果虚假）扣分
		② 精品店特价产品外流	减少销售奖励____万元	减（15×夹单系数）分/次
		③ 防伪税控外流	减少销售奖励____元/台	减 5 分/次
	6. 外流销售	① 销售其他渠道外流产品	减少销售奖励____万元	减 10 分/次
		② 低于成本价销售	减少销售奖励____万元	减 10 分/次
报价销售	7. 跨区销售	① 跨区销售或调货	减少销售奖励____元/台，最高至____万元	减 5 分/次
		② 销售外区渠道产品	减少销售奖励____万元	减 10 分/次

续表

类型		行为标准	减少/增加销售奖励	分数
报价销售	8. 向停货公司供货	向停货公司供货	减少销售奖励____元/台，最高至____万元	减5分/次
	9. 低价销售	① 报低价或低价销售	减少销售奖励____万元	减3分/次
		② 向低价销售公司供货	减少销售奖励____万元	减3分/次
	10. 报低价	① 在媒体上报低价	减少销售奖励____万元	减10分/次
		② 在任何场合泄露进货价	减少销售奖励____万元	减5分/次
	11. 其他	① 欺骗、威胁用户	减少销售奖励____万元	减10分/次
		② 毁坏区域、专供标识	减少销售奖励____元/台	减1分/次
维护市场秩序的主动性（最高得分不设上限，最低得分为0分）				
1. 外流举报		外流举报属实	增加销售奖励____万元	加5分
2. 积极参与消协的活动		①协助大区开展协会活动 ②利用协会维护区域秩序	无	加2分
3. 其他违规行为举报		积极举报违规现象，提供明确证据	增加销售奖励____万元	无

备注：

① 投标订单外流。投标的产品应该准确销往最终申请用户，即申请数量、申请机型与用户实际需求一致。否则视为投标外流，承担外流责任。

② 价格支持订单外流。公司提供价格支持的产品应该准确销往最终申请用户，即申请数量、申请机型与用户实际需求一致。否则视为价格支持外流，承担外流责任。

③ 同一用户代理两次外流。分销商为同一用户申请的特价支持在出现外流问题后，本年度再次出现外流，无论是用户外流还是分销商外流，分销商都要承担再次外流责任。

④ 夹单系数 = 申请机器数/最终用户收到的机器数×100%

⑤ 渠道信誉得分 = 规范性得分 + 自律性得分 + 主动性得分。

六、信誉等级的应用

（一）季度考核

若渠道信誉得分低于80分，则取消年度评奖的资格。

（二）价格支持后返

① 渠道信誉得分在90分（含）以上的分销商，有权获得当日后返的资格。

② 渠道信誉得分在80分（含）~90分的分销商，无权获得当日后返的资格。

③ 渠道信誉得分在80分以下的分销商，阶段性无权申请投标支持。

（三）商务信誉评级

① 渠道信誉得分在80分（含）~90分的分销商，商务信用评级降级。

② 渠道信誉得分在80分以下的分销商，停止专项信誉金申请的权利。

（四）金银牌升级

① 金牌渠道信誉得分在80分以下的分销商，年度内转为银牌渠道。

② 银牌渠道信誉得分在80分以下的分销商，年度内无资格升为金牌渠道。

5.2.3 分销渠道冲突及其解决方案

一、渠道冲突的形式

当渠道成员之间发生冲突时，企业首先应当要做的事项就是了解冲突的形式及性质。

（一）横向冲突

横向冲突是指某渠道内同一层次中的成员之间的冲突。

（二）纵向冲突

纵向冲突是指同一渠道中不同层次成员之间的冲突。

（三）交叉冲突

交叉冲突是指两条或两条以上的渠道之间的成员发生的冲突。

二、引起渠道冲突的原因

一般来说，引起渠道成员之间产生冲突的原因主要包括以下八个方面。企业可以从这八个方面着手分析，快速从中找出问题的症结，以便针对性地制定解决方案。

（一）目标错位

不同渠道成员对企业的效率目标或效益最大化目标的理解有偏差。

（二）角色不一致

模棱两可的渠道成员角色定位导致渠道成员的角色认知不一致，某一渠道成员的行为超出了其他成员角色预期的可接受范围。

（三）业务领域冲突

渠道成员对业务领域的某些地方未达成共识，导致产生以下两种情况。

（1）渠道成员未对自身在整个渠道系统的经营范围有明确的认知。

（2）渠道成员的业务领域有部分重叠。

（四）沟通欠缺

（1）公司没有或未及时与渠道成员交换重要信息。

（2）沟通受到外界干扰（如企业内部的术语、缩写等）的干扰。

（五）方法差异

渠道成员对实现预期目标采取不同的方法或解决问题的方法发生争议时，也会产生业务或利益冲突。

（六）价值观差异

公司与渠道成员、渠道成员之间对企业管理理念、价值观等有着不同理解。

（七）资源稀缺

资源稀缺、资源的分配不均也是导致渠道成员产生冲突的重要原因之一。

（八）营销环境恶劣

营销环境恶劣包括渠道成员不合作或报复制造商等。

三、渠道冲突的处理

针对上述不同原因产生的冲突，应制定不同的解决方案。

（一）目标错位——设定目标管理

对于渠道成员发生的目标错位，企业可设立一个超级目标，来化解渠道成员冲突。超级目标是需要企业和渠道成员共同努力方能达成的目标，包括渠道生存能力、市场占有率、高质量和优质服务、顾客满意度等。这些目标的设定，有利于统一和团结渠道成员为达目标而达成统一。

（二）角色不一致——角色互换

对于角色认知不一致导致的冲突，企业可采取角色互换的办法，即在两个或两个以上的渠道层次上（如制造商的销售经理与部分经销商的负责人）实行人员互换，为渠道成员提供一个"换位思考"和从对方角度考虑问题的位置，以便对彼此的角色有更清晰的认知。

（三）业务领域冲突——明确业务领域、提供不同的产品

对于因业务领域造成的渠道冲突，可采用两种方法来解决。

（1）明确定义各渠道成员各自的经营领域。

（2）给不同的渠道成员供应不同的产品。

（四）价值观差异——加强或改变价值定位

当渠道成员的价值观存在差异时，企业可采取加强或改变分销渠道的价值定位，并做好加强改变后的沟通工作。

（五）资源稀缺——重点分配企业资源

当企业营销资源有限，而造成渠道成员因争抢资源也产生冲突时，企业可采取下列措施来避免或解决。

（1）公平对待每一个渠道成员，创造公平的竞争环境。

（2）调整不同产品的利润要求，以支持不同渠道成员的经济模式。

（3）对于完成特定要求的成员给以销售奖励优惠。

（4）不给予直销渠道成员以特定的服务或支持。

（六）营销环境恶劣——内外力相结合

利用企业自身的实力（如强势的品牌）来对抗渠道成员的不合作，以阻止其报复行为的内部方法主要有：将产品转移给其他业绩较好、合作态度较好的渠道成员；通过引进新的渠道成员来弥补现有渠道的不足；整合日渐衰落的渠道成员。

外部解决冲突方法主要有：

（1）第三方介入，即利用仲裁解决渠道成员的冲突。

（2）政府介入，即根据政府指定的相关政策采取相应的措施来解决渠道冲突。

（3）法律介入，即诉诸法律来解决冲突。需要注意的是，一旦采用这种方法，即意味着渠道关系进一步恶化，直至双方解决渠道合作关系。

（4）撤退，即意味着退出现有的营销渠道系统。无论是对厂商，还是对渠道内的其他成员，撤退虽然显得有点残酷，但往往是解决渠道冲突时最常用的一种方法。

四、窜货现象及其整治

（一）窜货现象

1. 窜货的含义

所谓窜货，是指经销商置经销协议和生产商长期利益于不顾而进行的产品跨地区降价销售行为。具体地说，就是由于经销网络中的各级代理商、分公司等受利益驱动，使所经销的产品跨区域销售，造成价格混乱，从而使其他经销商对产品失去信心，影响生产商和其他经销商利益的行为。

2. 产生窜货的原因

产生窜货现象的原因主要有：某些地区市场供应饱和，销售压力所致；广告拉力过大而渠道建设没有跟上，给分销商有空可钻；企业在资金、人力等方面的不足，造成不同区域之间渠道发展的不平衡，享受的渠道优惠政策各不相同，以致分销商利用地区之间的差价进行窜货；由于成本不同而引起窜货，比如，运输成本、储存成本的偏低导致一些分销商可以窜货。总之，窜货无外乎于分销商扩大市场的需求或者成本偏低导致，最终损害的是其他分销商、消费者和生产者的利益。

3. 窜货行为的类型

目前的窜货行为主要有以下三种：连锁分销商的窜货行为、分销商之间的窜货行为以及驻外分支机构的窜货行为。

（1）连锁分销商的窜货。连锁分销商的窜货是指连锁分销商内部由于集中统一购货，但是运送到各地的成本不一致，导致其内部在各地的结算价格和零售价格不一致，使得市场上同类产品价格不一致的窜货行为。

（2）分销商之间的窜货。这种窜货行为又分两类形式：一类是自己的分销商之间互相窜货，另一类是自己的分销商和其他生产商的分销商之间的窜货。这种形式导致不同市场投入产品的数量多少不一，需求和供给不平衡，价格失衡。

（3）驻外分支机构向异地客户（包括经营自身品牌的客户和非经营自身品牌的客户）窜货。这种窜货形式是由于企业内部管理不严格，导致产品以低价格或者大批量进入市场，破坏企业的销售计划。

（二）窜货的整治

整治窜货的主要方法有三个：

1. 签订协议，以法律来约束双方的行为

从博弈论的纳什均衡看，该协议是没有意义的，但是，却为处罚违约者提供了法律依据。该协议是一种合同，一旦签订，就等于双方达成契约，如有违反，就可以追究责任。协议中可以明确规定对于窜货行为的处罚措施以及惩治措施，同时规定违反协议以后双方可以采取的措施，明确双方的权利和义务。

现实中，除了个别情况，企业的业务人员对自己所负责的客户是否具有窜货行为是非常清楚的。但是，由于各自的利益，经常会出现一些视而不见的情况。为此，企业可以采取的惩罚措施包括：可将所窜货物价值累计到被侵入地区的经销商的销售额中，作为奖励基数；同时，从窜货地区的业务员和客户已完成的销售额中，扣减等值销售额；同时还可以在协议中明确规定业务人员和所负责区域分销商窜货行为发生时自己应该承担的责任。

2. 外包装区域差异化

生产商对相同的产品，在不同的地区采取不同外包装的方式，虽然不能从根源上解决问题，但是可以在一定程度上防止窜货乱价。通常有以下三种措施：

一是通过文字标志。比如，印上"某地专销"。可以在产品外包装箱上印刷，也可以在产品商标上加印。这种方法要求这种产品在该地区的销售达到一定数量，因为包装或者商标的印制数量是有限的，外包装必须无法回收利用才更有效果。

二是商标或者包装颜色差异化，即在保持其他标志不变的情况下，将同种产品的商标或者包装在不同地区采用不同的色彩加以区分。该方法也要求在该地区的销量能够达到足够大时，生产商才有必要采取该措施。

三是外包装印刷条形码，不同地区印刷不同的条形码。这样一来，生产商能够明确知道那件商品应该属于哪个分销商，不过生产商必须给不同地区配备条形码识别器，因此成本较大。

这些措施都只能在一定程度上解决不同地区之间的窜货乱价问题，而无法解决本地区内不同经销商之间的价格竞争。

3. 发货车统一备案，统一签发控制运货单，同时利用现代信息技术监控货物流向

在运货单上，标明发货时间、到达地点、接受客户、行走路线、签发负责人、公司负责业务员等，并及时将该车的信息通知沿途不同地区业务员或经销商，以便进行监督。这种方式的成本比较高，容易造成渠道之间的冲突，给渠道控制和管理工作带来更大难度。不过对于控制窜货的效果较好。

下面是某公司分销渠道窜货预防方案，供读者参考。

一、市场背景分析

近几年，本公司经历了一个高速发展的阶段，今年各项业绩指标更是屡创新高，尤其是销售额指标比原计划翻了两番，但随之而来的窜货现象令公司的管理工作越来越难开展。

二、窜货的主要表现

（一）分公司之间的窜货

本公司各下属分公司为完成销售指标，取得业绩，往往将产品销售给需求量大的兄弟分公司，造成分公司之间的窜货。

（二）中间商之间的窜货

由于经销商销售区域的不同，其供求关系也存在不平衡的现象，这就使得中间商之间的窜货成为可能。

（三）倾销

经销商为减少损失，低价倾销过期或即将过期的产品。

三、窜货的危害

（一）价格混乱

由于窜货的发生，使公司制定的价格政策难以执行，造成各中间商利润减少，导致中间商产生对公司的不信任感。

（二）损害品牌形象

窜货容易损害品牌形象，使先期投入无法得到合理的回报。

（三）降低竞争力

由于内部价格混乱，若竞争品牌乘虚而入，将大大降低本公司的竞争力。

四、窜货的预防措施

（一）加紧营销网络开拓工作，减少市场空白点

渠道开发部门加紧开拓市场，建立以大区为中心的营销网络，提高经销商能力不留下任何区域空白或虚覆盖。

（二）重点对象，重点防范

对于一些经常窜货的渠道成员，由于其窜货手段较为隐蔽，每次都将公司的各项防范措施（如外包装条码、区域标志等）先破坏后，再将货窜到其他区域去，使得公司因没有充分证据而不了了之。对于此类渠道成员，应对其货物在常规防范措施上再增加一些特殊措施。

> **（三）严惩业务人员窜货，规范经销商行为**
>
> 作为公司业务人员，应该对自己辖区内的情况非常了解，对经销商能销多少货、销什么货、货销到哪里以及怎么销都应该有一定的预测及把握。因此经销商是否窜货，业务人员是非常清楚的。
>
> 有时，个别素质较低的业务人员协助经销商进行窜货。因此，一经查出窜货行为，应立即将业务人员予以辞退或待岗处理，并且永远不再让其从事公司营销活动，对所窜产品的销售额以一定比例列入被侵入区域的销售额中。同时，将区域内的窜货控制与业务人员的绩效考核相挂钩。
>
> **（四）优化产品，建立规范、合理及稳定的价格管理体系**
>
> 市场信息部门应加强对产品销售信息的收集与研究，对畅销的产品要研究其销售态势，对部分产品进行归类经营。通过分析，有目的地调整市场，同时加强经销大户的出货管理，保证各地经销商具备相同的价格基准。这样一来，就有效地防止了老产品由于价格透明而导致市场不易操作，同时也有效地防止了窜货等不正当的市场行为的发生，提高经销大户的销售积极性。
>
> **（五）提高销售数量预测的准确度**
>
> 制定合理的销售目标，公司结合经销商的市场实际情况，制定合理的年终销售目标，这样才能避免目标制定过高而导致经销商的越区销售。

案例分析：

飞利浦电子是世界上最大的电子公司之一，2003年的销售额达290亿欧元，在医疗诊断影像和病人监护仪、彩色电视、电动剃须刀、照明以及硅系统解决方案领域世界领先。飞利浦拥有166 800名员工，在60多个国家里活跃在医疗保健、时尚生活和核心技术三大领域。飞利浦早在1920年就进入了中国市场。从1985年设立第一家合资企业起，飞利浦就秉承扎根中国的长期承诺，将照明、消费电子、家庭小电器、半导体和医疗系统等五大业务全部带到了中国，将世界领先的技术、产品和服务同步带到了中国市场。目前，飞利浦已成为中国电子行业最大的投资合作伙伴之一，累计投资总额超过34亿美元，在中国建立了35家合资及独资企业，在全国设有60多个办事处，共有20 000多名员工。2003年公司在华营业额达到75亿美元，国际采购额达到38.3亿美元。

飞利浦在中国的渠道模式在1997年之前，华南市场一直是采取直接建设，掌控主流渠道，再向终端铺货的方式，年销售额始终徘徊在700万元左右。出于在国外飞利浦代理制的普及和普遍成功，从1997年年底开始，飞利浦决定在华南市场实行区域总代理制。

1997年至1999年，由于飞利浦充分给予代理公司优惠的代理政策，使飞利浦的代理区域的销售直线上升，销售额也连年翻倍，1999年达到2.3亿元，飞利浦"两广"市场占有率一路上升至10%。这一阶段总代理制为飞利浦取得了丰硕的业绩，应该说是一个双赢的阶段。

但随着国内彩电市场竞争加剧,整体价格大幅下滑,飞利浦的盈利开始回落。2001年,飞利浦开始酝酿渠道收复、产品升级行动,其目的就是欲以低点毛利要挟代理商,降低渠道成本,增进零售价格竞争力。

2002年,飞利浦更换代理商,由双方共同出面来管理市场。然而,作为外资企业,飞利浦的人员成本和市场管理成本居高不下,仍然无法扭转微利的局面。最终,飞利浦决定将华南7省区域渠道代理委托TCL。2003年8月,飞利浦电子公司和TCL集团宣布,两大品牌公司将在中国5个省市的市场进行彩电销售渠道的合作。这意味着,飞利浦彩电将搭乘TCL的销售网络,进一步实现覆盖中低端的二级市场的目标。

2004年初,飞利浦设在广州的视听产品华南办事机构正式解散,飞利浦华南7省彩电销售业务彻底转交国内彩电巨头TCL公司代理。飞利浦由此前的厂商共同管理渠道变成由TCL独立进行渠道和销售管理,双方更广泛和更深入的渠道合作正在展开。

(1)你从飞利浦的渠道改进中得到了哪些启示?

(2)对飞利浦在2004年后的渠道策略作出评价。

项目六

品牌与广告

任务一：品牌策略

任务布置

2003年7月21日，随着松下电器全球第一款以 Panasonic 品牌命名的冰箱在上海的亮相，松下的全球单一品牌策略开始启动。曾经熟悉和使用了近百年的带有 National 商标的松下所有家电产品将渐渐淡出人们的视野，退出市场，而被 Panasonic 的品牌所全面替代。

请同学们思考一下：松下电器为什么会放弃带给它无数荣耀的 National 品牌，而使用统一的 Panasonic 品牌？

技能目标及素质目标

技能目标：
（1）了解品牌和商标的概念；
（2）熟练掌握品牌策略。

素质目标：
（1）具备良好的分析能力和判断能力；
（2）具备灵活的应变能力。

教学实施建议

将学生进行分组，每组人数以3~5人为宜，小组要求分工合理。小组采用查找相关案例，并进行讨论的方法，分析一下松下电器采取统一品牌策略的目的和意义，并完成研究报告。

解决方案

松下电器放弃自1918年创立以来就开始使用的"发家品牌"National，将原松下白色家电品牌 National 退出日本本部以外的海外市场，统一品牌，保留单一品牌 Panasonic，并把 Panasonic 定位为全球性的品牌，这就是松下的品牌收缩策略。品牌收缩是出于维护与加强品牌资产的目的，将原有的多个品牌策略性地进行缩减，以形成更为合理有效的品牌架构的行为。品牌收缩不是放弃，而是有目的的战略调整，是为了更好地进攻而进行的防御。

National 是松下电器创始人松下幸之助为体现"为国为民造福"理想而自创的品牌，并得到了日本政府特别批准使用的，是松下电器光辉历史的标志。Panasonic 是 1961 年，松下电器欲进入北美市场时，发现 National 的商标早已被注册，而开始使用的作为北美市场的松下品牌。在以后的发展中，在民用电器产品领域，就逐步形成了电视机、录像机等黑色家电使用 Panasonic 品牌，而空调、冰箱、洗衣机、微波炉、电饭煲等白色家电产品使用 National 品牌的品牌架构。

多品牌如果定位不当，没有清晰明确的品牌架构，就会造成自己品牌内部的竞争，给消费者带来品牌概念的混淆。National 和 Panasonic 都是松下电器旗下的品牌，早期 National 一直用于松下白色家电产品类，而松下其他的产品则用 Panasonic 品牌。松下电器在多品牌策略下的品牌架构是不当的，它并不是在对消费者需求分析的基础上，细分市场，从而选择目标市场，进行品牌定位的，而是按照不同的产品类型来自主地定位品牌，这样以自我为中心，而不是以消费者为中心的品牌理念，经常会混淆用户的品牌概念，弄不清它们跟松下的关系，分散了松下的品牌资源，不利于增强松下电器的整体竞争力而且宣传投资比较分散，难以发挥整合优势。

Panasonic 品牌一向给人以科技含量高、时尚前卫的印象，而 National 品牌下的产品则似乎代表传统、经典。这样不同的品牌定位，注定了两大品牌不同的命运。品牌收缩要以品牌定位研究为出发点，找出企业众多品牌在消费者心目中的定位，根据不同品牌要占据不同细分市场的要求，收缩放弃定位重叠的弱势品牌，明确与加强符合企业发展战略要求的强势品牌。Panasonic 品牌自面向北美洲使用以来，品牌价值在海外得到了很大的提高，而海外市场的松下商品中使用 National 商标的仅有 10%，在品牌认知度上 Panasonic 要远远高于 National。因此松下电器希望将 Panasonic 作为全球统一品牌，把"idea for life"作为统一的品牌概念，与松下电器的商品一起呈现给目标顾客，并以此加速全球的发展战略，以提高其整体竞争力。"Panasonic ideas for life"的内涵是"松下电器的所有员工，通过开发、制造、销售、服务，为人们富足的生活和社会的发展，不断提供有价值的提案"。松下决定使用 Panasonic 作为全球海外市场统一的品牌商标，实行品牌策略转变，有利于资源的整合，可以避免投资的分散，压缩经营成本，集中资源提高品牌的资产价值和品牌竞争力。

相关知识点

6.1.1 品牌和商标的定义

品牌是一个集合概念，包括品牌名称、品牌标志、商标。所有品牌名称和所有商标都是品牌或品牌的一部分。品牌名称是指品牌中可以用文字表述的部分；品牌标志是指品牌中可以被认出，但不能用文字表述的部分；商标则是指某一品牌名称和品牌标志的专用权。

一、品牌

所谓品牌，也就是产品的牌子。它是销售者给自己的产品规定的商业名称，通常由文字、标记、符号、图案和颜色等要素或这些要素的组合构成，被用做一个销售者或销售者集团的标识，以便同竞争者的产品相区别。

品牌实质上代表着卖者对交付给买者的产品特征、利益和服务的一贯性的承诺。最佳品牌就是质量的保证。但品牌还是一个更复杂的象征。现以"奔驰"品牌为例对品牌的整体含义的六个层次进行分析。

（一）属性

品牌首先让人想到某种属性。因此，"奔驰"意味着昂贵、工艺精湛、马力强大、高贵、速度快等。公司可以采用一种或几种属性为汽车做广告。

（二）利益

品牌不只意味着一整套属性。顾客不是在买属性，他们买的是利益。属性需要转化为功能性或情感性的利益。耐久的属性可以转化为功能性的利益："多年内我不需要买一辆新车。"昂贵的属性可转化为情感性利益："这辆车让我感觉到自己很重要并受人尊重。"制作精良的属性可转化为功能性和情感性利益："一旦出事时我很安全。"

（三）价值

品牌也说明一些生产者价值。因此，"奔驰"代表着高绩效、安全、声望及其他东西。品牌营销人员必须分辨出对这些价值感兴趣的消费群体。

（四）文化

品牌也可能代表着一种文化。"奔驰"汽车代表着德国的文化：组织严谨、高效率和高质量。

（五）个性

品牌也反映一定的个性。如果品牌是一个人、动物或物体的名字，会使人们想到什么呢？"奔驰"可能会让人想到严谨的老板、凶猛的狮子或庄严的建筑。

（六）用户

品牌暗示着购买者或使用产品的消费者类型。如果我们看到一位 20 多岁的秘书开着一辆"奔驰"时可能会感到惊讶，我们更愿意看到开车的是一个 40 岁左右的高级经理。

所有这些都说明品牌是一个复杂的符号。如果公司只把品牌当成一个名字，那就错过了品牌化的要点。品牌化的挑战在于制定一整套品牌含义。当受众可以识别品牌的六个层次时，我们称之为深度品牌，否则只是一个肤浅品牌。"奔驰"就是一个深度品牌。因为我们能从六个层次理解它。

了解了六个层次的品牌含义，营销人员必须决定品牌特性的深度层次。人们常犯的错误是只注重品牌的属性。但是购买者更重视品牌利益而不是属性；而且竞争者很容易模仿这些属性。另外，现有属性会变得没有价值，品牌与特定属性联系得太紧密反而会伤害品牌。

但是，只强调品牌的一项或几项利益也是有风险的。假如"奔驰"汽车只强调其"性能优良"，那么竞争者可能推出性能更优越的汽车，或者顾客可能认为性能优良的重要性比其他利益要差一些，此时"奔驰"就需要调整到一种新的利益定位。

二、商标

企业在政府有关主管部门注册登记以后，就享有使用某个品牌名称和品牌标志的专用权，这个品牌名称和品牌标志受到法律保护，其他任何企业都不得效仿使用。因此，商标实质上是一种法律名词，是指已获得专用权并受法律保护的一个品牌或一个品牌的一部分。商标是企业的无形资产，驰名商标更是企业的巨大财富。

（一）注册商标与非注册商标

我国习惯上对一切品牌不论其注册与否，统称商标，而另有"注册商标"与"非注册商标"之分。《中华人民共和国商标法》规定，注册商标是指受法律保护、所有者享有专用权的商标。非注册商标是指未办理注册手续、不受法律保护的商标。国家规定必须使用注册商标的商品，必须申请商标注册，未经核准注册的，不得在市场上销售。商标使用人应对其使用商标的商品质量负责。各级工商行政管理部门应通过商标管理，监督商品质量，制止欺骗消费者的行为。在商标法的保护下，卖者对使用品牌名称享有独占的权利。这和专利、版权等其他有终期的资产不同。

（二）商标命名的成功范例

如今，谁家喜得贵子，年轻的父母都要绞尽脑汁为孩子起一个好名字，对一个企业来说也是一样，给自己的企业和产品起一个响亮的名字，对企业参与市场竞争，尤其是打开国际市场大有好处。然而，要起好名字却大有学问。在这一点上，一些世界著名的大公司的做法很值得我们借鉴：

1. "索尼"的范例

索尼公司原名为"东京电讯工程公司"。公司创始人盛田昭夫在一次对美国的访问中发现，原名译成英文长达40个字母，过于累赘，美国人不会读。于是，盛田昭夫决定改名。其原则是：新名字不要超过5个字母；新名字要响亮，公司名称和商标要使用同一个名称。除此之外，公司不要任何标志。按照既定的原则，盛田昭夫最后选出了一个拉丁词"Sonus"，意为"声音"。此时他们又发现，当时日本人喜欢把机灵的年轻人和聪明的小孩称为"Sonny"。"Sonny"读音响亮，寓意深刻，而且与拉丁词"Sonus"相似。遗憾的是，"Sonny"一词往往被日本人读成"Sohnnee"，意思是"丢钱"。为此，他们巧妙地去掉了一个中间字母"n"，成为现在的"Sony"。

2. "金利来"的范例

市场上很有名气的"金利来"原名"金狮"。一次，金利来（远东）有限公司的董事长曾宪梓先生，将两条上等的"金狮"领带送给一位亲戚，结果人家不高兴地说："我才不戴你的领带呢，尽输，尽输，什么都输掉了。"原来，香港话的"狮"与"输"读音相同。于是，曾先生绞尽脑汁地想出一个万全之策：将"金狮"的英文名"Gold Lion"用音译与意译相结合的方法，演变成新的名字，即把"Gold"意译为"金"，"Lion"音译为"利来"，合称为"金利来"。这样，"尽输"变成了"利来"，既符合中国人的文化心理，又保持了名称的稳定性。

3. "宏碁"的范例

"宏碁"的产品品牌原来叫"Multitech"（意为"多科技"）。由于这个品牌名称不好记忆，而且与其他商标相似度高，于是，施振荣董事长于1987年毅然用"Acer"宏碁取代了已经用了6年、价值2 000万美元的老品牌。对此，施振荣说："考虑到企业的长远发展，虽然换品牌会造成一时的损失，但后来的效益会远远超过付出的代价。"他还说："自创品牌，有个好名字至关重要。""Acer"一词源于拉丁文，有"积极""活力"之意。在英文中，"Acer"的词根是"Ace"（王牌），代表顶尖、极品。"Acer"作为品牌，简明响亮，好记易拼，再加上A字打头，在各种名录、表册中通常被名列首位，能够给顾客以最深刻的印象。

反观国内一些企业，由于不注意自己的名字和商标，结果给企业参与市场竞争尤其是走向国际市场埋下了"祸根"。如南京长江机器厂生产的"蝙蝠"牌电扇，虽然在国内叫得很响，但是，只因蝙蝠在许多国家被认为是邪恶和不洁的代表，所以在进入国际市场时，不得不改为"美佳乐"。在国内著名的"大象"牌电池，在欧美国家却受到了冷落，其原因并不在于产品本身的质量，而仅仅是因为欧美人常把大象看做是蠢笨的化身。即使像"狗不理"这样在北方久负盛名的老字号，也因为习俗不同而未能被港澳同胞所接受——狗都不理，人还能理吗？所以只得忍痛将"狗不理"改成了"喜盈门"。这样的例子不胜枚举。所以，作为一个企业家，不但要懂得生产经营，也应注意产品的命名。

（三）产品商标命名的基本要求

1. 形式上的要求

一般说来，一个好的名称，从形式上应具有如下特性：

（1）独特性。容易辨识并能够与其他企业或商品的名称相区别。

（2）简洁性。简洁明快的名称可降低商品标记的成本，并便于写成醒目的文字进行广告宣传。

（3）便利性。名称应易拼、易读、易记。

2. 内容上的要求

从内容上说，产品命名不但要符合销售地点的法律法规要求，还要符合当地的风俗习惯，以赢得目标市场中消费群体的喜爱。所以，产品命名之前，还得学习相应的民俗学。例如，日本人忌讳用荷花作为商标图案；意大利人最忌用菊花作为商品的商标；英国人忌讳用人像作为商品商标的装潢；北非一些国家忌讳用狗作为商标；国际上都把三角形作为警告性标志，捷克人认为红三角是有毒的标志；土耳其人把绿三角表示为免费样品；仙鹤在法国人眼里是蠢汉和淫妇的象征，核桃则为不祥之物。

在这方面，"索尼""金利来"和"宏基"堪称楷模。除符合以上要求之外，产品与公司名称使用同一标识，降低了不少宣传费用。而中国大多数企业在这方面多少有些欠缺。在旧的管理模式下，为了管理的方便，各主管部门给企业命名，往往是简单地以地名加行业名加数字组成，如"某某钢铁公司""某某市纺织一厂"，毫无特色；若是译成拼音文字，更是冗长、难读、难记。近年来，一些企业倒注意了自己的名字，或攀龙附凤，起名时故意用国内外一些名牌企业的谐音；或鱼目混珠，故意把自己商品的标识往一些名牌商标上靠。有以假乱真之嫌，无创新求实之意，不但违反了有关法律法规，也不利于树立本企业的形象，是胸无大志的表现。所以，有志于创中国名牌的企业家，有志于走向世界的中国厂长经理，应向"索尼""金利来"和"宏基"学习，给企业和产品起个好名字，"名正言顺"创世界。

6.1.2 品牌策略

一、品牌有无策略

一般来讲，现代企业都建立有自己的品牌和商标。虽然这会使企业增加成本费用，但也可以使卖主便于管理订货；有助于企业细分市场；有助于树立良好的企业形象；有利于吸引更多的品牌忠诚者；注册商标可使企业的产品特色得到法律保护，防止别人模仿、抄袭。

例如，花王公司不是推销单一品种的香波，而是提供至少五种不同品牌的香波（诗芬、魅力、爱诗、菲乐和泼洱）。每一种配方略有不同，分别推向特定用途的子市场。大多数购买者也需要品牌和商标，因为这是购买者获得商品信息的一个重要来源，即购买者通过品牌和商标可以了解各种产品品质的不同，从而有助于购买者提高购物效率。

在古往今来的市场竞争中，品牌还是一个强有力的工具和手段。例如，1930年，华商上海华成烟草公司的"美丽"牌香烟畅销，南洋兄弟烟草公司随之创制"梅兰芳"牌与之竞争；1932年，华成烟草公司的"槟榔"牌香烟畅销，南洋兄弟烟草公司又创制"喜鹊"牌进行打击；1933年，华成烟草公司创制"美丽""金鼠"牌火柴，作为两种同名香烟的广告，效果十分明显，南洋兄弟烟草公司当即与大中华火柴公司协作，依照华成图案，创制"大联珠"火柴，"以图抵制"。

20世纪70年代以来，西方国家的许多企业对某些消费品和某些药品不规定品牌名称和品牌标志，也不向政府注册登记，实行非品牌化。这种产品叫无牌产品。所谓无牌产品是指在超级市场上出售的无品牌、包装简易且价格便宜的普通产品。企业推出无牌产品的主要目的是节省包装、广告等费用，降低价格，扩大销售。一般来讲，无牌产品使用质量较低的原料，而且其包装、广告、标签的费用都较低。

二、品牌使用者策略

企业有三种可供选择的策略，即：企业可以决定使用自己的品牌；企业也可以决定将其产品大批量地卖给中间商，中间商再用自己的品牌将物品转卖出去，这种品牌叫做中间商品牌、私人品牌；企业还可以决定有些产品用自己的品牌，有些产品用中间商品牌。

1. 使用中间商品牌的利弊

目前，中间商品牌已经变成品牌竞争的一个重要因素。中间商使用自己的私人品牌会带来一些问题。例如：中间商必须花很多钱做广告，大力宣传其品牌；中间商必须大批量订货，因而须将大量资金占压在商品库存上，并且须承担一些风险。但是，中间商使用自己的品牌又可带来种种利益。诸如：可以更好地控制价格，并且可以在某种程度上控制供应商（因为中间商可以用更换供应商来威胁企业）；进货成本较低，因而销售价格较低，竞争力较强，可以得到较高利润。因此，越来越多的中间商特别是大批发商、大零售商都使用自己的品牌。

2. 品牌战

在现代市场经济条件下，企业品牌和中间商品牌之间经常展开激烈竞争，这就是所谓的品牌战。在这种对抗中，中间商有许多优势。诸如：零售商业的营业面积有限，因此，许多企业特别是新企业和小企业难以用其品牌打入零售市场；虽然消费者都知道，以私人品牌出售的商品通常都是大企业的产品，但是，由于中间商特别注意保持其私人品牌的质量，仍能赢得消费者的信任；中间商品牌的价格通常定得比企业品牌低，因此，能迎合许多计较价格的顾客，特别是在通货膨胀时期更是如此；大零售商把自己的品牌陈列在商店醒目的地方，而且妥善储备。由于这些原因，企业品牌昔日的优势正在削弱。有些市场营销评论家预言：中间商品牌终将击败所有企业品牌。

3. 品牌阶梯与品牌均势

十几年来，在消费者心目中，一直存在着品牌阶梯（brand ladder）的观念，即自己最偏好的品牌位于阶梯的最上层，随着偏好程度的递减，各个品牌的阶层依次降低。而近来人们的阶梯观念越来越趋于淡化，取而代之的是品牌均势（brand parity）观念，即在消费者看来，所有品牌都是一样的。他们愿意购买本周正在出售的任何可接受的品牌。消费者可能看不出高露洁牙膏与达丽牙膏、飘柔香波与花王诗芬香波等有什么差异。消费者越来越感受到明智消费的压力，对产品质量、价格、价值等非常敏感。无休止的品牌扩展和产品线扩展，混淆了不同品牌的差异。降价券和特价造就了一代关注价格的新型消费者。商店品牌不断改进质量，并通过其连锁店系统增强了消费者的信任度，从而构成了对制造商品牌的一个重大挑战。

三、品牌统分策略

如果企业决定其大部分或全部产品都使用自己的品牌，那么还要进一步决定其产品是分别使用不同的品牌，还是统一使用一个或几个品牌。这就是说，在这个问题上有四种可供选择的战略。

（一）个别品牌

个别品牌是指企业各种不同的产品分别使用不同的品牌。其好处主要是：企业的整个声誉不致受其某种商品的声誉的影响，例如，如果某企业的某种产品失败了，不致给这家企业的脸上抹黑（因为这种产品用自己的品牌名称）；某企业原来一向生产某种高档产品，后来推出较低档的产品，如果这种新产品使用自己的品牌，也不会影响这家企业的名牌产品的声誉。

（二）统一品牌

统一品牌是指企业所有的产品都统一使用一个品牌名称。例如，美国通用电器公司的所有产品都统一使用"GE"这个品牌名称。企业采取统一品牌名称策略的好处主要是：企业宣传介绍新产品的费用开支较低；如果企业的名声好，其产品必然畅销。

（三）分类品牌

分类品牌是指企业的各类产品分别命名，一类产品使用一个牌子。西尔斯·

罗巴克公司就曾采取这种策略，它所经营的器具类产品、妇女服装类产品、主要家庭设备类产品分别使用不同的品牌名称。这主要是因为：企业生产或销售许多不同类型的产品，如果都统一使用一个品牌，这些不同类型的产品就容易互相混淆。例如，美国斯维夫特公司同时生产火腿和化肥，这是两种截然不同的产品，需要使用不同的品牌名称，以免互相混淆。另外，有些企业虽然生产或销售同一类型的产品，但是，为了区别不同质量水平的产品，往往也分别使用不同的品牌名称。例如，青岛美达实业股份有限公司在其所经营的各种香皂中，将销往北京、广东等高档市场的定名为"得其利是"；销往东北、华北等中档市场的定名为"雁牌"；销往沂蒙山等低档市场的定名为"蝴蝶"。

（四）企业名称加个别品牌

这种策略是指企业对其不同的产品分别使用不同的品牌，而且各种产品的品牌前面还冠以企业名称。例如，美国凯洛格公司就采取这种战略，推出"凯洛格米饼""凯洛格葡萄干"。企业采取这种策略的好处主要是：在各种不同新产品的品牌名称前冠以企业名称，可以使新产品合法化，能够享受企业的信誉，而各种不同的新产品分别使用不同的品牌名称，又可以使各种不同的新产品各有不同的特色。

四、品牌扩展策略

品牌扩展策略是指企业利用其成功品牌名称的声誉来推出改良产品或新产品，包括推出新的包装规格、香味和式样等。例如，美国桂格麦片公司成功地推出桂格超脆麦片之后，又利用这个品牌及其图样特征，推出雪糕、运动衫等新产品。显然，如果不利用桂格超脆麦片这个成功的品牌名称，这些新产品就不能很快地打入市场。企业采取这种策略，可以节省宣传、介绍新产品的费用，使新产品能迅速地、顺利地打入市场。

此外，还有一种品牌扩展策略，即企业在其耐用品类的低档产品中增加一种式样非常简单的产品，以宣传其品牌中各种产品的基价很低。例如，西尔斯·罗巴克公司可以大力宣传其经营的各种空调器最低价格仅为 120 美元。通用汽车公司也可以大力宣传其新雪佛莱汽车售价仅 3 400 美元。这些公司可以利用这些"促销品"来招徕顾客，吸引顾客前来购买式样较好的高档产品。

五、多品牌策略

多品牌策略是指企业同时经营两种或两种以上互相竞争的品牌。这种策略由宝洁公司首创。传统的市场营销理论认为，单一品牌延伸能使企业降低宣传成本，易于被顾客接受，便于企业形象的统一。宝洁公司认为，单一品牌并非万全之策。因为一种品牌树立之后，容易在消费者心目中形成固定的印象，不利于产品的延伸，尤其是像宝洁这样横跨多种行业、拥有多种产品的企业更是如此。假设，宝洁的洗发精只用"海飞丝"一个品牌，就会在消费者中造成"海飞丝"就是洗发精的印象，如果再用"海飞丝"去开辟其他种类的产品，就不易被顾客接受。

一般来说，企业采取多品牌策略的主要原因是：

① 多种不同的品牌只要被零售商店接受，就可占用更大的货架面积，而竞争者所占用的货架面积当然会相应减小。上海家化的"美加净""百爱神""六神""明星"等品牌的洗发水，在抢占货架面积方面就取得了理想的效果。

② 多种不同的品牌可吸引更多顾客，提高市场占有率。这是因为：一贯忠诚于某一品牌而不考虑其他品牌的消费者是很少的，大多数消费者都是品牌转换者。发展多种不同的品牌，才能赢得这些品牌转换者。

③ 发展多种不同的品牌有助于在企业内部各个产品部门、产品经理之间开展竞争，提高效率。

④ 发展多种不同的品牌可使企业深入到各个不同的市场部分，占领更大的市场。

六、品牌重新定位策略

某一个品牌在市场上的最初定位即使很好，随着时间推移也必须重新定位。这主要是因为以下情况发生了变化。

① 竞争者推出一个品牌，把它定位于本企业的品牌旁边，侵占了本企业的品牌的一部分市场，使本企业品牌的市场占有率下降，这种情况要求企业进行品牌重新定位。

② 有些消费者的偏好发生了变化，他们原来喜欢本企业的品牌，现在喜欢其他企业的品牌，因而市场对本品牌的需求减少，这种市场情况变化也要求企业进行品牌重新定位。

企业在制定品牌重新定位策略时，要全面考虑两方面的因素：一方面，要全面考虑把自己的品牌从一个市场部分转移到另一个市场部分的成本费用。一般来讲，重新定位距离越远，其成本费用就越高。另一方面，还要考虑把自己的品牌定在新的位置上能获得多少收入。

七、企业形象识别系统策略

企业形象识别系统（Corporate Identity System，CIS）是指将企业经营理念与精神文化，运用整体传达系统（特别是视觉传达设计），传达给企业周围的关系或团体（包括企业内部与社会大众），从而使之对企业产生一致的认同与价值观。换而言之，也就是结合现代设计观念与企业管理理论的整体性运作，以刻画企业个性，突出企业精神，使消费者产生深刻的认同感，从而达到促销目的的设计。它由以下三个方面的因素构成：经营理念识别（Mind Identity，MI）、经营活动识别（Behavior Identity，BI）和整体视觉识别（Visual Identity，VI）。企业形象识别系统对于树立企业形象，创立品牌，搞好品牌定位具有重要意义。

技能训练

1931 年，宝洁公司的一名普通员工尼尔·麦克罗向公司高层建议实行一种品牌管理的方法，进行多品牌经营。这一建议被采纳，以"品牌经理"为核心的营销管理体系建立，从而开创了多品牌经营的新时代。

(1) 请你搜集一下宝洁公司旗下所有产品的品牌。
(2) 分析一下每种品牌的产品定位。

任务二：广告策略

任务布置

某品牌学习机为激发广大学生使用学习机的热情，扩大该品牌学习机的市场知名度，提高该产品的市场占有率，拟在未来一年中大量投放广告。该品牌学习机的使用对象为初中及高中生。根据对学习机市场调查的结果，可以确定学习机的购买者主要为学生家长，学校教师作为意见领袖影响着学生对学习工具的选择和购买。

那么该企业应该采用何种广告策略呢？

技能目标及素质目标

技能目标：
(1) 了解广告的含义。
(2) 掌握广告策划的流程。
(3) 能够灵活应用广告策略。

素质目标：
(1) 具备良好的分析能力和判断能力。
(2) 具备灵活的应变能力。

教学实施建议

将学生进行分组，每组人数以 3~5 人为宜，小组要求分工合理，职责明确。小组采用查找相关案例，并进行讨论的方法，为该企业选择可行的广告策略，最后形成广告策划书。

具体广告策划流程如图 6-1 所示：

广告策划流程图

调查企业内部和外部信息	1. 系统、详尽地调查市场信息和企业信息，明确企业整体营销目标和营销战略对广告计划的要求 2. 分析广告宣传的产品或服务，掌握该产品或服务的特性，为以后的工作奠定基础
研究广告需求 确立广告目标	1. 根据营销战略和销售目标研究广告的需求，并确定广告目标 2. 广告目标一般包括知名度目标和态度目标，设定时尽可能设成可测量的，便于客观评估广告的效果
设计广告主题 进行广告创意	1. 根据已确立的广告目标设计广告主题，并开展广告主题的具体化工作，即进行广告创意 2. 广告创意是广告表现的开端，决定了众多广告要素的选择，也对广告最终的传播效果产生直接的影响
选择广告媒体、广告范围和广告时机	根据广告主题和广告创意，结合经济性原则、产品适合性等要求选择合适的广告媒体、广告范围及广告时机
确定广告表现形式 编写广告文案	1. 依据广告目标、广告创意及广告媒体等多种因素确定广告表现形式 2. 在广告创意表现的基础上，运用文字、图像、声音等深化广告创意，并编写广告文案
编制广告预算 并进行合理分配	编制广告预算费用并进行分配，广告预算是否合理，直接关系到广告投资收益率的高低
编制《广告策划书》	将上述工作过程汇编成简短、可读性强的《广告策划书》，其主要内容是描述广告策划过程及广告文案
根据《广告策划书》 投放、实施广告	根据批准的《广告策划书》联系广告公司制作广告，并联系确定的媒体按确定的时间、地点、频率发布广告
进行效果跟踪并及时调整广告整体计划	广告发布前、中、后，要及时测定广告的效果，当广告效果偏离广告目标时，要及时调整广告计划

图 6-1 广告策划流程图

解决方案

一、该品牌学习机广告策划总则

1. 广告策划宗旨

（1）激发广大学生使用学习机的热情。

（2）扩大该品牌学习机的市场知名度。

（3）提高品牌学习机的市场占有率。

2. 广告策划目标

（1）促使今年该品牌学习机销售量突破_____万台。

（2）今年销售利润率提高_____%。

(3) 今年学习机行业排名达到第_____位。

3. 广告策划建议实施期

××××年×月×日至××××年×月×日。

4. 广告总预算

预计费用总额为_____万元。

二、广告对象

1. 学习机使用对象

使用对象主要为高中、初中学生。

2. 广告受众

根据对学习机市场调查的结果，可以确定学习机的购买者主要为学生家长，学校教师作为意见领袖影响着学生对学习工具的选择和购买。

三、广告策略

1. 媒介选择

本次广告活动选择媒介为电视、报纸、户外墙体广告。

2. 广告实施阶段

本次广告实施阶段分为印象导入期、形象加深期及形象巩固期三个阶段。

(1) 印象导入期操作细则：

第一，印象导入期的时间选择。在印象导入期，广告投放时间建议为7月20日—9月10日，由于该段时间学生为暑期休息期间，同时也是为下学期的功课做准备，家长尤其关心孩子下学期的学业。因此，一般选择在这段时间开始投放广告可以起到事半功倍的效果。

第二，导入期的媒体选择。主要采用电视广告与报纸广告相结合的方式，电视播放广告为A类广告宣传片，每天进行高密度、大范围的广告宣传。

第三，配合。开展一些有关该品牌学习机的现场咨询活动，以引导广大家长帮助孩子选择学习机。

(2) 形象加深期操作细则：

第一，形象加深期的时间选择。在形象加深期，广告投放时间建议为3月、4月、9月及10月，这些时间段一般都处于每一学期的前半段时间，学生的主要任务是进行知识储备，家长对孩子学习工具的选择并不着急。

第二，形象加深期的媒体选择。仍然采用电视广告与报纸广告相结合的方式，投放比例可适度地向报纸进行倾斜，电视播放广告为B类广告宣传片，每天播放频率可以适当地降低。

第三，配合。可以配合学校开展一些校内活动，以加深学生对学习机品牌的印象。

（3）形象巩固期的操作细则：

第一，形象巩固期的时间选择。在形象巩固期，广告投放时间建议为 5 月、6 月、11 月及 12 月，此期间一般都处于每一学期的后半段时间，学生主要任务为准备考试阶段，家长对学生的成绩极为关注，因而对学生学习工具的选择也极为重视。

第二，形象巩固期的媒体选择。形象巩固期媒体采取多种组合方式并行的策略，电视广告、报纸广告及户外广告全部推出，电视播放广告为 C 类广告宣传片，每天播放频率达到最大。

第三，配合。组织一些学习宣讲及学习时间控制咨询活动，强调学习机在学生学习过程中的帮助作用。

四、广告创意

1. 形象代言人

聘请影视小红星作为本公司学习机的代言人，着力将代言人的形象与产品形象进行整合包装，达到形象统一。

2. 广告宣传片

（1）A 类广告宣传片：

A 类广告宣传片主要侧重于学习机对学生学习的帮助作用，画面描写学生埋头苦学的场景，出现学习机后场景简化，使其成为学生的良师益友。

（2）B 类广告宣传片：

B 类广告宣传片主要突出学习机课程辅导作用，以减轻学生负担为主。

（3）C 类广告宣传片：

C 类广告宣传片主要强调该品牌学习机对帮助学生取得的好成绩有显著效果，请相关专家及考试优胜者进行现场说教，用事实证明该学习机的作用。

3. 报纸图片

报纸图片主要突出该品牌学习机的品牌及主要功能。

4. 墙体广告

设计巨幅学习机图片，突出该学习机的品牌。

五、媒介选择及预算

1. 电视广告

从电视台的收视率出发，对潜在目标消费人群的分布、收视习惯以及广告效果等因素进行考虑。

2. 报纸广告

考虑各个地区报纸的定位及销量。

3. 户外广告

市区灯杆悬挂及巨型模型悬挂。

4. 广告总体预算

广告总体预算及明细情况如表 6-1 所示。

表 6-1 广告总体预算表

广告阶段	预算项目	预算内容	预算金额	责任人
印象导入期	电视广告	电视宣传片制作、播放等	____元	广告主管
	报纸广告	报纸广告设计、投放等	____元	广告主管
形象加深期	电视广告	电视宣传片制作、播放等	____元	广告主管
	报纸广告	报纸广告设计、投放等	____元	广告主管
形象巩固期	电视广告	电视宣传片制作、播放等	____元	广告主管
	报纸广告	报纸广告设计、投放等	____元	广告主管
	户外广告	制作、发布、安装等	____元	广告主管
其他	代言人	代言相关费用	____元	市场经理
	其他项目		____元	广告专员
合计			____元	

相关知识点

6.2.1 广告的含义

美国市场营销协会定义委员会为了把广告与其他促销手段严格区别开来，曾就广告的性质下过这样的定义："广告是由明确的发起者以公开支付费用的做法，以非人员的任何形式，对产品、服务或某项行动的意见和想法等的介绍。"该定义包含下列内容。

1. 任何形式

指广告可以用任何形式对产品进行介绍。杂志、报纸、广播、电视、海报、牌坊、符号、空中文字、卡片、气球、车船、火柴盒、瓶罐、日历等都可以用来做广告。

2. 非人员

这就排除了广告与人员推销相混淆的可能。面对面地、个人对个人、小组对小组进行游说推销，不属于广告的范畴。

3. 介绍产品、服务或某项行动的意见和想法

人们在给广告下定义时，往往只提到介绍产品或服务，而忽略了对某种意见

和想法的推广,其实这是极为重要的广告内容。例如,在我国随处可见的"节约光荣,浪费可耻""严禁酒后驾驶"等广告词句,都是在向公众介绍或推广某种意见和想法。

4. 由明确的发起者以公开支付费用的做法

这就是说,做广告的人必须明确,并公开承认为使用广告媒体而付出费用。否则,就可能与宣传相混淆。宣传既不公开付费又不一定总能明确识别其作者。

6.2.2 广告预算

企业的广告目标主要有提供信息、诱导购买、提醒使用等。广告目标决定后,企业即可制定广告预算,即确定在广告活动上应花费多少资金。一般来讲,企业确定广告预算的方法主要有四种。

1. 量力而行法

尽管这种方法在市场营销学上没有正式定义,但不少企业确实一直采用。即企业确定广告预算的依据是他们所能拿得出的资金数额。也就是说,在其他市场营销活动的经费被优先分配之后,尚有剩余者再供广告之用。企业根据其财力情况来决定广告开支多少并没有错,但应看到,广告是企业的一种重要促销手段,企业做广告的根本目的在于促进销售。因此,企业做广告预算时要充分考虑企业需要花多少广告费才能完成销售指标。所以,严格说来,量力而行法在某种程度上存在着片面性。

2. 销售百分比法

即企业按照销售额(销售实绩或预计销售额)或单位产品售价的一定百分比来计算和决定广告开支。这就是说,企业按照每完成100元销售额(或每卖1单位产品)需要多少广告费来计算和决定广告预算。例如,某企业在2009年12月1日将11月的销售收入与12月预计的销售收入相加,以总额的2%作为2010年的广告预算。在美国,汽车公司一般是以每辆汽车预估价格的某一固定比率来作为确定广告预算的基础;而石油公司则一般是以每加仑汽油价格的某一固定比率来作为确定广告预算的基础。

(1) 使用销售百分比法来确定广告预算的主要优点

① 暗示广告费用将随着企业所能提供的资金量的大小而变化,这可以促使那些注重财务的高级管理人员认识到:企业所有类型的费用支出都与总收入的变动有密切关系。

② 可促使企业管理人员根据单位广告成本、产品售价和销售利润之间的关系去考虑企业的经营管理问题。

③ 有利于保持竞争的相对稳定,因为只要各竞争企业都在让其广告预算随着销售额的某一百分比而变动这一点上达成默契,就可以避免广告战。

(2) 使用销售百分比方法来确定广告预算的主要缺点

① 把销售收入当成了广告支出的"因"而不是"果",造成了因果倒置。

② 用此法确定广告预算,实际上是基于可用资金的多少,而不是基于"机会"的发现与利用,因而会失去有利的市场营销机会。

③ 用此法确定广告预算,将导致广告预算随每年的销售波动而增减,从而与广告长期方案相抵触。

④ 此法未能提供选择这一固定比率或成本的某一比率,而是随意确定一个比率。

⑤ 不是根据不同的产品或不同的地区确定不同的广告预算,而是所有的广告都按同一比率分配预算,造成了不合理的平均主义。

3. 竞争对等法

指企业比照竞争者的广告开支来决定本企业广告开支的多少,以保持竞争上的优势。在市场营销管理实践中,不少企业都喜欢根据竞争者的广告预算来确定自己的广告预算,造成与竞争者旗鼓相当、势均力敌的对等局势。如果竞争者的广告预算确定为100万元,那么本企业为了与它拉平,也将广告预算确定为100万元,甚至更高。美国奈尔逊调查公司的派克汉(J. O. Peckham)通过对40多年的统计资料进行分析,得出结论:要确保新上市产品的销售额达到同行业平均水平,其广告预算必须相当于同行业平均水平的1.5~2倍。这一法则通常称为派克汉法则。

采用竞争对等法的前提条件是:

① 企业必须能获悉竞争者确定广告预算的可靠信息,只有这样才能随着竞争者广告预算的升降而调高或调低。

② 竞争者的广告预算能代表企业所在行业的集体智慧。

③ 维持竞争均势能避免各企业之间的广告战。

但是,事实上,上述前提条件很难具备。这是由于:

① 企业没有理由相信竞争者所采用的广告预算确定方法比本企业的方法更科学。

② 各企业的广告信誉、资源、机会与目标并不一定相同,可能会相差甚多,因此某一企业的广告预算不一定值得其他企业效仿。

③ 即使本企业的广告预算与竞争者势均力敌,也不一定能够稳定全行业的广告支出。

4. 目标任务法

前面介绍的几种方法都是先确定一个总的广告预算,然后,再将广告预算总额分配给不同的产品或地区。比较科学的程序步骤应是:

① 明确地确定广告目标。

② 决定为达到这种目标而必须执行的工作任务。

③ 估算执行这种工作任务所需的各种费用，这些费用的总和就是计划广告预算。

上述确定广告预算的方法，就是目标任务法。企业在编制总的广告预算时，先要求每个经理按照以下步骤准备一份广告预算申请书：

① 尽可能详细地限定其广告目标，该目标最好能用数字表示。
② 列出为实现该目标所必须完成的工作任务。
③ 估计完成这些任务所需要的全部成本。

这些成本之和就是各自的经费申请额，所有经理的经费申请额即构成企业所必需的总的广告预算。

目标任务法的缺点，是没有从成本的观点出发来考虑某一广告目标是否值得追求这个问题。譬如，企业的广告目标是下年度将某品牌的知名度提高20%，这时所需要的广告费用也许会比实现该目标后对利润的贡献额超出许多。因此，如果企业能够先按照成本来估计各目标的贡献额（即进行成本效益分析），然后再选择最有利的目标付诸实现，则效果更佳。实际上，这种方法也就被修正为根据边际成本与边际收益的估计来确定广告预算。

6.2.3 广告媒体

企业媒体计划人员还必须评估各种主要媒体到达特定目标沟通对象的能力，以便决定采用何种媒体。主要媒体有报纸、杂志、直接邮寄、广播、户外广告、网络广告等。这些主要媒体在送达率、频率和影响价值方面互有差异。例如，电视的送达率比杂志高，户外广告的频率比杂志高，而杂志的影响比报纸大。

1. 媒体的特性

媒体计划人员在选择媒体种类时，须了解各媒体的特性。

① 报纸的优点是：弹性大、及时，对当地市场的覆盖率高、易被接受和被信任；其缺点是：时效短、转阅读者少。

② 杂志的优点是：可选择适当的地区和对象、可靠且有名气、时效长、转阅读者多；其缺点是：广告购买前置时间长、有些发行量是无效的。

③ 广播的优点是：大量使用、可选择适当的地区和对象、成本低；其缺点是：仅有音响效果，不如电视吸引人，展露瞬间即逝。

④ 电视的优点是视、听、动作紧密结合且引人注意，送达率高；其缺点是：绝对成本高、展露瞬间即逝、对观众无选择性。

⑤ 直接邮寄的优点是：沟通对象已经过选择、有灵活性、无同一媒体的广告竞争；其缺点是：成本比较高、容易造成滥寄的现象。

⑥ 户外广告的优点是：比较灵活、展露重复性强、成本低、竞争少；其缺点是：不能选择对象、创造力受到局限等。

⑦ 网络广告的优点是：可以利用网页和电子邮件在全球范围内作广告宣传，客户也可借助网上的检索工具迅速地找到所需商品信息，与以往的各类广告方式相比，网上广告成本最为低廉，且形式生动灵活；其缺点是：中国网络广告市场起步较晚，发展尚未成熟，网络广告市场的发育很大程度上都依附于网络媒体自身的成长。

2. 媒体的选择

企业媒体计划人员在选择媒体种类时，需考虑如下因素。

① 目标沟通对象的媒体习惯。例如，生产或销售玩具的企业，在把学龄前儿童作为目标沟通对象的情况下，绝不会在杂志上做广告，而只能在电视或电台上做广告。

② 产品特性。不同的媒体在展示、解释、可信度与颜色等各方面分别有不同的说服能力。例如，照相机之类的产品，最好通过电视媒体做活生生的实地广告说明；服装之类的产品，最好在有色彩的媒体上做广告。

③ 信息类型。譬如，宣布明日的销售活动，必须在电台或报纸上做广告；而如果广告信息中含有大量的技术资料，则须在专业杂志上做广告。

④ 成本。不同媒体所需成本也是一个重要的决策因素。电视是最昂贵的媒体，而报纸则较便宜。不过，最重要的不是绝对成本数字的差异，而是目标沟通对象的人数构成与成本之间的相对关系。如果用每千人成本来计算，可能会表明：在电视上做广告比在报纸上做广告更便宜。

选择特定媒体工具的第一个步骤，应是决定在每种媒体工具上花多少钱。譬如，现已决定从 100 万元总广告预算中拨出 24 万元用于杂志广告，但选择什么杂志、每种杂志刊登几期等则属其次的问题。企业选择杂志媒体时，常常借助于有关各类杂志的研究报告。例如，美国审计调查公司的研究报告提供了五家杂志的读者人数及其特性的有关资料；标准评分资料公司所出版的各期报告则提供数百家杂志的成本及其有关资料。对于不同广告文稿的大小、颜色选择、广告位置以及插入广告的数量等，均定有不同的价格。大多数杂志都采用数量折扣办法，依该年度所购买的插入广告份数而有所不同。

6.2.4 产品生命周期与广告设计技巧

1. 介绍期的广告设计技巧

一种新产品刚刚投放市场，其品质、功效、造型、结构等都尚未被消费者所认识，那么采用何种广告才能吸引消费者的注意，使产品在较短的时间内迅速进入和占领市场呢？

一般来讲，介绍期的广告属开拓性广告，广告对象是少数创新者，即收入高、有冒险精神、乐于接受新事物的顾客群。因此广告设计应努力塑造产品的形象，充分全面地展示产品的性能、特点、用途、价格以及使用方法。这种开拓性广告的要点是着重于产品新观念的介绍、新习惯的培养和新用途的发展，其目的是引导产品打入市场，唤起市场潜在需求，在消费者或用户中建立一种新观念，让人们了解其特殊的"个性"。

具体来讲，介绍期的广告在设计原理上宜采用诉求认知原理，这是由消费者接受新产品的行为过程的特点和广告的作用所决定的。消费者接受新产品的程序是：认识——兴趣——评价——试用——正式采用。诉求认知原理也称为"AIDAS"五字经，即引起注意（Attention）——产生兴趣（Interesting）——刺激需求（Desire）——激起购买欲望和行动（Action）——使消费者为买到称心的产品而感到满意（Satisfaction）。而诉求认知又可分为理性诉求认知和情感诉求认知。在此期间大都采用理性诉求认知方式。引起注意应该说是该阶段广告设计的主要目标。要引起注意，就必须在增强广告吸引力上下功夫。而增强广告吸引力的来源在于广告的创意和广告的时间战略。针对该时期的市场特征，介绍期广告的时间战略宜采用集中时间战略，即集中力量在短期内对目标市场进行突击性的广告攻势，以扩大影响。在广告创意上宜采用 USP（独特销售主张）创意法，即在策划广告创意时，先仔细进行产品分析，找出产品无可取代的特点，以此作为创意表现的诉求主题，再转化为消费者关心的产品利益，以消费者的语言说出。

也可采用悬念或创意法，即以悬念的手法或猜谜的方式，来表现产品的特性或为情节塑造张力的广告表现。在广告的表现战略上可采用写实、对比（较少采用）、权威、示范的表现手法。这个时期广告媒体的选择应结合该阶段营销战略中的"短"字，尽量选用能够直接面向目标市场的媒体，或选择大众化、消费者喜爱的媒体。一般来讲，对于生活资料来说，选择专业性很强的报纸、杂志或直接邮寄信函可能效果较好。

2. 成长期的广告设计技巧

产品经过试销，逐步被消费者所接受，在市场上获得了一定的占有率，企业开始成批生产，生产费用相对降低，销售量大幅度提高，利润也随之上升。此时，切不可以为自己的产品已渡过了难关，相反又重新面临一个更为严峻的挑战，那就是在产品的利润上升的同时，也伴随着一批同行介入该产品的生产，市场上出现了竞争的趋势，这种竞争主要表现为质量和信誉的竞争以及创立名牌的竞争。有人把产品的成长期称为创名牌的最佳时机。因此产品广告费用虽然可以相对降低，但为了应对竞争，树立形象和创立名牌等仍需要做广告，而且在广告设计上不但要保留介绍期的主要内容，还要提高一个层次，要在说服力度上做文章，并要注意广告表现的变化。

成长期的广告属竞争性广告或说服性广告。广告对象是早期购买者，即紧跟创新者的易于接受新观念和收入较高的顾客群。由于该时期是建立商业信誉、树立企业和产品形象的最佳时期，故广告设计要把设计的重点放在诱发消费者对产品的爱好和兴趣上来，不仅要攻势，更重要的还在于攻心。因此，此阶段在广告设计原理上宜采用诉求认知原理与信任原理相结合，并采用均衡时间战略，有计划地反复对目标市场进行广告宣传，并着重宣传其生产经营的一贯宗旨和信誉，或它的悠久历史和成就，来持续地加深消费者对产品或企业的印象，从而提高产品的知名度和占有率，树立产品形象，建立企业信誉，达到使消费者确认、购买和使用这种品牌的产品来达到挖掘市场潜力、扩大销售的目的。在此期间，广告创意宜采用情景式创意，即将场景、人物、产品三者组成一个生活模型，让消费者在广告情景引导下产生移情作用，以激起认同或模仿。采用情景式创意而制作的广告可温馨、可欢乐、可抒情、可豪壮、可惊险、可随创意尽情铺陈，但站在消费者角度，从体现消费者利益出发，赋予广告人与人之间关系的和谐感，给消费者以种种实惠和情感上的满足，从而在企业和用户间产生一种共鸣，使消费者产生一种信任感，来达到塑造品牌、企业形象的作用；也可采用证言式创意，即利用使用过该产品的消费者的现身说法，为产品的效果作证。至于广告的表现手法和媒体选择，基本上与介绍期相同。同时，为使产品成为名牌，还要善于抓住市场上提供的任何可以利用的机会，巧妙结合消费者心理，出其不意地宣传制胜。如赞助大型体育运动会、国际会议等，从而使企业产品成为该活动专用产品或指定产品等。

3. 成熟期的广告设计技巧

成熟期是产品生命周期中最长的时期，同时也是竞争最激烈的时期。在该阶段，虽然产品工艺稳定成熟，生产成本已降到最低限度，消费者已形成使用习惯，产品销售达到顶峰。但由于市场需求逐步趋于饱和，同类产品的竞争越来越激烈，且竞争不仅表现为质量、价格的竞争，而且已趋向于品牌的竞争。因此，销售率和利润率增长缓慢，甚至开始下降。这时，广告促销的作用就更加明显地体现出来。竞争需要广告，确保品牌地位需要广告，巩固市场地位需要广告，延长产品成熟期也需要广告。故这一时期是广告的第二高潮期，广告费用的支出也是整个寿命周期中的第二个高峰。

产品进入成熟期后，变成了普及产品，广告客体的性质发生了变化，广告对象也由早期使用者转化为社会大众，因而，广告的目标也应随之变化。刺激需求、促进销售成为成熟期广告设计的目标。因此，这一时期的广告设计明显地与上述两个阶段不同。因为该时期人们对产品和品牌均已熟悉，普遍喜欢名牌、依赖名牌、追随名牌，享用名牌产品已成为人们的一种消费时尚，所以广告应以动人的情感诉求认知方式为主，辅之以联想的方式来提醒消费者注意企业的产品，加强他们的记忆，以此来刺激需求、促进销售。该阶段的广告属提示性广告或称为维持性广告。

众所周知，广告设计本身受人类注意规律的影响，人们对广告的注意大多属于无意注意，很少主动留意，而在这短暂瞬间所接受的信息是有限的。要使这有限的信息起到刺激需求的作用，广告就必须做到既突出广告客体的属性，又要与受众心理感受相一致。处于成熟期的产品，是大家都熟悉的，这就为广告设计解决上述问题提供了契机。正因为是成熟期，所以不需专篇赘述来介绍产品功能，只要一提品牌，人们就会知道它是什么。再加上该时期消费者购买产品的心态，除生理上和心理上的需求外，还有一种复杂的价值观念。消费者心目中的价值，不仅表现为产品本身的理化特性，还往往同他们的嗜好、想法、情感有关。因此，成熟期的广告，在设计原理上宜采用诉求认知原理与联想原理相结合，突出宣传产品的优越性和市场特殊性（如质量、品牌优势、优质服务和维修、方便群众等内容）以及同其他品牌同类产品的差异性，来刺激需求，引导消费者认牌选购，巩固习惯性购买。在广告创意上宜采用情景式创意，给人以一种温馨、回味的感觉；也可采用公益式广告创意，来给人以关心、爱心感。

　　成熟期广告媒体要以电视媒体为主，这也是该时期广告成本较高的原因之一。在广告时间战略方面宜采用均衡时间战略等，从而不仅使成熟期的广告起到加深印象、刺激需求的作用，也使消费者在欣赏广告的同时获得心理上的满足和艺术上的享受。

　　值得注意的是，人们把该时期的后半段也称为饱和期，这一阶段是原有产品逐步变成老产品，企业对产品进行整顿、改进，新产品逐步进入市场的时期。因此这一阶段的广告应注意将两者结合起来，不仅刚投放市场的新产品（整顿、改进老产品后所得）要做广告，而且老产品也要做广告。为使广告起到扩大市场和促进销售、延长寿命周期的作用，两种广告在设计时必须采用"一体化"的战略（如商标、标准字体、标准色、象征图案、宣传标语及口号等统一、一致），以此来达到借助于老产品广告和声誉来消除顾客对新产品的不信任感，迅速占领市场。同时，借助于新产品广告来达到加深印象，刺激需求，从而维护市场的目的。

　　4. 衰退期的广告设计技巧

　　随着社会生产力的发展，新陈代谢规律必然发生作用，产品也不可避免地要进行更新换代，即要进入衰退期。老产品进入衰退期后，销售量日益下降，弱小竞争者纷纷退出市场，目标市场由大众转向少数落伍者，即收入低和思想保守的顾客群。由于销售量下降和使用降价手段进行竞争，利润日益缩减。本阶段，除了少数名牌产品可坚持到底以外，一般来说应及时退出市场。

　　衰退期的广告属加强性广告，广告对象是少数落伍者，因而该时期广告诉求宜采用理性诉求，力图提醒用户可能在最近的将来需要这种产品；在广告创意上宜采用反诉求式创意，即最好从消费者最在意、最担心的问题切入。

　　通过上述分析可以看出：广告设计和宣传在产品生命周期中的重点应放在介绍期和成熟期上。广告设计就像产品生命周期规律一样呈周期性变化，各阶段均有不同的特点和表现方法，但对某一具体产品而言，各阶段的广告设计必须体现一体化战略，使广告达到事半功倍的效果。

6.2.5　广告效果评估

广告的有效计划与控制，主要基于对广告效果的评估。评估广告效果的研究技术，随着企业想要达到的目的不同而有所差异。一般来说，对广告的销售效果的研究较受重视。实际上，销售效果的研究比沟通效果的研究还少。所谓传播效果的研究，是指研究既定的广告活动对购买者知识、感情与信心的影响。许多企业觉得销售与广告之间的关系太繁杂，时间上的差距也太大，以致无法测出其直接的效果。因此，它们认为，应该加以测定的是某种特定广告的短期沟通效果。

1. 沟通效果

测定沟通效果的目的，在于分析广告活动是否达到预期的信息沟通效果。测定各个广告的沟通效果有很多方法。例如，可用多种广告文稿测试方法来预测和后测其沟通效果。其中，最简单的预测方法就是向可能的购买者询问他们对广告的反应，或对广告组成要素如文稿、印刷、主题等的反应。这种研究叫做意见研究。意见研究通常采取文稿测试或广告测试的方式。

（1）常用的预测方法。主要有：

① 直接评分。即由目标消费者的一组固定样本或广告专家来评价一则广告，并填写评分问卷。有时问题只有一个，如"您认为这些广告中哪一个最能影响您来购买本产品"；有时问题很复杂，包括好几种评分标准，在该问卷中要填写评估广告的注意强度、记忆强度、认知强度、情绪强度和行为强度，每个部分在其最高分的范围内予以评分。这种做法的理论依据是，如果一则有效的广告的最终目的是刺激购买行为，那么在这些指标上就都应得高分。但是，对广告的评估常常只限于其对注意力和了解力两方面的形成能力。这里，还必须了解一点，直接评分法不一定能完全反映广告对目标消费者的实际影响。直接评分法主要用于帮助淘汰和剔除那些质量差的广告。

② 组合测试。即先给受试者一组试验用的广告，要求他们愿看多久就看多久，等到他们放下广告后，让他们回忆所看到的广告，并且对每一则广告都尽其最大能力予以描述。所得结果用以判别一则广告的突出性及其期望信息被了解的程度。

③ 实验室测试。有些西方学者还通过测定受试者的生理反应来评估一则广告的可能效果，譬如心跳、血压、瞳孔的扩大、出汗等。所用的仪器主要有电流计、脉搏计、形距测量管、瞳孔扩大的测量设备等。然而，这些生理测试充其量只能测量广告引人注意的力量，无法测出广告在可信度等方面的影响。

（2）广告的后测。主要用来评估广告出现于媒体后所产生的实际沟通效果。主要测量方法有以下两种：

① 回忆测试。即找一些经常使用该媒体沟通工具的人，请他们回忆发布于该媒体上的企业及其产品名称。回忆方式是请他们回想或复述所有能记得的东西。主持者在受试者回忆的过程中可以给予帮助，也可以不给。回忆结果的评分标准是受试者的反应如何。评分结果可用来判断广告引人注意和令人记住的力量。

② 识别测试。即先用抽样的方法抽取某一特定沟通工具的接收者（如某一杂志的读者）作为受试者，再请他们反复阅读某一杂志，时间不限，然后说出认识杂志上众多个广告中的哪一个，最后根据识别的结果给予每一则广告三种不同的可读性评分：第一，只注意到；第二，尚记得名称；第三，读过广告内容的一半以上。

2. 销售效果

沟通效果的研究无疑可帮助企业改进信息内容的质量，但却不能使人了解对销售的影响作用。如果某制造商知道他最近的广告活动提高了 20% 的品牌知名度和 10% 有利的品牌态度，他能对其销售作出何种结论？广告支出的销售生产率是多少？广告费应支出多少？

一般来讲，广告的销售效果要比沟通效果更难测定。最容易测定的广告销售效果是邮购广告的销售效果，最难测定的是树立品牌或企业形象的广告的销售效果。测定广告对销售状况的影响即广告的销售效果，可通过两种方法进行。

（1）历史资料分析法。这是由研究人员根据同步或滞后的原则，利用最小平方回归法求得企业过去的销售额与企业过去的广告支出两者之间关系的一种测量方法。在西方国家，不少研究人员在应用多元回归法分析企业历史资料、测量广告的销售效果方面，取得了重大进展，尤以测量香烟、咖啡等产品的广告效果最为成功。

（2）实验设计分析法。用这种方法来测量广告对销售的影响，可选择不同地区，在其中某些地区进行比平均广告水平强 50% 的广告活动，在另一些地区进行比平均水平弱 50% 的广告活动。这样，从 150%、100%、50% 三类广告水平的地区的销售记录，就可以看出广告活动对企业销售究竟有多大影响，还可以导出销售反应函数。这种实验设计法已在美国等西方国家广为采用。

技能训练

请你为卡西欧运动手表进行网络广告策划，并完成广告策划书。

项目七
产品销售实施

任务一：访问顾客

任务布置

在项目市场营销方案制订后，就进入了产品销售实施阶段。其主要任务是通过访问客户来挖掘潜在客户。访问客户的主要工作包括拟订访问计划、约见顾客、介绍产品和激发购买欲望等。

作为一名市场开拓人员如何来进行顾客的访问？

在对顾客访问的工作中有什么技巧？

技能目标及素质目标

技能目标：

（1）掌握访问顾客的具体工作过程，能够拟订访问计划。

（2）熟练应用顾客访问技巧，进行顾客访问、开拓市场。

素质目标：

（1）具有良好的语言表达能力和沟通能力。

（2）具有吃苦精神，创新精神。

（3）具有团队协作能力。

教学实施建议

学生以小组的形式，结合之前所进行的市场营销项目的学习，以角色扮演的方式进行模拟访问顾客内容的训练与学习。

在模拟访问顾客的演练结束后进行学生自我评价、学生相互评价及教师评价。

解决方案

顾客拜访实施方案

一、顾客拜访三要素

① 你的目标;
② 为达到目标所准备的"话题";
③ 拜访需要的资料。

二、销售拜访的基本结构

寻找客户——访前准备——接触阶段——探询阶段——聆听阶段——呈现阶段——处理异议——成交(缔结)阶段——跟进阶段

(一)寻找客户

(1)市场调查:根据产品和开发目的,确定调研范围。
(2)档案建设:①客户档案原始资料;②客户资信调查报告。
(3)筛选客户:①牢牢把握 80/20 法则,即 80% 的公司利润来自 20% 的重要客户,其余 20% 利润则来自 80% 的普通客户;②选择企业最合适的客户。

(二)访前准备

1. 客户分析

客户档案(基本情况、部门、级职)、购买/使用/拜访记录的收集整理。如拜访医生,要了解其处方习惯;如拜访营业员,要了解其推荐习惯,和其自我对该类知识的认识。

2. 设定拜访目标(SMART)

S–Specific(具体的);M–Measurable(可衡量);A–Achievement(可完成);R–Realistic(现实的);T–Time bond(时间段)。

3. 拜访策略(5W2H)

4. 资料准备及"Selling story"

5. 着装及心理准备

6. 销售准备

熟悉公司情况做好全力以赴的准备;熟悉产品情况,明确目标,做好计划;了解客户情况,培养高度的进取心;了解市场情况,培养坚韧不拔的意志;培养高度的自信心;培养高度的纪律性;墨菲定律;如果有出错的可能,就会出错。东西总是掉进够不着的地方;蛋糕掉在地上总是有奶油的一面朝地面有些事情总是愈解释愈糟糕；明确拜访对象：销售拜访中你拜访谁？

7. 访问客户

①制订访问计划；②善用访问时间和地点，提高拜访效率；③善用开场白，留下好印象；④善于掌握再次拜访的机会。

（三）接触阶段

1. 开场白

易懂、简洁、新意、少重复，少说"我"，多说"您""贵公司"等巧妙选择问候语很关键。

2. 方式

开门见山式、赞美式、好奇式、热情式（寒暄）、请求式。

接触阶段注意事项：

（1）珍惜最初的6秒钟：首次见面一般人6秒钟之内会有初步印象———见钟情或一见无情。

（2）目光的应用：了解目光的礼节、注意目光的焦点。

（3）良好开端：和谐、正面，创造主题，进入需要，充足时间。

（4）可能面对的困难：冗长、沉默、负面、目的不清、恶劣经历、时间仓促。

（四）探询阶段

探询是指探查询问，向对方提出问题。

探询的目的：收集信息、发现需求、控制拜访、促进参与、改善沟通。

探询问题的种类：

肯定型问题——限制式提问（YES/NO） （是不是，对不对，好不好，可否?)

公开型问题——开放式提问（5W，2H）

疑问型问题——假设式提问（您的意思是……，如果……）

1. 开放式问句句型（5W，2H）

WHO——是谁；HOW MANY——多少；WHAT——是什么；HOW TO——怎么样；WHERE——什么地方；WHEN——什么时候；WHY——什么原因。

2. 限制式问句句型和假设式问句句型

是不是？您的意思是……？

对不对？如果……？

可否？

3. 开放式提问

开放式提问时机：当你希望客户畅所欲言时；当你希望客户提供你有用信息时；当你想改变话题时。

好处：有足够多的资料；在客户不察觉时主导会谈；客户相信自己是会谈的

主角；气氛和谐。

坏处：需要较多的时间、要求客户多说话、有失去主题的可能。

4. 限制式提问

限制式提问时机：当客户不愿意提供你有用的讯息时；当你想改变话题时；取得缔结的关键步骤。

好处：很快取得明确要点，确定对方的想法，"锁定"客户。

坏处：较少的资料、需要更多问题、"负面"气氛、方便了不合作的客户。

5. 假设式提问

假设式提问时机：当你希望澄清客户真实思想时，当你希望帮助客户释意时。

好处：能澄清客户真实思想，能准确释意语言委婉，有礼貌。

坏处：带有个人的主观意识。

（五）聆听阶段

1. 问题点

即听出真正的问题所在，而且是最核心的，最令客户头疼的问题。客户自己一般是不会向你坦白的，因此销售人员要配合提问来引导。

2. 兴奋点

顾客的购买都出于两个出发点：逃离痛苦和追求快乐。问题点是让客户感到痛苦的"痛点"，兴奋点是让客户感觉快乐的理由。听兴奋点，关键是听容易让客户感到敏感的条件和情绪性字眼。

3. 情绪性字眼

当客户感觉到痛苦或兴奋时，通常在对话中通过一些字、词表现出来，如"太好了""怎么可能"等，这些字眼表现了客户的潜意识导向，表明了他们深层看法销售人员在倾听时要格外注意。一般而言，在成交那一刻，客户做出的决定总是感性的，所以每当客户在对话中流露出有利于购买成交的信号时，要抓住机会，及时促成。

4. 敏感条件

客户需求的敏感性条件，如价格、优惠折扣等。

（六）呈现阶段

①明确客户需求；②呈现拜访目的；③专业导入 FFAB，不断迎合客户需求。

FFAB 是：Feature、Function、Advantage、Benefits 四个英文单词首个字母的组合，分别含义是：

Feature，产品或解决方法的特点；

Function，因特点而带来的功能；

Advantage，这些功能的优点；

Benefits，这些优点带来的利益。

在导入 FFAB 之前，应分析客户需求比重，排序产品的销售重点，然后再展开 FFAB。在展开 FFAB 时，应简易地说出产品的特点及功能，避免使用过于深奥专业术语，通过引述其优点及客户都能接受的一般性利益，以对客户本身有利的优点做总结。在这里，营销人员应记住，客户始终是因你所提供的产品和服务能给他们带来利益，而不是因对你的产品和服务感兴趣而购买。

（七）处理异议

客户的异议是什么？异议的背后是什么？销售人员应及时处理异议，把握客户的人性及需求。

处理异议方法：面对客户疑问，善用加减乘除。

（1）当客户提出异议时，要运用减法，求同存异；

（2）当在客户面前做总结时，要运用加法，将客户未完全认可的内容附加进去；

（3）当客户杀价时，要运用除法，强调留给客户的产品单位利润；

（4）当营销人员自己做成本分析时，要用乘法，算算给自己留的余地有多大。

（八）成交（缔结）阶段

（1）趁热打铁；

（2）多用限制性问句；

（3）把意向及时变成合同；

（4）要对必要条款进行确认。

程序：要求承诺与缔结业务关系。

（1）重提客户利益；

（2）提议下一步骤；

（3）询问是否接受。

当营销人员做完上述三个程序，接下来就应该为客户描绘其购买产品或服务时所产生的愿景，最终刺激准客户的购买愿望；一旦你捕捉到客户无意中发出的如下讯息：

客户的面部表情：

①频频点头；②定神凝视；③不寻常的改变。

客户的肢体语言：

①探身往前；②由封闭式的坐姿而转为开放；③记笔记。

客户的语气言辞：这个主意不坏等。

（九）跟进阶段

①了解客户反馈；②处理异议；③沟通友谊；④兑现利益；⑤取得下个订单。

相关知识点

访问顾客工作过程

营销准备工作做好以后，就进入营销活动过程的下一个阶段——访问顾客。访问顾客主要包括：

一、拟订访问计划

（一）选择好当天或第二天要走访的具体顾客

视工作时间与营销产品的难度以及以往的营销经验来确定人数，从你所拟定的潜在顾客名单上挑选具体人物，可以根据交通和顾客地点来选择几个走访方便的顾客作为一个顾客群。这样有利于节省时间，提高效率。

（二）确定已联系好的顾客的访问时间与地点

如果你已与某些客户取得了联系，那么不妨根据对方的意愿来确定访问时间与地点。一般来说访问时间能够预约安排下来将有助于成功，而访问地点与环境应具有不易受外界干扰的特点。

（三）拟订现场作业计划

这一部分是针对一些具体细节、问题和要求来设计一些行动的提要。拟定介绍的要求。在对产品有了深入了解的情况下将产品的功能、特点、交易条款以及售后服务等综合归纳为少而精的要点，作为营销时把握的中心，设想对方可能提出的问题，并设计回答。对于经验不丰富的营销员一定要多花一些时间在这上面，做到有备无患。

（四）准备营销工具

在营销时除了要带上自己精心准备好的产品介绍材料和各种资料如样品、照片、鉴定书、录像带等，还要带上介绍自我的材料如介绍信、工作证、法人委托书、项目委托证明等，带上证明企业合法性的证件或其复印件也是非常必要的。如果公司为客户准备好了纪念品也不要忘记带上。最后当然还应放上一些达成交易所需材料如订单、合同文本、预收定金凭证等。

如果面对的是一项较为复杂的营销任务或开发新的市场，可以成立营销小组。小组营销可以将对手的注意力分散，可以给每个人留下一段思考时间、经验上相互弥补，相互促进。如果准备以营销小组来进行营销，那么必须进行小组营销的规划。

二、约见顾客

在进行营销活动时，通常需要先取得面谈约见的机会，然后按照约定的时间去访问，同时再做好下次面谈的约见工作。

当然，要想全部取得约见几乎是不可能的，约见被拒绝是营销员的家常便饭，但与在上门时被拒绝相比，宁可在电话中被拒绝，这样不论成败，时间的损失总较少些，可将时间能够用于其他更有效的访问上。约见顾客的方式主要有以下几种：

（一）电话约见

如果是初次电话中约见，在有介绍人介绍的情况下，需要简短地告知对方介绍者的姓名、自己所属的公司与姓名、打电话的事由，然后请求与他面谈就可放下电话。务必在短时间内给对方以良好的印象，因此，不妨说"采用我们这种机器定能使贵公司的利润提高到一倍以上"；"贵公司陈小姐使用之后认为很满意，希望我们能够推荐给公司的同事们"等的话，接着再说："想拜访一次，当面来说明，可不可以打扰你10分钟时间？只要10分钟就够了。"要强调不会占用对方太多时间。然后把这些约见时间写在预定表上，继续再打电话给别家，将明天的预定约定填满之后，便可开始访问活动了。

（二）信函约见

信函是比电话更为有效的媒体。虽然时代的进步出现了许多新的传递媒体，但多数人始终认为信函比电话显得尊重他人一些。因此，使用信件来约会访问，所受的拒绝比电话要少。另外，运用信件约会还可将广告、商品目录、广告小册子等一起寄上，以增加顾客的关注。也有些行业甚至仅使用广告信件来做生意。这种方法有效与否，在于使用方法是否得当。当今，信件广告泛滥，如果不精心研究，很可能被顾客随手丢掉，这样一来就是十分失策的。

通常情况下信件的内容包括问候、寄信的宗旨、拟拜访的时间，同时附上广告小册子。一般信件的写法是"……届时倘有不便，请在信封所附明信片上，指定适当的时间……"，并且在明信片上，先写上"……月……日，上/下午……时"。只要请被访问对象在明信片上填上指定日期、时间并寄回即可。这样做在实践中可获得更大的效果。

使用信件约见必须事先仔细研究与选择。如果对方的职业或居所不适宜收信的话，那么使用信件约见的方法自然会失败。如果不加详细分辨，收信人对该商品是否会注意；收信人的职位是总经理还是业务员；寄达的地方是办公室还是私人住宅等问题，而胡乱将信件寄出的话，难免会被人当成垃圾处理掉。

（三）访问约见

一般情况下，在试探访问中，能够与具有决定权者直接面谈的机会较少。因此，应在初次访问时能争取与具有决定权者预约面谈。所以在试探访问时，应该向接见你的人这样说："那么能不能让我向贵公司总经理当面说明一下？时间大约10分钟就可以了。您认为哪一天比较妥当？"这样一来遭到回绝的可能性自然下降。

综上三种约见方法，各有长短，应就具体问题选择采用。比如对有介绍人的就采用电话方式；没有什么关系的就用信件等。

三、开场的方法

所有营销人员都时常遇到准顾客的冷淡态度，打破冷淡气氛以顺利进行营销工作往往是令新入行营销员头痛的问题，甚至有较多经验的营销员也常常不能很好地解决。

经验告之，漫无目的的"盲聊"，只可能得到漠不关心与不感兴趣的反应。不要认为"三句话不离本行"是坏事，因为这样对方很容易知道你拜访的目的并非是社交活动，并尽快知道你的来意。因此，营销人员并不一定要故作隐瞒，但也并非说要直截了当地说明来意。所以为了打破准顾客的冷淡，营销员应该周密计划初见面时所说的话。

一般讲，最初的话往往决定对方对你的第一印象如何，这一方面可能引起顾客的关心，也可能打消顾客的关心。尤其在初次访问时，顾客的心里总是存有"是否就要求我购买呢？"的抗拒心理；同时也有一种"见面也好，听听他说什么"的心理，这两种是混合而复杂的心理。因此，凭营销员最初的一言，便可决定是"拒绝"还是"听听看"。高明的接近法能顺利地进入到商谈，而笨拙的接近法，当时就有可能遭到回绝。

比较明智的做法是：开言时不露出任何"请你买"的行踪。而要给对方以："这么好的东西，若不给我们介绍的话，将是一件很遗憾的事"的感觉。也就是用这样轻松的心情去接近对方，效果自然较好。

通常，营销员首先应该营销自己，在初次访问时，确有实行营销自己的必要。营销员应先介绍自己的公司，再介绍自己，再说明为什么来访。这样说明绝不是直接说来营销产品的，而是说"因为这是对贵公司非常有用的机器"或"最近这一行业有很多家使用这种机器，实行生产合理化，因此节省了若干经费，很受欢迎……"，这样先强调对方能够得到的利益。

那么开场白到底如何进行才算合适，其实并没有一个简单概括的答案。以下几种方式可供参考，而且也可在营销时随时加以运用。

（一）以提出问题开场

在这种开场白中，营销员可以找出一个对于顾客的需要有关系的，同时又是所营销产品所能给他满足而会使他作出正面答复的问题。要小心的提出对方可能会回答"不"的问题。例如，你可以问："你希望减低20%的原料消耗吗？"你甚至可以连续地向对方发问，以引导对方注意你的产品。例如问："你看过我们的某某产品吗？""没看过呀！""这就是我们的产品。"并同时将样品展示。接着就说："敝公司派我特地来拜访您。您觉得我们的产品如何？"

（二）以讲述有趣之事开场

有时以讲一件有趣之或笑话开场，也可以收到实际效果。但在这样做的时候一定要明确目的不仅仅是想给顾客带来快乐，所讲的故事一定要与你的产品的用途有关，或者能够直接引导顾客去考虑你的产品。

（三）以引证别人的意见开场

如果你真的能够找到一个顾客认识的人，他曾告诉你顾客的名字，或者会告诉你该顾客对于你产品的需要，那么你自然可这样说："王先生，你的同事李先生要我前来拜访，跟你谈一个你可能感兴趣的问题。"这时，王先生可能会立即要知道你所提及的一切，这样你当然已引起了他的注意而达到了你的目的。同时，他也对你自然会感到比较亲切。可是，你一定要切忌虚构朋友的介绍。

（四）以赠送礼品开场

以赠送诸如钢笔、针线包、笔记本等一类的小礼品作为开场，主要是在营销消费品的时候运用比较有效。所赠送的礼品一定要与所营销的商品有关系，这点很重要，因为这样一来完全可以在送礼品的同时，顺便地提到你所想进行的交易。

四、引起顾客兴趣

当顾客开始注意到你的产品，下一步要做的就是紧紧抓住顾客，让他们产生兴趣，强化兴趣，为进一步刺激其购买欲打下基础。引起顾客兴趣，是整个营销过程的重要一环，营销员应在此环节上动脑筋、下功夫。

（一）快速把握兴趣集中点

营销员在与顾客接触过程中已判定顾客的类型。根据顾客类型，结合自己对产品的了解快速判定针对特定顾客的兴趣集中点，围绕一至两个兴趣集中点来展开营销，做到有的放矢。

一般说来商品的兴趣集中点主要有：

（1）商品的使用价值对于大多数商品和顾客来说，这都是兴趣集中点。因此，详细地介绍产品的功能是必不可少的，也是首当其冲的。对于经济上不是很宽裕的顾客，强调商品的多种功能就显得尤为重要。

（2）流行性。它是虚荣型顾客的一个重要兴趣集中点，大多数装饰品、高档日常用品都应突出这一集中点。根据顾客的着装以及家庭用具可以判断出其兴趣是否集中于此。

（3）安全性。它对于食品、婴儿用品、电器等显得比较重要。特别是老年顾客以及保守类型的顾客的兴趣会集中在于。

（4）美观性。青年顾客及年轻夫妇多较重视商品的美观性，女性顾客也比男性顾客更多地重视这一点，性格内向、生活严谨的人在注重商品的使用价值的同时，对其外观也较挑剔，如果你的产品外观上有缺陷不妨刻意回避一下。

（5）教育性。随着人们收入的提高，对于这一点人们日益关注，尤其是中年顾客。

（6）保健性。如食品、服装、用具，针对老年人要强调这一点，有财力和有时间保护自己健康的顾客也尤其重视这点。

（7）耐久性。它作为使用价值中一个特殊方面受到大多数顾客的重视，但有些强调时尚的商品则不必强调其耐久性，特别是对于青年顾客这一点往往考虑甚少。

（8）经济性。强调商品的质量、价格比优势无疑会使那些经济不宽裕的顾客的承受力加强。另外，商品数量有限往往会促使犹豫的顾客做出决策。同时，物以稀为贵的思想大多数人都认同，不妨稍加利用。

（二）精彩的示范

在发现了面前顾客的兴趣集中点后可以重点示范给他们看，以证明你的产品可以解决他们的问题，适合他们的需求。当然如果你的顾客是随和型的，并且当时的气氛极好，时间充裕，你可以从容不迫地将产品的各个方面展示给顾客。但是，我们认为大部分顾客都不会喜欢你占用他们过多的时间，所以有选择、有重点地示范产品还是很有必要的。比如你营销新型的食物处理机，而你的顾客已有了一台老式处理机，这时你只要向他示范你的机器的新功能就可以了，而如果你将所有的功能示范一遍，新会给顾客造成一种印象：这机器的大部分功能我的机器已经有了，不换也罢。这样就将于你有利的因素混在冗长的示范中难以得到突出。

如果在示范过程中能邀请顾客加入，则效果更佳，这样给顾客留下印象更深。在示范时你可以请顾客帮你一点小忙，或借用他方便而不贵重的用具等，总之想办法让顾客参与进来，而不是在一边冷眼旁观。如果你营销的产品使用起来很方便或是人们经常使用的，那么你可放心地让顾客去试用，效果一定不错。例如吸尘器，让顾客自己使用以感觉它的风力大与噪声小，一定会好于他看你表演。

在示范过程中，营销员的新奇动作也会有助于提高顾客的兴趣。比如，一般营销干洗剂的营销员会携带一块脏布，当着顾客的面将干洗剂喷涂在上，然而如果你一改常态，先将穿在自己身上的衣服袖子弄脏一小块，然后再洗干净它，这样的示范效果一定要好于前者。对于商品的特殊性质，新奇的动作往往会将它们表现得淋漓尽致。比如钢化玻璃，你尽管大胆地将它们扔在地上，当然你带着铁锤和不同质地的玻璃给顾客示范，效果一定会不错。

在示范过程中，营销员一定要做到动作熟练、自然，给顾客留下利落、能干的印象，同时也会对自己驾驭产品产生信心。营销员做示范时一定要注意对产品不时流露出爱惜的感情，谨慎而细心的触摸会使顾客在无形中感受到商品的尊贵与价值，切不可野蛮操作。谨记你的态度将直接影响顾客的选择。

在整个示范过程中，营销员要心境平和，从容不迫。尤其遇到示范出现意外时，不要急躁，更不要拼命去解释，这样容易给顾客造成强词夺理的印象，前面的一切努力也就付之东流了。一旦出现问题，你不妨表现得有幽默一点，让顾客了解这只是个意外罢了，那么谨慎地再来一次示范是必不可少的。例如，当你营销钢化玻璃，你的示范动作是举起铁锤砸玻璃，理想状态是玻璃安然无恙。而当你向顾客介绍了这种玻璃的各项指数，并开始示范，顾客已想象到了结果是玻璃并不会碎，谁知恰恰相反，玻璃碎了。这时你怎么办呢？你一定不要面露惊慌之色，你可以平静地告诉顾客："像这样的玻璃我们是绝对不会卖给您的。"随后再示范几次。这样就化险为夷了，也许还会增加顾客的印象。

总的来说，示范存在缺陷的原因主要有以下几点，只要你努力去避免这些造成缺陷的原因，再加上你熟练的动作和幽默的语言，一定会精彩地完成示范，达到强化顾客兴趣的目的。

（1）在示范前对产品的优点强调过多，从而使顾客的期望过高，而在整个示范中尽管你和你的产品均表现出色，但却不能使顾客满意。这显然是营销员自己设了一个陷阱。在介绍产品时不要过分夸张，一味强调优点，而是让事实代你说话，你只要充分展示出产品的特性与功能，顾客自然会感觉到。而与此同时，主动介绍一点这种产品设计上有待突破的地方，不仅无伤大雅，也是大有益处的。本来这世上就没有十全十美的东西，由你自己点出来总比让顾客发现而你又在极力隐瞒强得多。

（2）营销员过高估计自己的表演才能。在示范过程中极力表现自己，这也是造成失误的原因。在示范中加入一些表演成分的确可以加深顾客印象，但如果过分表现自己，则容易给人造成华而不实的感觉。而营销员又不是演员，一定不要太过表演，其实娴熟的动作以及简练的语言、优雅的举止才是营销员最好的个人表现。

（3）在示范过程中只顾自己操作，而不去注意顾客的反应。这是示范中的大忌。如果在示范中顾客提出疑问，这说明他开始注意已经跟上你的思路，这时营销员要针对顾客提出的问题重点示范或重复示范，不能在示范中留下疑问而不去解决。如果顾客对你的示范表现漠然，你就不要急于做下去，而是应该巧妙地利用一些反问与设问，想办法让顾客参与进来。总之，在示范过程中切莫忘记与顾客的交流。

五、激发购买的欲望

在做一系列的努力去引发顾客的兴趣之后，下一步就是去激发顾客的购买欲望。让顾客从感兴趣到具有购买欲还是有相当一段过程的。在这一阶段，形象地来说，营销员和顾客进行的是一场心理战。开动脑筋，迅速而准确地把握住顾客的心理，在适当的时机点破顾客的疑虑都是相当重要的。

（一）适度沉默，让顾客说话

沉默在营销上具有很多不同功效。在做完了产品介绍与示范后不妨停止说话而开始聆听，这时沉默是高明的，总体来说它起到两大作用：让顾客有说话机会；无形中强迫顾客讲话。这样就或多或少地会谈到对产品的看法。

许多人对营销员的认识就是能言善辩，甚至是喋喋不休。其实在营销员之间有这样一句格言：多言之客以耳闻，少言之客以口问。这句话的意思就是营销员与顾客面谈时要多用耳朵听，以嘴巴问，同时要切忌多言多语，以免言多必失。

营销员在刚刚接触到顾客时必须迅速打开局面，这时当然不能沉默，而在介绍产品时就要适当地减少语言，尽量用事实说话，同时不时地引发顾客参与进来。现在经过一段时间的交流，你已经将自我信息和产品信息输入给顾客，如果前阶段的工作一切顺利，那么现在应该拿出点时间来倾听顾客的意见。如果顾客是属于内向型或沉默型的，你要做的也只是就其兴趣集中点进行引发。一旦他们开口，你要认真倾听，如有必要还可以做做笔记。在对方讲话过程中千万不可以打断，最好时常和对方进行眼神的交流，同时要在合适的机会点头示意。对于顾客所提问题一定要耐心回答，对于准备不充分或确实不了解的问题不要回避，要敢于承认"自己不了解"，但一定要注意这一类问题不要过多，否则就会使顾客对你产生不信任。对顾客错误的或于己不利的说法，如果这种说法并不太重要，那么你最好将其置于一边，保持沉默，切记不能正面纠正。如果顾客的错误太严重，以致影响了他对产品或公司的看法，那么你就要运用你的智慧委婉地予以纠正。冲动是营销员的大忌，一定要设法约束自己，不与顾客发生争论，尤其是正面的交锋最不可取。

保持沉默还有一个重要作用，那就是给自己一个缓冲的机会，整理一下思路，反省一下前一阶段的工作。如有漏洞或过失则应在下一阶段进行弥补。整个的营销过程中，营销员应该能控制节奏，做到有张有弛，不要喋喋不休，那样容易使对方感到厌倦和疲劳，适时地沉默一定会有助于成功。

（二）挖掘对方的需求

刺激对方的购买欲就是要让顾客明确地认识到他的需求是什么，而你的产品正好能满足他的需求。主动找上顾客去营销与顾客去商店选购在这一点是不同的。顾客往往是有了明确的需求才去商场里寻找需要的商品，而你带着商品上门时他们往往并没有明确地意识自己是否需要这种产品，有许多顾客或许根本就不需要。这时你需要根据顾客的兴趣来找出他的需求，甚至是为顾客创造需求，然后再将其需求明确地指出，如有可能，向顾客描述他拥有你的产品，需求得到满足后的快乐，激发顾客的想象力。

例如，你营销的产品是打字机，当你向顾客展示产品后，顾客对产品各方面都感到满意，并且表现出了兴趣。但你发现他只是有兴趣而已，并没有购买欲，因为他没有考虑到打字机对他有什么用处，他并没有对打字机的需求。在整个交谈过程中，你获知你的顾客有一个正在读书的女儿，此时你不妨来为他创造一下需求，告诉他："如果你女儿有这么一台打字机，我想，不用多久她一定能打出一手又快又干净的漂亮字来。"听了你这句话，顾客会在心里想："对呀！我怎么没想到女儿需要一台打字机呢？"如此一来，他就有了购买欲。如果你再刺激他去想象女儿因为能打一手好字而在将来的竞争中处于优势，那么你成功的把握就更大了。

促使顾客想象，就是要让他觉得眼前的商品可以给他带来许多远远超出商品价值之外的东西，一旦拥有甚至会给他带来一个新的世界、新的生活。当然你启发顾客想象应该是基于现实的可能，而不是胡思乱想。

为顾客指出他的需求时应注意委婉，不可过于直截了当，最好不要用诸如："我想，你一定需要……"或"买一件吧，不会有错的。"这样的话会使对方感到你强加于人，不免起逆反心理。

（三）用言语说服顾客

当我们指出顾客的需求，而顾客依然表现不是很积极的，购买的欲望仍不是很强，这时你不妨再略施小计，刺激他的购买欲，语言技巧此时尤其重要。

引用别人的话试试。有时你说一百句也顶不上你引用第三者的话来评价商品的效果好。这种方法的效果是不容置疑的，但是如果你是说谎而又被识破的话那就很难堪了，所以你应该尽量引用真实的评价。一般来说你引用第三者的评价会使顾客产生安全感，在相当程度上消除戒心，认为购买你的商品要放心得多。

最有说服力的引言莫过于顾客周围某位值得人们信赖的人所讲的话。你可以先向这样的人物营销你的商品，只是你够机灵，从他的口中得到几句称赞我想不会太难，而这句称赞将是你在他的影响力所及的范围内进行营销的通行证。如果某个"大人物"曾盛赞或者使用了你的产品，那么这将使你的营销变得比原来容易得多。"大人物"可以是电影明星、体育明星、政界要人等人们比较熟悉的人物，因为他们往往比你容易受到信赖，和他们相比你陌生了许多，自然说服力也就不那么强了。当然这也是广告惯用的手法，在此不妨搬来试试。如果这两类人都无法利用，一个顾客并不了解也认识的人的话并不一定没有效果，此时就要注意这些话一定要言之有理，而顾客往往又并未在意，那么他会感到颇有启发而欣然接受。

用广告语言来形容你的产品可收到独特效果。广告语言具有简练，感染力强的特点。如果你的产品在一些媒体上进行过宣传，你不妨借用一下广告中的标题语言，如果顾客看过广告则会起到双重印象的效果，如果没有看过顾客会觉得新鲜有趣。类似广告语也会起到这样的效果。比如你营销一种特别锋利的齿形餐刀，那么你用这样的语言："您和您的家人用这种餐刀品尝鲜嫩的牛肉，感觉一定好极了"会比"这种餐刀的齿形设计锋利无比"要好得多。因此，注意语言生动是极其重要的。

帮助顾客出谋划策，使其感到有利可图。一般来说，顾客对于额外的收获还是乐于接受的。在介绍产品时不妨提供一些优惠条件，或赠送一些小礼品，以刺激顾客的购买欲望。

技能训练

请同学结合访问顾客的技巧进行营销项目的顾客访问训练。

任务二：商 务 洽 谈

任务布置

在市场竞争激烈的今天，商务洽谈是一种综合素质的"竞技活动"，它要求谈判人员不仅要具有良好的道德修养，合理健全的知识结构，优秀的能力结构（观察力、想象力、记忆力等），高雅的风度仪表，互补的气质性格，丰富的实践经验，而且还必须具备娴熟的口头交际言语技巧。

作为一名市场开拓人员如何进行商务洽谈？
商务洽谈的应用技巧有哪些？
商务洽谈中的基本礼仪是什么？

技能目标及素质目标

技能目标：
（1）掌握商务洽谈的工作过程；
（2）掌握商务洽谈的技巧。

素质目标：
（1）具有诚实守信、保守商业秘密的良好职业道德；
（2）懂礼仪，具有一定语言表达能力及沟通能力。

教学实施建议

学生以小组的形式，结合之前所进行的市场营销项目的学习，以角色扮演的方式进行模拟商务洽谈内容的训练与学习。

在模拟商务洽谈的演练结束后进行学生自我评价、学生相互评价及教师评价。

解决方案

商务洽谈的技巧

第一，在商谈的过程中我们学会如何不会使正在进行的商谈冷场。

这一点很重要，如果在商谈的过程中冷场，会给商谈双方都带来不利于沟通交流的因素。那到底如何避免呢？有一句话叫"横看成岭侧成峰"，从不同的角度观察同样的东西就可以阐述不同的内容，也有人把这个称为发散思维。比一个很简单的例子，从一张 A4 的白纸能够想到什么？而又能够阐述出哪些东西？比如阐述其视觉效果（外形、颜色等）、听觉效果、味觉效果、触觉效果、物质构成和实用效果等。

第二，就是在商谈的过程中要注意商谈的平衡性。什么是商谈的平衡性呢？就是在多人商谈的过程中，您必须注意到不能冷落了在场的每一个人。您所涉及或者发起的话题尽可能地让在商谈的所有人都感觉到和他有关系。还有，就是在商谈的过程中虽然不能冷落一个人，但也必须把商谈的重点放在能够真正起决定的那个人身上。

第三，在阐述到跟实际的业务有关系的时候，尽可能地言简意赅，用最简短的让对方能够明白的语言清楚的表达您所要阐述的内容。如果商谈的时间比较长的时候，可以尽可能多拉一些增进感情的话题。

第四，绝对不可以接受对方所出的第一次价格。这个世界上没有所谓的一口价。

假如一个服装店的老板，一个是顾客。顾客走到店里后，看上了店里的一套衣服，比如说这个衣服的成本是 300 元。请看下面的一段对话：

顾客：老板，这衣服怎么卖？

老板：这个衣服啊，平常我都卖 780 元，您是我今天的第一个顾客，您给 750 元，怎么样？

顾客：老板，这个也太贵了，650 元行不？

老板：好，可以，你拿去！

假如顾客真的这样买了这套衣服，顾客现在心理舒服吗？顾客心理基本上不怎么舒服，感觉应该这个衣服还可以再便宜，买吧，感觉贵了，不买吧，是自己出的价格。即使买回去，心里也特别别扭，而且你下次肯定不会再到这个店里面买衣服。那如果我们同样是上面的情况，我们双方都不接受双方的第一次出价，情况就不一样了：

顾客：老板，这衣服怎么卖？

老板：这个衣服啊，平常我都卖 780 元，您是我今天的第一个顾客，您给

750 元，怎么样？

顾客：老板，这个也太贵了，650 元行不？

老板（笑笑）：650 元啊，您不要拿我开玩笑，这个可万万不行，这样我得赔死，这个衣服是我 680 元进的货，您好歹也得让我赚点是不？

顾客（笑笑）：怎么不会让您赚钱呢？但您给那价格也太高了。

老板（笑着说）：那您给我开个合适的价格，能够卖您也就卖了。

顾客：那就 680 元吧，多一分就不要了。

老板（很勉强地）：唉，算了，看您也是真心地喜欢这个衣服，我也就当走个量，也交您这个朋友，以后多光顾我的店。

一样的是买了那件衣服，还比原来高了 30 元，那顾客现在的感觉如何呢？顾客会感觉到这件衣服老板肯定没有赚你多少钱，而且觉得他人不错，下次还会去他那里买衣服。这就是为什么不要接受第一次出价的原因，而且更关键的是就像第一次情况那样，那 650 元就是老板真的亏本卖了，而顾客的心里并不知道。

第五，"逢人减寿，见物加钱"。"逢人减寿"就是如果遇到一个人，您通过观察可以看出他大概的实际年龄，但在跟他聊天的过程中，一定要记住不要说出他实际的年龄，而是比实际的年龄小几岁。假如小刘去会见王科长，他的实际年龄看上去应该有 45 岁以上了。下面是他们的一段对话：

小刘：王科长，您好，很荣幸能够来拜访您。

王科长：您好！欢迎，欢迎。

小刘：王科长，您跟我想象中的不一样。

王科长：哦？

小刘：您比我想象中的年轻多了。您现在应该还没有 40 岁吧。

王科长（笑）：哪里！我都 47 岁了！

小刘（很认真地）：噢！您看上去顶多 39 岁。您是怎么样保养的，有什么养生诀窍没有？

王科长（高兴）：嗨，这个都是我老婆的功劳，结婚这么多年，她任劳任怨，我们从来没有吵过，我怎么说，她怎么做。

小刘：真羡慕你们，王科长，您是怎么做到如此和谐的夫妻关系的，这您可得教教小弟了，我媳妇对我能够这么好就好了。

王科长（还是高兴）：呵呵，好啊，有时间带上你爱人，我也带上我老婆一起出去玩。

看了上面的对话您有什么感想，应该感觉人际关系是不是一下子就近了很多呢？说完了"逢人减寿"，可能你就已经明白什么是"见物加钱"了，"见物加钱"就是看到别人的东西，如果需要谈论这个东西的价格的时候，你说出来的价格一定要比这个东西看起来的实际价格高一些。我们看下面一段对话：

王女士：您好！很荣幸能够来拜访您。

刘女士：您好！欢迎，欢迎。

王女士：哇！您这件外套真漂亮。一定卖不少钱吧，估计至少也要600元吧（估计这件外套就400元左右）。

刘女士：谢谢您的夸奖。这个衣服没有那么贵，我买了才400元。

王女士：噢！这么漂亮的衣服才卖400元。我前几天路过一个服装店，我看好像就是和这个一样的，要卖700元呢！您真是太会买东西了，有时间带我一起去买啊！

刘女士：好啊，随时乐意啊！（感觉自己这件衣服买得很值，心里特别高兴）

相关知识点

从某种意义上说，商务洽谈是一条言语的河流，时而奔腾咆哮，时而平静如镜，时而飞花溅玉，时而微波徐来，每一朵浪花，每一道微波都闪烁着语言之光、智慧之光，叙述与倾听，发问与答复，劝说与拒绝，让步与叫停，这一系列的综合语言的运用，汇成了一股推动整个谈判朝理想方向发展的合力。谈判者能熟练地驾驭这些基本的言语交际技巧，就能在商务洽谈中应付自如，处乱不惊，掌握洽谈的主动权。

7.2.1　商务洽谈时的叙述与倾听

语言是洽谈的载体，对话是洽谈活动的基本形式，而对话又是由发话者、受话者和对话内容三方面组成，因此，洽谈在口头表述上必然是双向性，即叙述与倾听的双向互动。

（一）叙述的技巧

商务洽谈既然是交流信息、讨论磋商时口头交际活动，它必然要求任何一方都要准确地表达自己的观点和见解，这就要求洽谈者掌握良好的叙述技巧。

1. 语种的选择要审慎考究

商务洽谈时，语种的选择要有利于双方的信息交流和感情沟通，即选用的语种要能使对方容易听懂，且有利于感情的沟通。因此在选用语种时，洽谈的任何一方都应持审慎考究的态度。涉外商务洽谈一般应尽量选用双方通用的语种，如英语，其选择的准则是双方都具备运用（包括借助翻译）这种语言的足够能力。国内洽谈应尽量使用普通话，不用或少用方言。在某些特殊情况下，如对方是侨胞，若条件许可也可使用对方的方言，这样做的目的是使对方产生亲切感、认同感，营造一种友好、和谐的洽谈气氛，有利于洽谈的成功。

2. 信息传递的准确无误

商务洽谈有别于一般性的谈话、聊天，它具有相对严肃性，所谓"谈判桌前无戏言",谈判者的每一句话都代表己方的立场,都对由此而引起的后果有不可推卸的责任。因此,准确无误地传递所要表达的信息,是商务洽谈的最基本的要求。它包括三个方面:

(1) 观点、见解的表达要准确无误,既要恰如其分,完整严谨,又要能一语中的,切中要害。

(2) 事实、数字及其他各种信息的陈述要真实可靠,要经得起推敲,承得住调查。

(3) 语言的运用要简明易懂,力求规范,切忌故弄玄虚,滥用生僻的专业术语,或编造似是而非、模棱两可的句子。

3. 紧扣主题,言简意赅

商务洽谈特别讲究时间、效率,因此,叙述的语言要简洁明了,紧扣洽谈的主题,切忌拐弯抹角、东拉西扯,随便发表与洽谈主题无关的意见,以免使对方产生反感情绪,影响洽谈气氛。但是,在某些特殊情况下,洽谈者为了等待新的谈判资料,对洽谈中出现的意外事项的重新考虑,也可能采用"东拉西扯"的拖延策略,这往往是不得已而为之。

4. 掌握分寸,留有余地

商务洽谈的叙述所要求的表达准确、鲜明,并不排除在表态时留有余地。由于商务洽谈具有十分的严肃性,洽谈者"一言既出,驷马难追",这就要求谈判者在叙述时,三思而后言,在措辞上审慎持重,尽可能避免使用诸如"绝对""绝不""完全"等绝对化、过分偏激的语词,以免由于失实、偏颇而使自己陷于被动,使对手产生不信任感,影响洽谈的气氛乃至整个洽谈的进程和结果。

5. 讲究策略,有礼有节

商务洽谈的激烈争辩不是目的,而只是为求得公平互惠,利益均沾而据理力争的一种手段。同样为了达到一个目标,如果洽谈者在叙述中运用的语言策略不同,其效果也会截然不同。因此,洽谈者要力求做到自始至终讲究语言运用的策略,始终保持冷静的头脑和心平气和的态度,既要避免使自己陷于被动,又要避免伤害对方的感情,以防止洽谈气氛的恶化。具体来说,洽谈者叙述过程中应注意:

(1) 在语言风格上,要力求表现出坦诚、恳切和正直,切忌拐弯抹角,闪烁其词。这样做比较容易取得对方的理解和配合。

(2) 在表述不同意见时,要就事论事,就理言理。只就双方观点进行辩论,而不将目标对准人。切忌对对方反唇相讥,冷嘲热讽,含沙射影,乱扣帽子。

(3) 在讨论分歧意见时,要本着求同存异的目的,避免僵持状态。言谈中要做到"三多":多表示对对方观点、要求的理解,多回顾双方以往的合作经历和本次洽谈已取得的部分成果,多针对争议之点,提出新的建议性方案。切不可唯我独尊,对对方吹毛求疵,表现出寸利必夺、势不两立的气势。即使自己不同意对方的意见，也不要直接揭对方之短，而只是强调对方忽略和轻视之处，应始终把着眼点放在增进双方利益之上。如果双方在某一问题上几经峰回路转仍不能达成共识，应暂且搁一搁，不宜穷追不舍。比如说，在讨论价格条款时，双方争持不下，不妨建议："这个问题看来双方还可考虑一下，我们可否谈谈交货期限和付款条件？"这样，往往能于洽谈的困境之中创出"柳暗花明又一村"的景观。

（二）倾听的技巧

倾听与听有着实质性的区别。"听"仅仅是一种感受声波的本能，而"倾听"是一种有选择地接收声波、译释声波，并在"听"的过程中形成自己的见解，即倾听不仅要求听者运用耳朵去听而且还要用大脑去洞察对手语言背后的动机或意图。这一点，在商务洽谈中尤其重要。

在商务洽谈中，倾听具有举足轻重的作用。正如美国的戴尔·卡耐基所言："商业洽谈并没有什么特别秘诀，最重要的就是倾听对方的说话，这比任何阿谀奉承更为有效。这是一个普遍的真理，却有着深远的意义，真正认识到这一点并真心去做的人几乎是百里挑一。"这段话道出了在商务洽谈中倾听的重要性以及学会倾听之不易。

那么，如何学会倾听，或掌握倾听的技巧呢？洽谈者在倾听中应该把握如下要点：

1. 多听少说

正如维克多·余姆在《大胆下注》中所说："你应该少说为妙。我相信，如果你说得愈少，而对方说得愈多，那么你在谈判中，就愈容易成功。"少说是倾听技巧的第一要领，是洽谈者所必须具备的一种修养。多听不仅是对对手的尊敬，而且是了解对手，获取信息，发掘事实真相，探测对方动机和意图的一种积极行为。在商务洽谈中，多听可以说是一种只有好处而无坏处的让步，这种让步往往能得到丰硕的回报。这种例子比比皆是。

有一次，日本某公司与美国一家公司进行一宗许可证贸易洽谈。洽谈伊始，美方代表便滔滔不绝地向日方介绍情况，而日方代表则始终一言不发，认真倾听，埋头记录。当美方代表讲完后，征询日方代表的意见时，日方代表却佯作迷惑地说："对不起，我们还没明白。"美方代表问："哪里不明白？""全不明白，"日方代表表示，"请允许我们回去研究一下。"第一轮洽谈就此休会。几星期后，日本公司换了一个代表团，与美国公司开始第二轮的洽谈，日方代表又故伎重演，结束了第二轮洽谈。第三轮洽谈在几星期后举行，日方代表又如法炮制了前二轮的结局。半年过去了，正当美国代表团得不到日方任何回音而烦躁不安之时，日本公司突然派出一个由董事长亲自率领的代表团飞抵美国，以迅雷不及掩耳之势，催逼美国人讨论全部细节。措手不及的美国人终于不得不同日本人达成了一项明显有利于日方的协议。

日方公司这次成功的洽谈案例，给我们的启示是：在商务洽谈中，多听少说，能更深刻地洞悉对手的实力，往往能收到出奇制胜的效果。

2. 听全听透

听全听透是倾听的基本要求。在洽谈中，由于对方的叙述不可能都是简短明了的，这就要求听的一方集中精力，听全对方所叙述的内容。从对方冗长的叙述中把握其基本观点，洞察其动机意图。首先是要"听全"，就是尽量把对方所叙述的内容都听进去，包括一些数字、细节，切忌因主观臆断认为是不重要的东西而漏听。要做到"听全"，除了要集中精力倾听，洽谈者还可辅以必要的笔记。其次是要"听透"，就是在听完一个片断之后，要善于对对方的叙述加以概括，理清头绪，吃透实质，捕捉意图，找出破绽，进而形成己方的观点和提问。

3. 善于察言观色

洽谈者在洽谈过程中的言谈与神态举止往往是如影随形的。如脸红、强笑、烦躁不安、过分专注等都是谈判者的内心紧张情绪的流露；眨眼过于频繁，是内疚或恐惧的一种常态，不断地、不自然地咳嗽，往往被用于掩饰谎言……凡此种种，不一而论。洽谈者若能"听其言""察其色"，通过对方的神态举止分析其行为心理，就能及时识破对方的谎言，洞悉对方的动机，寻找出对方的弱点，以确定行之有效的对策。

4. 保持谦恭文明的"听姿"

所谓"听姿"，就是洽谈者在倾听对方叙述时所表现出的神态、举止。在商务洽谈中，保持良好的"听姿"，有助于创造和谐、融洽的气氛，赢得对方的好感和信任。这就要求洽谈者在倾听时做到全神贯注，以各种表达方式，有声的或无声的言语充分表述出对对方发言的尊重、关注和兴趣，如以"嗯""是的""明白了"等表示对对方发言的肯定，以让对手知道你始终在认真积极地听。在洽谈中，切忌各种不良的倾听习惯，如不断地伸懒腰，老看手表，眼光飘忽不定等，切忌感情用事，轻易打断对方的谈话或接过话头代下结论，这既是对对方的不尊重，是一种失礼的表现，同时，也会使自己失掉很多信息和机会。

5. 善于揣摩弦外之音

谈判者在倾听对方叙述时，不仅要听全、听透对方的发言，而且还要能听出对方的言外之意，理解对方说话的意图，特别是对方采用象征、反语、双关等口语修辞手段以委婉表达的真正意图。所谓"锣鼓听声，听话听音"说的就是这个意思。

7.2.2 商务洽谈时的提问与答复

提问与答复是商务洽谈中语言运用的主体部分，或整个洽谈中双方正面交锋的主要形式。在商务洽谈中，一方听完另一方的叙述之后，审慎而策略地提出己方的质疑，另一方作出相应的回答。这样，双方围绕着洽谈的主题，有问有答，推动着整个洽谈朝一致的方向发展。可以说，提问和答复相映成趣，构成了洽谈中最激烈，也是最精彩的部分。

（一）提问的技巧

提问是洽谈中双方沟通的基本手段和重要途径，这有助于明确观点，理清事实，消除误解与疑虑。提问同时也是对对手进行"火力侦察"，获得己方所需信息的一种策略性手段，对洽谈的成功与否有着重要的影响。具体来说，要掌握：

1. 根据目的的不同，选择合适的提问方式

（1）一般性提问。没有特定的需要，可以采取这种开放性的发问获取信息、资料，其特点是没有特定的范围、条件的限制，对方可以根据自己的所知或理解作相应的答复。比如，"贵公司对敝厂产品有什么看法？"

（2）选择性提问。若己方有某些特定的需要，希望对方在表态时作适当的考虑或让步，可选用此种方式。比如，"贵方愿意支付现金，享受优惠价格，还是乐于按现有价格成交，实行分期付款？"

（3）直接性提问。其特点是具有特定的范围限制，要求对方在此范围之内作出明确的答复（肯定或否定），具有一定的可控性。一般用于己方的某些观点或方案需对方明确表态之时，比如，"贵公司对这种商品的款式有没有兴趣？"

（4）诱导性提问。若己方想要增强自己的观点的合理性，或催使对方对己方观点表示认同，常常可选用此种方式。这种提问方式的特点是发问本身已隐含了我方的观点，且所暗含的判断常常是一个双方都毋庸置疑的常理，具有很强的可控性，往往能诱使对方除了表示同意之外别无选择。比如，"我方已做了如此大的让步，贵公司该满意了吧？"

（5）延伸性提问。若己方意图在于获得更多的信息，巩固并扩大洽谈所取得的成果，可选择这种提问方式。例如，"贵公司既已表示我方承销三千吨可按定价的八折批货。那么，如果我方承销五千吨呢？是否可以按更大的折扣批货？"

（6）核实性提问。在洽谈过程中，一旦对方开出了有利于己方的条件或提出了有利己方的观点，为防止对方中途变卦，将答应的条件或提出的观点收回，可及时采用这种提问方式，迫使对方证实其原先提出的观点或答应的条件有效。例如，"您刚才说这宗交易可以提前交货，这是不是说可以在九月底以前交货？"

2. 审时度势，抓准时机，及时提问

在商务洽谈中，同样一个提问，由于提出的时间不同，洽谈的气氛不同，对方的心境不同，往往会产生不同的乃至截然相反的效果，以致事与愿违。因此，发问时机的选择，在商务洽谈中很有讲究性。这就要求洽谈者在提问时能纵观现场的气氛，对方的心境，审时度势，因情制宜，抓准时机。例如当对方正踌躇满志之时，往往易于松开"口子"，满足你提出的条件，这时就是提问的最佳时机。

3. 随机应变，沉着冷静，精思巧问

商务洽谈如棋场对弈，棋局往往会变幻莫测。这就要求双方能随机应变，冷静思考，精思而出巧问。

比如，在商务洽谈中，为了求得对方的赞同，不妨仿效"猪吃老虎"之术，以"内精外傻"的方式，提出一些大智若愚的问题，不仅可以麻痹对手，甚至使对手在一种优越感的冲击下轻易让步，接受己方的要求。如果对方企图或正在回避你所提出的问题，应有勇气继续发问，以观察对方的反应。如果对方回答不完整，却"王顾左右而言他"时，应耐心而和缓地追问，使对方除了表示赞同，别无选择。

4. 前后连贯，语速适中，语气和缓

洽谈者在提问时，特别要注意前后的连贯性。即洽谈者应尽量根据对前一个问题的答复提出新问题。提问时的语速要适中，速度太快容易使对方产生受审的不愉快的感觉，影响洽谈的气氛；语速太慢，则又容易给人以反应迟钝的印象，冲淡对方的兴趣。洽谈者在提问时还须把握好自己所使用的语言。商务洽谈是一种互惠的合作过程，特别讲究友好和谐的洽谈气氛。因此，洽谈者在提问时语气要和缓、友好，切忌使用威胁讽刺的语气。

（二）答复的技巧

在商务洽谈中，答复并非是对对方提问的简单的、直接的、被动的反馈，而是一个集冷静和理智，机警和敏捷于一体的应对过程。其复杂与不易之处在于商务洽谈中答复的评判标准与一般意义上的回答问题的评判标准不同：在商务洽谈之中，正确的答案未必是最好的回复，即真正的妙答，绝不是对方问什么，你就答什么。

由于洽谈双方在利益关系上存在着"冲突"的一面，提问的方式不同，其目的也各有不同，或探测摸底，或收集信息，或诱导对方作出承诺，提问的形式和内容都表现出一定的自由度。而答复则必须在对方提问的特定范围内作答，而不能答非所问。而且，答复还要承担一定的风险，若对提问者问话的前提不仔细分析把握，信口开河，就很容易掉进对方精心设计的"语言陷阱"。在这里，又需要倾听了。"听透"提问者的问话前提，是答复的第一要诀。在此基础上，灵活地选用各种答复的方法、技巧，便能在错综复杂的商务洽谈中应付自如了。

掌握答复技巧非一件易事，除了要求洽谈者本身具有良好综合素质外，必须掌握以下要领：

1. 听音辨意，究其心理，谨慎作答

每次答复对方的问题都应该沉着冷静，深入探究提问者的心理，切忌信口开河，轻率回答。例如，买方在洽谈中提出"请您谈谈贵公司的产品价格问题"，卖方在作答前，应先弄清甲方要了解价格哪一方面的问题再酌情作答。如果卖方

在摸不清买方是认为价格太高，还是有其他想法的情况下，贸然地介绍价格的计算，成本的高低等，就可能落入对方的"陷阱"，给对方压价提供依据。

2. 权衡利弊，局部作答

在回答对方提问时，应仔细考虑各种回答方式和内容的利弊，权衡再三而后言之。当碰上对方提出某些问题在范围上具有一定弹性，而且"和盘托出"可能会不利于己方时，可以缩小对方提问的前提范围，只作局部答复，以免让对方摸清我方的全部底细，使自己陷于被动。例如，"请问贵公司的产品质量如何？"对这种提问，答话人最好不要将本公司产品所有的质量指标和盘托出，而只回答其中有特色的某几个指标，从而造成产品质量好的印象。

3. 避实就虚，似答非答，转移重心

当对对方提问的用意把握不住，或不便直接作答时，为了不出差错，应有意避开问题的实质，只就某些己方有把握的枝节部分大谈特谈，或先说明与问题有关的条件，"喧宾夺主"以淡化对方提问的实质。如对方说："请问这种产品价格是多少？"我方明知这种产品价格不便宜，直接回答可能导致交易失败，于是说："请让我先把这种产品的几种特殊性能说明一下好吗？您一定会对这种产品感兴趣的，我相信我们的价格也会令您满意的。"

4. 富有弹性，留有余地，含糊作答

若对方提出的问题比较棘手，一时难以作确切的答复，而又不便拖延，这时，答话者就可借助一些模棱两可、富有弹性的语言，含糊以对。这样，既回答了对方的问题，又留有余地，使己方的答复无懈可击。例如卖方问："请问您对我们这次交易能否获得成功怎么看？是充满了信心吗？"策略的答复可以是："我想贵方应当是已经充分理解了我方在产品质量、价格上的立场，按正确情况我们应当是信心百倍的。"这里买方以模棱两可的回答，向对方暗示了己方不便说明的观点：假如你方在质量、价格上按我方要求，我们就可以成交。

5. 暗换前提，巧妙滑过，答非所问

当对方所提问题不好回答或己方不愿意回答，但若拒不回答，又会被指责为毫无诚意，这种情况下，可以先悄悄地更换对方的前提，避其锋芒，以"答非所问"的方式从原题的侧面"滑过"。例如，卖方："您打算出什么价？"买方："如果贵公司的产品在质量和价格上都符合我方的要求，我方可以大量订购。"

6. 反宾为主，反诘诱问，以问代答

当对方提出某一问题后，己方由于已有充分的准备，掌握了足够的资料，并且能从对方提问之中找出其可乘之隙。这种情况下，对对方的提问并不直接作答，而按照一定的思路乘隙而入，步步为营，环环相扣地反问、诱问，诱使对方身不由己地进入我方预定的目标范围，然后再综合对方对我方反问的回答，进而概括出对方的结论，以此作为我方的答复。

7. 不置可否，沉默以对，无声胜有声

在商务洽谈中，并非对方所提的任何一个问题都必须回答，都有回答的价值。提问者往往出于某种目的，提些与谈判主题无关的问题，或意在激怒对方，使对方失去自制力。回答这些问题要么是在浪费时间，要么只会损害自己，助长对方。在这种情况下，对对方的提问可以不置可否，沉默以对，或做沉思状，或一笑了之。这就是商务洽谈中"此时无声胜有声"之佳境。

技能训练

请同学们结合商务洽谈的相关知识进行营销项目模拟洽谈训练。